JN141090

口絵１　平成時代、多様化した恋愛と結婚はどのような変貌を遂げ、これからの家族はどのような未来を目指すのか

（注）「東京スカイツリータウンで「こいのぼりフェスティバル」　気持ちよさそうに泳ぐ／東京」（毎日新聞社提供）。東京スカイツリーは平成 24 年（2012 年）開業。

口絵2　2015年社会階層とライフコース全国調査　調査票（一部）

Q17　それでは、あなたに次のことがあったのは、何歳から何歳でしたか(たとえば17歳4月から19歳3月なら、17歳、18歳、19歳を選びます)。

	15歳	16歳	17歳	18歳	19歳	20歳	21歳	22歳	23歳	24歳	25歳	26歳	27歳	28歳	29歳	30歳	31歳	32歳	33歳	34歳	35歳	36歳	37歳	38歳	39歳	40歳	41歳	42歳	43歳	44歳	45歳	46歳	47歳	48歳	49歳	50歳以降	
1人目との結婚期間 (事実婚・婚約中を含む)																																					
2人目との結婚期間 (事実婚・婚約中を含む)																																					
3人目との結婚期間 (事実婚・婚約中を含む)																																					
中学卒業後、最初に実家を離れた年齢 (短期留学は除く) (1歳分のみ選択)																																					□ 経験がない
自分で(または夫婦で) 最初に家やマンションを購入した年齢 (1歳分のみ選択)																																					□ 経験がない

Q28　ここから、あなたの交際について質問します。
あなたには以下の人が、中学を卒業してからこれまで、何人くらいいましたか。
現在の恋人を含みます。
できるだけ一人一人を思い出して回答して下さい。

	0人（いない）	1人	2人	3人	4人	5人	6人	7人	8人	9人	10人	11人	12人	13人	14人	15人以上
これまで、～人と恋人として交際した(結婚相手含む) →																
そのうち、最初の結婚までに、～人と恋人として交際した(結婚相手含む) →																
最初の結婚までに、～人に自分から恋愛感情を告白した →																
そのうち、最初の結婚までに、～人と恋人として交際した(結婚相手含む) →																
最初の結婚までに、～人から恋愛感情を告白された →																
そのうち、最初の結婚までに、～人と恋人として交際した(結婚相手含む) →																
最初の結婚までに、～人と同棲した(結婚直前の同居期間は除く) →																
最初の結婚までに、～人と(二人きりの)デートをした(風俗産業を除く) →																
最初の結婚までに、～人とキスをした(風俗産業を除く) →																
最初の結婚までに、～人と性関係をもった(風俗産業を除く) →																
最初の結婚の期間中に、～人に自分から恋愛感情を告白した →																
最初の結婚の期間中に、～人から恋愛感情を告白された →																

(注) インターネット上で実施された。

口絵 3　従業上の地位の変化パターンの出生コーホート別比較（男性）

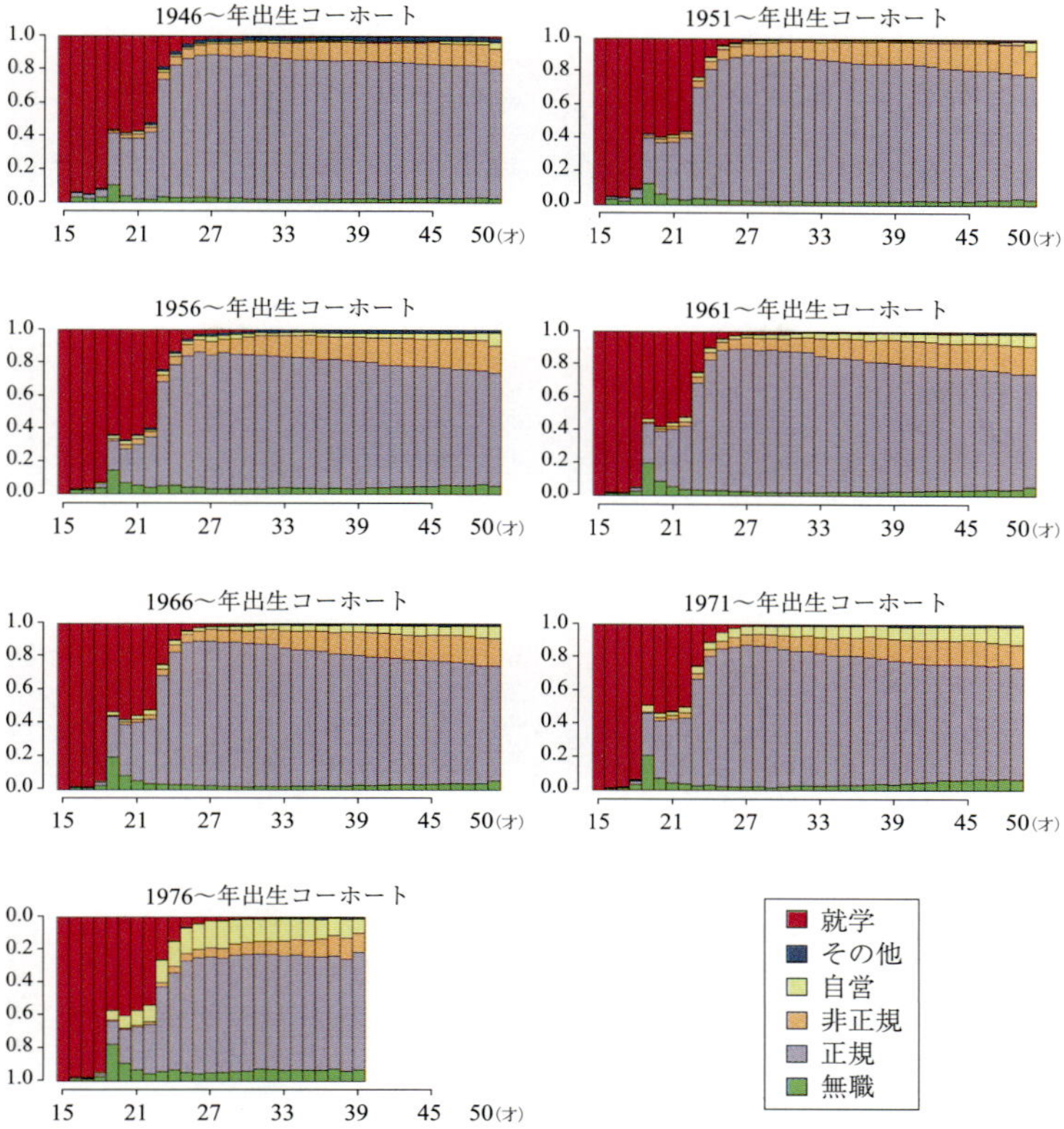

（注）本書 13 章図 3。

口絵 4　従業上の地位の変化パターンの出生コーホート別比較（女性）

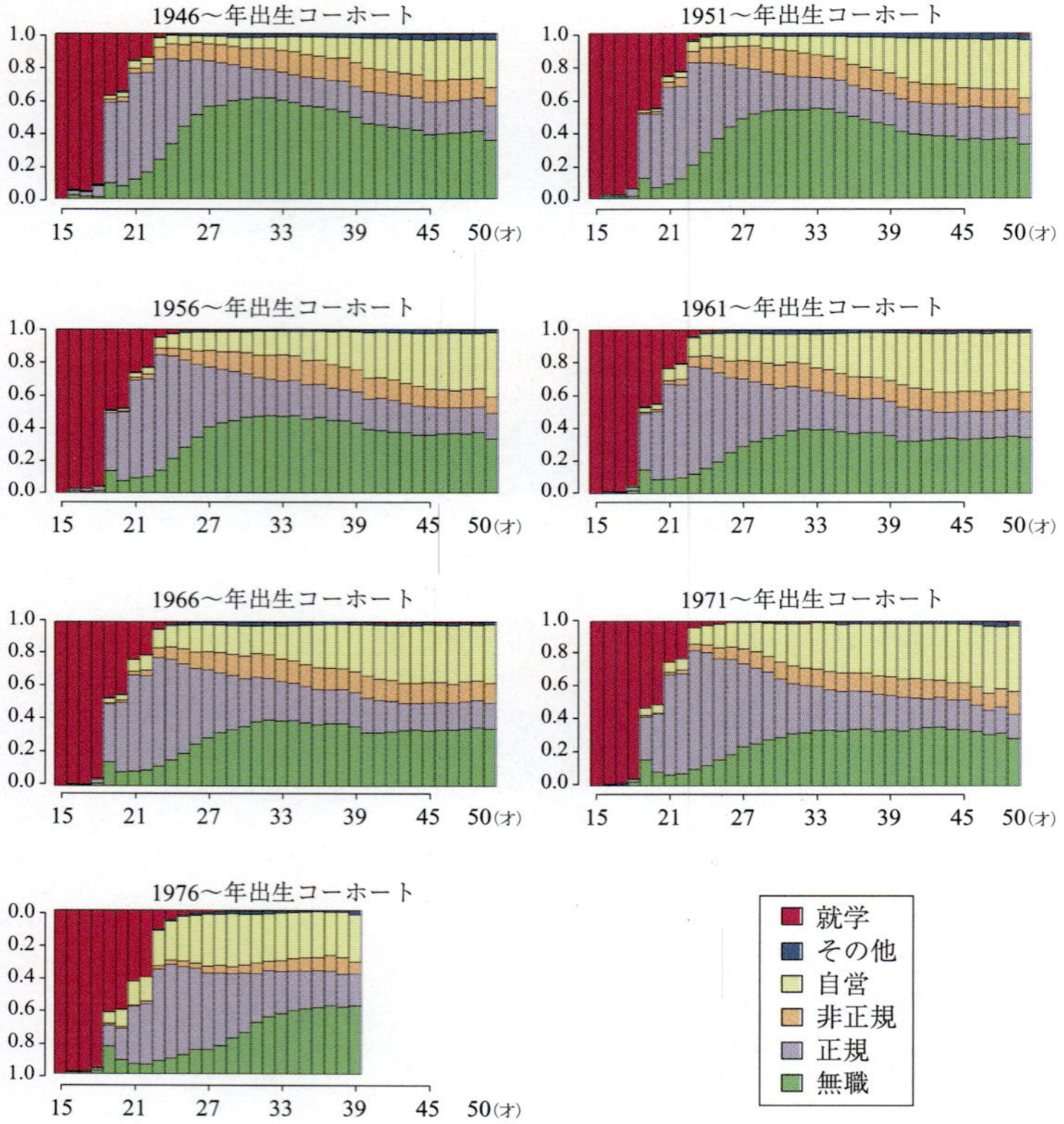

（注）13 章図 4。

変貌する恋愛と結婚

データで読む平成

小林盾・川端健嗣 編

新曜社

はじめに

小林　盾・川端　健嗣

変貌する恋愛と結婚——恋愛の謎、結婚の秘密

皆さんは、現代の日本社会で恋愛や結婚がどのように行われていると思いますか。恋愛事情や結婚事情に、変化は起きているのでしょうか。少子化はこの先も進むのでしょうか。

この本では、昭和から平成にかけて、恋愛や結婚をめぐる状況がどのように変貌したのかを、さまざまな角度から考えます。そのために、全国1万2000人を対象としたビッグデータを集めて、恋愛・結婚・家族についての人びとの経験や心理を克明に分析しました。いわば、平成の日本社会のスナップショット集であり、日本初の大規模恋愛レポートとして「日本版キンゼイレポート」といえるかもしれません（キンゼイレポートとは1948年に発表された、アメリカの恋愛事情についてのレポート）。

恋愛、結婚には、いつでも謎や秘密がつきまといます。たとえば、つぎの文章は、

正しいでしょうか、間違っているでしょうか。

Q1　若者は、草食化して恋愛しなくなった。

Q2　結婚した人ほど、幸せである。

Q3　学歴が高い人ほど、子どもが多い。

Q4　人びとの生き方が多様化して、パターンが増えた。

答え合わせには、本文を読んでみてください（Q1は第1章若者の恋愛、Q2は第7章結婚と教育、Q3は第10章出産、Q4は第13章ライフコース）。

データで読む平成——2015年社会階層とライフコース全国調査

この本全体で「人びとの生き方が多様化した結果、かえって恋愛や結婚における格差が拡大したのかもしれない」という仮説を立てて、データで検証をしていきます。ただし、たんに「過去から現在への変遷」を解明するだけでなく、できるだけ「未来への希望」を見つけられるようにしました。

全体で2つに分かれ、第1部では「恋愛」、第2部では「結婚と家族」がテーマになっています。若者の恋愛から始まり、結婚、出産、親子関係へと、人生のステップにおおむね沿うようにしました。若い世代なら「未来へのタイムマシーン」として、年配の世代なら「想い出のアルバム」として、読めるかもしれません。

どの章も、それだけで読むことができます。コラムでは、「国際結婚」などテーマを絞ってデータ分析しました。末尾におまけとして、編者2人の対談をつけました。本音が出ているかもしれません。

データとして、おもに2015年社会階層とライフコース全国調査というアンケートを用いました。これは、全国の1万2000人から恋愛、結婚、出産について、一歳ごとのパネルデータを含めてデータ収集したものです。ここまで詳細なデータは、これまでありませんでした。これに加え、インタビューや雑誌の内容を分析している章もあります。

高校生、大学生、社会人に向けて

主な読者には、高校生、大学生、社会人、そして社会学者を想定しています。恋愛や結婚は、およそすべての人に関わることですので、できるだけ前提知識なしに、砂漠に水が染みこむように理解できるよう工夫しました。各章はどれも4つの節に分けられ、第1節が問題、第2節がデータと方法、第3節が分析結果、そして第4節でまとめとなっています。

なお、この本は『ライフスタイルとライフコース――データで読む現代社会』（山田昌弘・小林盾編、成蹊大学アジア太平洋研究センター叢書、2015年、新曜社）

の続編にあたります。とはいえ、それぞれの本は独立して読むことができます。
この本を通して、読者の皆さんが豊かな未来のためになにかヒントを見つけだしてくれたら、私たちとしては嬉しいかぎりです。

付記

この本は、成蹊大学アジア太平洋研究センターから助成を受けており、成蹊大学アジア太平洋研究センター叢書の1冊として刊行されます（共同プロジェクト「ライフコースの国際比較研究――多様性と不平等への社会学的アプローチ」2014～6年度、研究代表小林盾）。アジア太平洋研究センターの皆さん、とくに高安健将所長、大﨑裕子特別研究員から、サポートいただきました（写真はプロジェクトミーティングの様子、２０１７年11月）。

また、本研究はＪＳＰＳ科研費ＪＰ２４３３０１６０の助成を受けたものです（基盤研究Ｂ「少子化社会における家族形成格差の調査研究――ソーシャル・キャピタル論アプローチ」２０１２～4年度、研究代表小林盾）。

新曜社の高橋直樹氏は、ご自身のしっかりした軸を持ちながらも、編者や執筆者の意向をつねに尊重してくれました。おかげで、データを厳密に分析しつつ、読みやすい内容になったかと思います。皆さまに心より感謝いたします。

変貌する恋愛と結婚——目次

装幀＝はんぺんデザイン　吉名 昌

第1部

恋愛

第1章　若者の恋愛
——だれが草食化したのか

小林　盾

1　問題

1・1　若者は草食化したのか

現代社会が豊かになり多様化するなか、若者の恋愛のあり方は変貌したのだろうか。現代社会では、若者がいわば草食化した結果、恋愛に無関心になったり恋愛経験が減ったりしているのだろうか、それともむしろ肉食化し積極的になっているのだろうか。男女の間で違いはあるのだろうか。だれが草食化したのだろうか。

かつて恋愛は、いわば「必修科目」として、だれでも経験しなくてはならなかったかもしれない。しかしそれが、社会が多様化したため、現代社会では受講してもしなくてもよい「選択科目」になった可能性がある。

そこで、ここでは「恋人との交際、キス、デート、性関係」など恋愛にかんする活

図1　草食動物のコアラ（左）、肉食動物の虎（右）

動を「恋愛行動」とよぶ。さらに、恋愛活動にたいして消極的で経験や関心がない人を、「草食的」「草食系」とよび、社会にそのような人が増えることを「草食化する」といおう。反対に、恋愛活動にアクティブで、経験も関心も豊富な人を「肉食的な人」とよぶ（図1）。

そのうえで、この章では「年輩の人とくらべて若者は、草食化して恋愛経験が減っているのか」「そのとき男女で違いがあるのか」という問題を検討しよう。もしこれが未解明のままだと、ややもすれば「恋愛したいけどできない」人がますます増え、恋愛できる人とできない人の間で「恋愛格差」が拡大してしまうかもしれない。

1・2　アメリカ、ヨーロッパ、日本では

若者の恋愛について、どのようなことが分かっているのだろうか。欧米では、性的な経験や関心がないことは「非性的」（asexual）とよばれる。アメリカの調査では、男性の11・9％、女性の9・2％がなにかしらの非性的傾向（行動、欲求、アイデンティティのどれか）をもっていた。[1]

（1）Poston, D. L. and A. K. Baumle, 2010, "Patterns of Asexuality in the United States," *Demographic Research*. なお、アメリカにおける性行動についての最初の調査は、Kinsey, A.C., Pomeroy, W. B., and Martin, C.E, 1948, *Sexual Behavior in the Human Male*. W. B. Saunders and Company.

イギリスでは、非性的な人びとが増加していることが報告されている[2]。

日本ではどうだろうか。中学生から大学生への調査によれば、キス、デート、性関係といった恋愛行動が1974年から2005年に増えたが、2011年にはむしろ減った。とくに、女性が消極的になり、草食化した[3]。いっぽう、森岡は草食的な男性を「草食系男子」とよび、これまでの肉食的な男性とは異なる恋愛の仕方が、求められていると主張する[4]。山田と白河によれば、日本の男性にはいわば「受け身の王子様」が多いという[5]。

1・3 仮説をたてる

分析の見通しをつけるために、仮説をたてよう。まず、全体的な傾向として、若者の草食化が世界的であるならば、日本でも進行しているはずだ。そこで、第一の仮説として「日本社会では年配者とくらべて若者ほど、草食化して恋愛経験が減っているだろう」と予想してみよう。

つぎに、森岡や、山田と白河の指摘が正しいならば、女性より男性のほうが草食化しているはずである。ただし、調査結果からは女性のほうが草食化している可能性も示唆される。ここでは、第二の仮説として「女性とくらべて男性ほど、草食化して恋愛経験が少ないだろう」と想定してみるが、逆の可能性も忘れないようにしよう。

(2) Bogaert, A. F., 2004, "Asexuality: Prevalence and Associated Factors in a National Probability Sample," *The Journal of Sex Research.*

(3) 日本性教育協会編、2013、『「若者の性」白書――第7回青少年の性行動全国調査報告』小学館。

(4) 森岡正博、2008、『草食系男子の恋愛学』メディアファクトリー。草食系男子とは、「新世代の優しい男性」で、「異性をがつがつと求める肉食系」ではなく、「異性と肩を並べて優しく草を食べることを願う」ものという(207ページ)。

(5) 山田昌弘・白河桃子、2008、『「婚活」時代』ディスカヴァー・トゥエンティワン、37ページ。

2　データと方法

2・1　アンケート調査とインタビュー調査

データとして、おもに量的なアンケート調査である２０１５年社会階層とライフコース全国調査を用いる。これはインターネットを用いたウェブ調査であり、２０１５年3月に実施された。母集団は調査会社のモニターのうち、全国の20〜69歳男女個人約91万人で、調査業・広告代理業は除かれた。

計画標本は11万１３１人で、有効回収数と有効回収率は1万２００７人、11・0%だった[6]。恋愛についての履歴や行動を詳細に質問するため、ランダムサンプリング調査ではなく、ウェブ調査が適していると判断した。

さらに、結果を補足するために、質的なインタビュー調査として、２０１８年嗜好品と豊かさや幸福に関するインタビュー調査を用いる。アンケートでは全体像が把握できるが、個々の人間がどのようなリアリティをもっているかは分からない。それらを知るには、インタビューが適している[7]。

インタビューは、２０１８年8月から２０１９年1月にかけて、全国からランダムサンプリングされた24名からデータ収集された。筆者を含め2人ほどがインタビュアーとなり、1人あたり1時間半から2時間かけ、嗜好品や幸福感について聞きとり

（6）　標本は、男女、10歳ごと5つの年齢階級、6つの地域（北海道東北、関東、中部、近畿、中四国、九州沖縄）によって、２０１０年国勢調査による人口比例で割りあてをおこなった（60セル）。セルごとに回収し、割りあてに達したら打ちきった。

（7）　このように、量的データと質的データを統合して分析することは「混合研究法」とよばれる。

をするなかで、恋愛や結婚についても語ってもらった。ここではそのうち、30代の男女各1名、60代の男女各1名、合計4名の語りを紹介しよう。

2・2　標本

分析では、すべての標本1万2007人を対象とする。内訳は、男性50・0％、平均年齢45・5歳、現在結婚（事実婚・婚約中含む）62・3％／離別5・5％／死別1・8％／未婚30・4％、平均世帯人数2・8人、平均子ども数1・0人、中学卒1・6％／高校卒38・9％／短大・高専卒11・7％／大学卒42・7％／大学院卒5・1％、正社員・正規公務員35・1％／自営業主・自由業者・家族従業員・内職9・1％／派遣社員・契約社員・嘱託社員7・1％／パート・アルバイト・臨時雇用14・9％／学生3・2％／仕事をしていない（専業主婦・主夫、無職、退職）29・0％／仕事をしたことがない1・6％／働き方不明瞭0・0％、平均等価所得356・9万円（これのみ1万1092人）だった。

2・3　恋愛行動を測定する

仮説を検証するために、恋愛行動について「あなたに以下の人が、中学を卒業してからこれまで、何人くらいいましたか。現在の恋人を含みます。できるだけ一人一人を思い出して回答して下さい」と質問した。選択肢は「0人（いない）」「1人」「2

人」から1人刻みで増えて「14人」「15人以上」だった。

項目として、この章では4つ用いる。「これまで、～人と恋人として交際した（結婚相手含む）」を「恋人人数」、「最初の結婚までに、～人と（二人きりの）デートをした（風俗産業を除く）」を「デート人数」、「最初の結婚までに、～人とキスをした（風俗産業を除く）」を「キス人数」、「最初の結婚までに、～人と性関係をもった（風俗産業を除く）」を「性関係人数」とよぶ。さらに4つをまとめて「恋愛人数」とよぼう。

これをもとに、草食化したかどうかを明確にするために、4つの恋愛行動それぞれについて、0人の未経

図2　恋愛人数の男女別平均（上）、恋愛経験者の男女別割合（下）

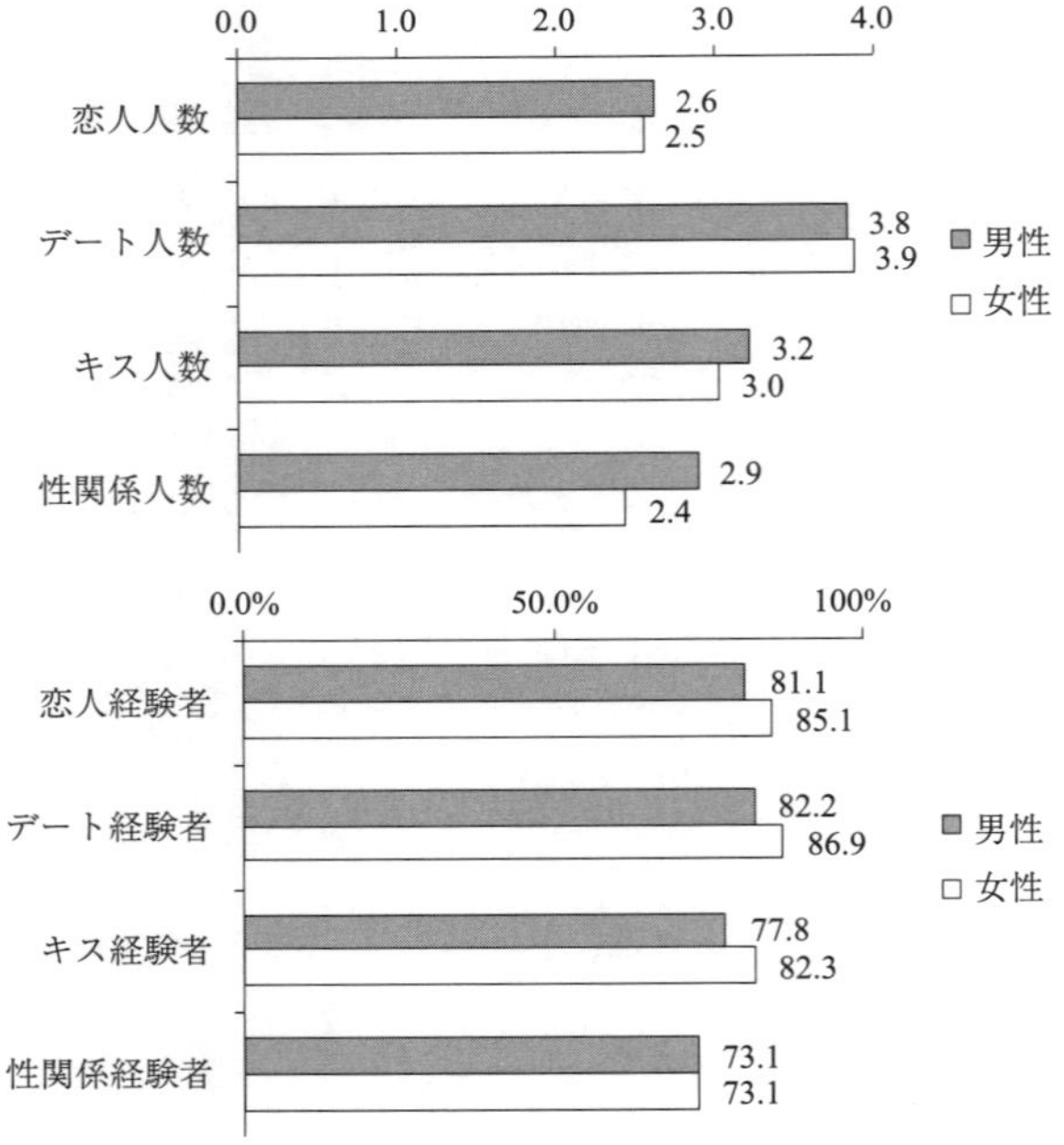

（注）N = 1万2007。20～60代の合計。中学卒業から初婚（未婚なら現在）までについて。上で人数1人以上を下で「経験あり」とした。人数のうち、分散分析で有意な男女差があったのはキスと性関係。有無のうち、カイ二乗検定で有意な男女差があったのは恋人、デート、キス。

験者と1人以上の経験者に分けるとよいだろう。このとき未経験者なら、恋愛に消極的な「草食的な人」だと判断できる。4つをまとめて「恋愛経験」とよぶ。

2・4　分析手法

仮説1では、男女に分けたうえで、10歳ごとの年齢層別で4つの恋愛経験者の割合を比較する。仮説が正しければ、男女それぞれで、若い世代ほど恋愛経験者が少ないはずである。ピークとなる年齢を求めるとき、回帰分析をおこなう。(8)

仮説2のためには、10歳ごとの年齢層で分けたうえで、男女の間で4つの恋愛経験者の割合を比較してみる。仮説どおりなら、若い年齢層ほど、女性とくらべ男性の恋愛経験者が少なくなるはずだ。

(8)　年齢とその二乗を独立変数とする。もしどちらも有意な効果をもち、二乗の係数がマイナスなら、上を向いた二次曲線となる。そのため、二次方程式の解を解けば、ピーク年齢が分かる。

3　分析結果

3・1　恋愛未経験者は男女とも2割くらい

図2上が、4つの恋愛行動の平均人数を表す。中学卒業から初婚（未婚なら現在）までの人数を、男女別に集計した。

恋人人数の平均は、男性2・6人、女性2・5人で、内閣府による2010年のデータとおおきく異なることはなかった。(9)デート人数の平均は、男性3・8人、女性

(9)　内閣府、2011、『結婚・家族形成に関する調査報告書』。20〜30代の1万人に、ウェブ調査がおこなわれた。恋人人数の平均は、男性2・7人、女性3・2人だった。

3・9人と、恋人人数より1人ほど多いのは自然なことだろう。キス人数は、男性3・2人、女性3・0人、性関係人数は男性2・9人、女性2・4人だった。このうち、統計的に男女で有意な違いがあったのはキスと性関係で、恋人とデートでは男女に違いがなかった。

では、0人と1人以上に分けたらどうなるか。図2下が、4つの恋愛行動について、(1人以上の)経験者の割合を表す。恋人経験者は男性81・1%、女性85・1%だった。したがって、未経験者(恋人がいたことがない人)は、男性18・9%、女性14・9%となる。こうした恋愛経験者の割合から、2割前後の人が草食的といえそうだ。なお、経験者の全体の傾向は人数と似ているが、すべて女性のほうが経験者が多いか同程度であった。統計的には、性関係で差があるとはいえず、他は男女差が有意にあった。

3・2　恋愛経験のピークは何歳か

第一の仮説「若者ほど草食化しているだろう」を検証するために、年齢層グループ別に比較すると、どうなるか。図3上が、男女で分けたうえで、年齢層ごとに恋愛人数の平均を求めたものである。

ここから、男性では恋人人数、デート人数、キス人数、性関係人数のどれも、おおむね30〜40代が高台(プラトー)となり、その前後で低下していることが観察でき

**図3　恋愛人数の男女別・年齢層別比較（上）、
恋愛経験者割合の男女別・年齢層別比較（下）**

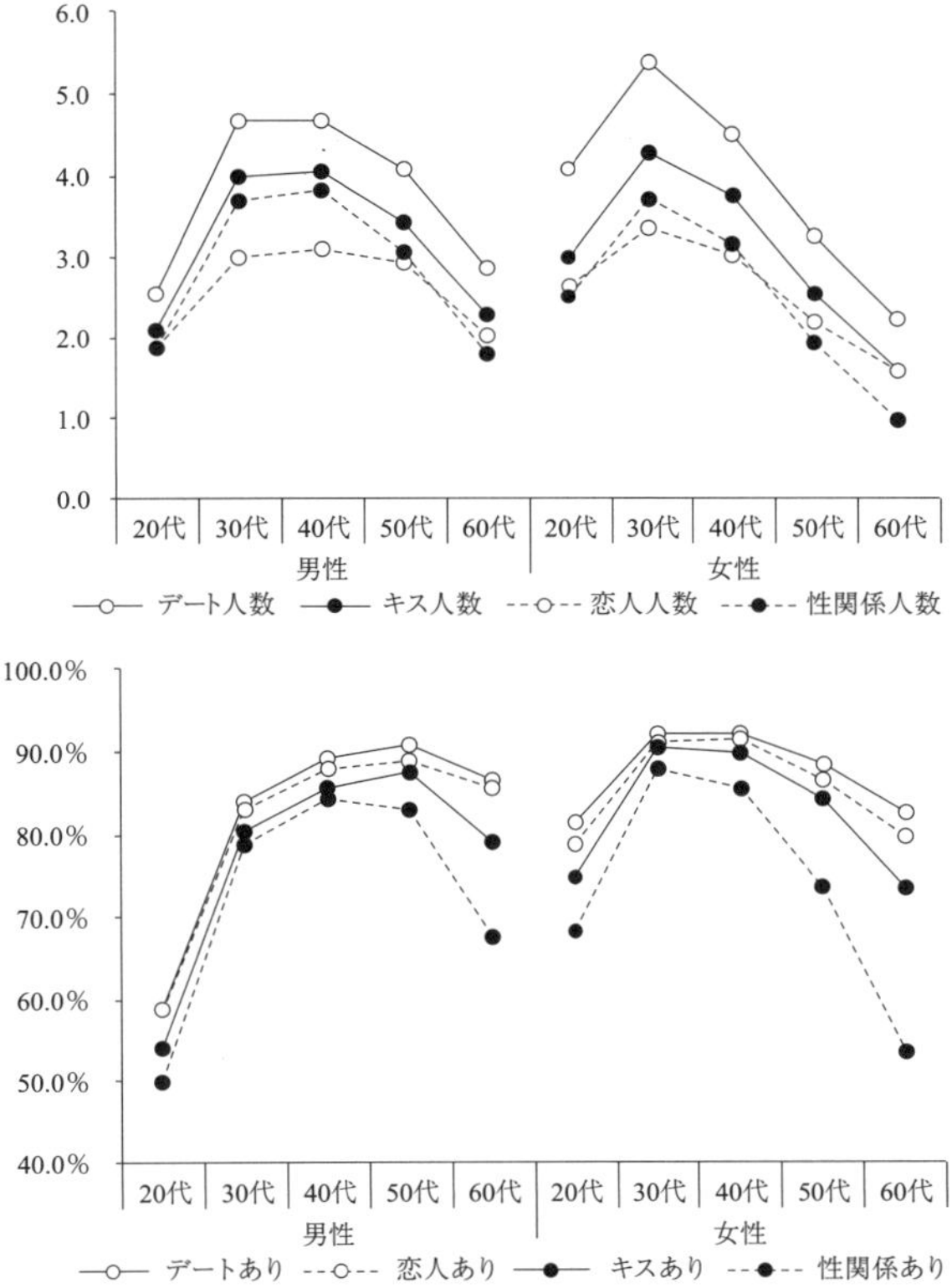

（注）N = 1万2007。20～60代の合計。中学卒業から初婚（未婚なら現在）までについて。分散分析またはカイ二乗検定の結果、男女別ですべて有意に年齢による差があった（0.1% 水準）。

表1　恋愛経験のピーク年齢

	恋人経験者	デート経験者	キス経験者	性関係経験者
男性	51.6 歳	51.9 歳	49.7 歳	46.7 歳
女性	0.0 歳	0.0 歳	35.8 歳	32.3 歳

（注）N = 1万39。30～60代の合計（20代は除外）。中学卒業から初婚（未婚なら現在）までについて。（年齢と年齢二乗を独立変数とした）ロジスティック回帰分析を実施し、有意な効果からピーク年齢を求めた。

る。女性では、どの恋愛人数も30代がピークで、前後でさがった。

図3下は、人数ではなく経験者の割合をしめす。すると、すこし雰囲気が変わることに気づくだろう。男性では、おおむね50代にピークを迎える（性関係のみ40代がピーク）。女性では、30代から40代にかけて高台ができた（性関係のみ40代がピーク）。こちらのグラフのほうが、人びとの草食化を正確に表しているはずだ。

ピークの正確な年齢を調べるため、経験者かどうかを従属変数とするロジスティック回帰分析を実施した[10]。表1がその結果を表す。すると、男性では恋人経験者、デート経験者、キス経験者、性関係経験者のどれも、統計的には50歳前後がピークとなっていた。

女性はどうか。恋人経験者とデート経験者は、統計的には0歳がピークとなることが分かった。つまり、若い人ほど経験者が多いということである。キス経験者と性関係経験者は、30代前半にピークを迎える。この分析の対象者が30代以上であるため、このことは「40代以上とくらべ、20~30代で経験者が同程度いて、けっして減ってはいない」ことを意味する。

整理すると、恋人、デート、キス、性関係のどれでも、男性は統計的に50歳前後の人がもっとも恋愛経験者が多くなり、若い男性では減った。これにたいし、女性では統計的に若い人でも経験者が減ることはなく（キスと性関係）、むしろ増える（恋人とデート）ことが分かった[11]。

(10) ただし、現在の平均初婚年齢が30歳前後であるため、20代の人はこれからまだ恋愛経験が増える可能性がある。そこで、この分析でのみ20代を除き、30~60代を対象とした。

(11) ロジスティック回帰で、現在結婚しているか、教育年数、初職（最初の仕事）で正規雇用だったか、等価所得（世帯人数で調整した世帯収入）、中学時恋人人数で統制し、それらの効果を差しひいても、同様の結果がえられた（男性のピークがどの恋愛行動でも45歳前後となった）。

(12) これは、図3下の数値を用いて、男女の違いが分かるようにしたものである。同じ情報でも、見え方がおおきく異なることに気づくだろう。

したがって、男性は50歳ごろをピークに、若者ほど草食化しているといえそうだ。しかし、女性にそのような傾向は観察されず、むしろやや肉食化している面もあった。

3・3　男女どちらが草食化したのか

つぎに、第2の仮説「男性のほうが草食化しているだろう」を検証しよう。そのために、年齢層ごとに分けたうえで、男女で恋愛経験者の割合を比較する必要がある。

図4が、その結果である。[12] ここから、50～60代の年配者の間では、女性より男性のほうが、恋愛にアクティブで、恋人、デート、キス、性関係のどれでも経験者が多かった。これが40代で同じか逆転し、20～30代の若者の間では女性のほうが経験者が多くなることが、一目瞭然であろう。

このうち、40代の性関係、50代の恋人、デートでは統計的に有意な差はなかった。したがって、男女で比

図4　恋愛経験の年齢層別・男女別比較

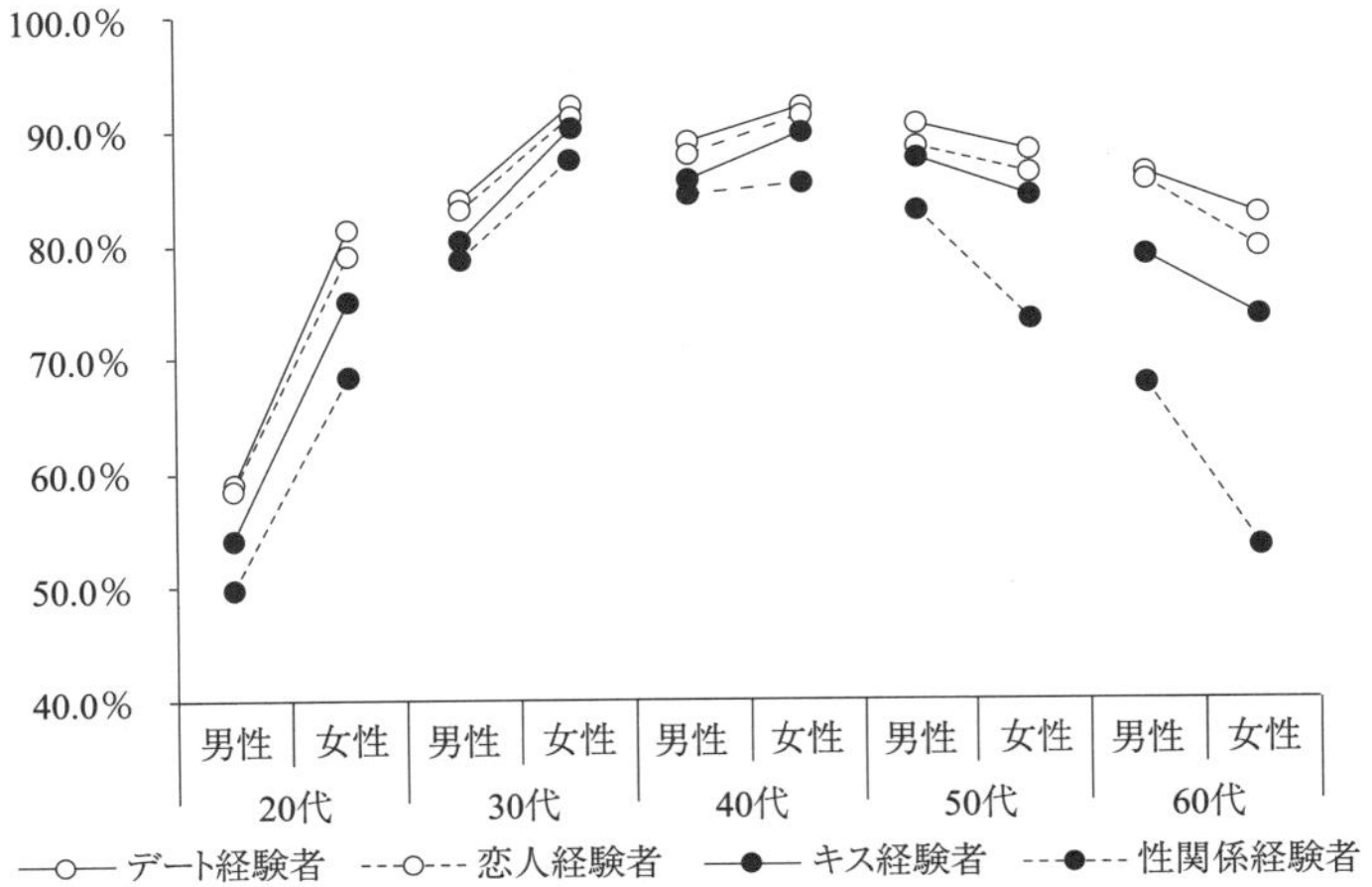

(注) N = 1万2007。20～60代の合計。中学卒業から初婚(未婚なら現在)までについて。カイ二乗検定の結果、年齢層ごとにおおむね有意に男女差があった(5%水準)が、40代の性関係、50代のデート、恋人では有意な差はなかった。

較すると、50～60代の年配者の間では男性のほうがアクティブだったが、40～50代で逆転し、20～30代の若者の間では女性のほうがアクティブとなる。

これは、(男女で比べたら) 男性のほうが草食化していることを、意味している。すでに先の分析から「男性は草食化したが、女性はかえってやや肉食化している」ことが分かっているので、矛盾はなく自然な結果といえるだろう。

3・4 インタビューの語りから

ここまでのアンケート調査結果が、インタビュー調査でも確認できるだろうか。ここでは4人の具体的な語りをみていこう。

まず、60代男性のAさん (既婚、大卒、管理職を定年退職、中国地方在住) は、20代で結婚した。これまでの交際経験は、配偶者の1人のみであった。親が (当時としてはめずらしく) 恋愛結婚だったため、自分も見合いではなく恋愛結婚するものだと考えており、じっさいその通りとなった (図5が対象者の写真)。

Aさん：若いころからずっと「恋愛しないと結婚できないはず」と思ってました。結婚するなら、そのまえにかならず恋愛がないといけないって。

筆者：じゃあ、恋愛したら結婚しなきゃっていうのは…。

Aさん：あー、ありました。やっぱり付き合うからには、さいごは結婚するもの

図5 インタビュー対象者

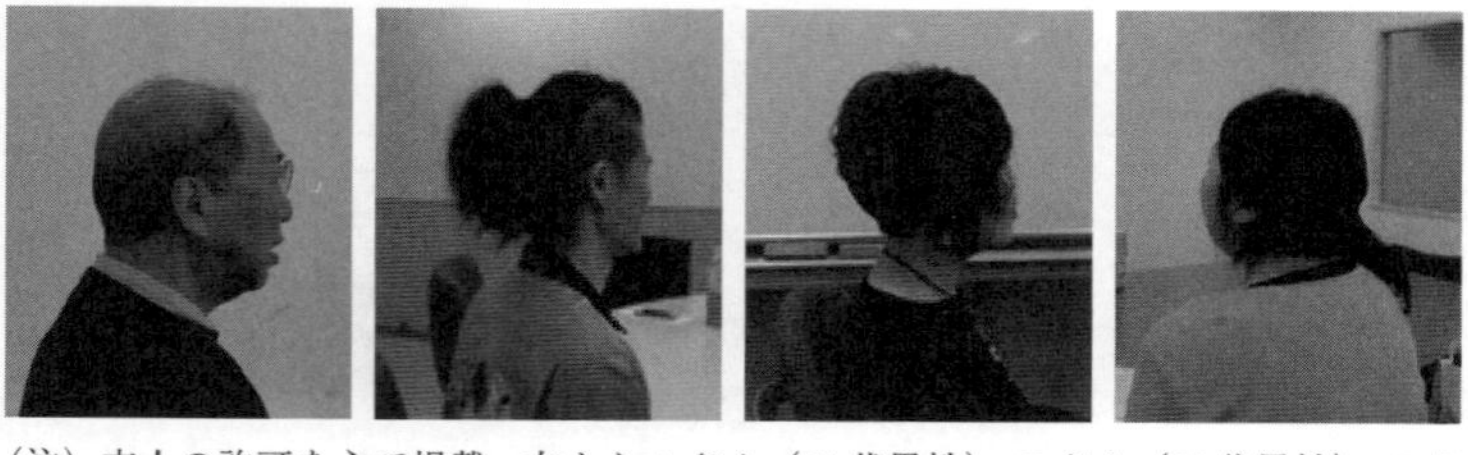

(注) 本人の許可をえて掲載。左からAさん (60代男性)、Bさん (30代男性)、Cさん (60代女性)、Dさん (30代女性)。

だろうってなんとなく思ってました。

30代男性のBさん（未婚、専門学校卒、事務職、関東地方在住）は、これまで20代から30代にかけ1人と交際し、現在恋人はいない。結婚したことはなく、現時点で予定はないという。

筆者：結婚とかについてはどうですか？
Bさん：できれば早めにしたいなあ、とは思いますけど、ただまあ相手があることですから。ご縁があれば、ぐらいの感覚なんで。
筆者：では、恋愛っていうのは、一言でいうとどんな感じでしょうかね。
Bさん：うーん、（生活が）充足するためには必要っていう感じですかね。安心とかに、愛情表現なんかがつながる、というイメージがありますね。

女性ではどうだろうか。Cさんは、60代女性（未婚、短大卒、専門職を定年退職、関西地方在住）で、20代からこれまで3人と交際した。

筆者：結婚っていうのはどういうもんだと思います？

Cさん：（自分は）いろんな経験ができたんで、まあ（結婚は）しなくてよかったかなって。しなかったことに後悔はしていない。

筆者：じゃあ、あなたにとって恋愛っていうのは、どういうものでしょうか。

Cさん：女性が輝くものじゃないですか、恋愛していると。男性は、輝きなくなるんじゃないですかね。最初の頃よりは、どんどんくすんでいくように思います。

最後に、30代女性のDさん（既婚、大学院卒、販売職、東海地方在住）は、10代から30代にかけて4人と交際し、4人目が配偶者となった。

Dさん：恋愛とはどういうものか、うーん、まあ楽しいものだとは思います、はい。

筆者：やっぱり恋愛っていうのは、結婚に繋がっていくほうがいいんでしょうか、それともそれは別物なんですかね。

Dさん：まあ、繋がったほうが幸せなのかなっていう気はします。

このように、年配男性であるAさんは「結婚には恋愛が不可欠」と恋愛を具体的にとらえて積極的だったが、若年男性であるBさんにとって恋愛のイメージは「安心」と抽象的で、結婚にも受け身だった。女性はどちらも、「恋愛すると女性が輝く」（Cさん）、「楽しいもの」（Dさん）と、肯定的にイメージしていた。これらはおおむね、アンケート調査の結果と矛盾はしていないだろう。

4　まとめ

4・1　男性は草食化、女性はやや肉食化

この章では、若者がほんとうに草食化して、恋愛経験者が減っているのかどうかを検討した。そのために、アンケート調査で恋人、デート、キス、性関係の経験者の割合を調べた。（20代はこれから経験するだろうから）30代以上を分析した結果、男性ではどの行動も50歳前後が経験者のピークで、若いほど恋愛経験者が少なく草食化していた（図6）。女性は、しかし、若者でも恋愛経験者が減ることはなく、恋人とデート経験者はむしろふえていた。そのため、女性はやや肉食化している、といってよいだろう。これらの発見は、インタビュー調査の語りともおおむね一致した。

したがって、第一の仮説「年配者とくらべて若者ほど草食化しただろう」は、男性について支持されたが、女性については支持されなかった。図3下がしめすように、男性は草食化し、女性は対照的にやや肉食化したといえる[13]。

その結果、第二の仮説「女性とくらべて男性ほど草食化しただろう」は、支持された。図4がしめすように、50～60代では男性のほうがアクティブに恋愛活動をしていたが、40代前後で逆転し、20～30代では女性のほうが経験者が上回った[14]。

図6　分析結果の要約

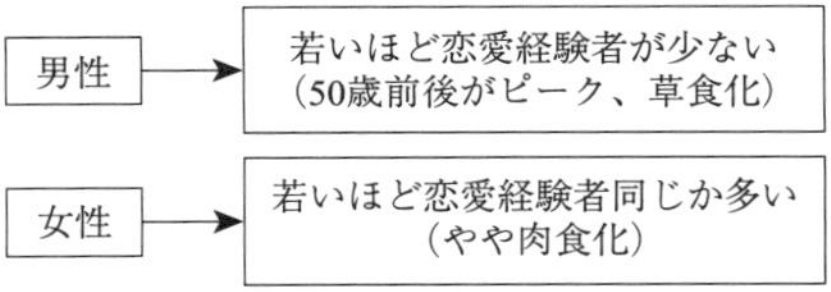

（注）表1をもとに作成。男性はどの恋愛行動でも50歳前後が経験者のピーク。

こうして、この章の問題にたいして、「若者はたしかに草食化して恋愛経験者が減っていた」が、「男女で違いがあり、もっぱら男性が草食化していた」と回答できる。女性はむしろ、肉食化してよりアクティブになっている面もあった。以上から、「だれが草食化し恋愛しなくなったのか」と問うなら、「中心は若い男性」と答えざるをえない。

4・2　恋愛格差から結婚格差への連鎖を利用する

では、このさき日本社会では、草食化がますます進展するのだろうか。そうかもしれないが、そうとは限らない。むしろ、「恋愛できる人」と「できない人」に二極化していく可能性がある。じっさい、中学での恋愛経験がある人ほど、そのあとの恋愛経験が豊富だった。いわば、「恋愛格差」は中学時代からスタートするともいえる。

さらに、恋愛経験が多い人ほど（とくに恋人やキスの経験があると）、結婚のチャンスが2～3倍あがった[15]。いわば、恋愛格差が「結婚格差」へと連鎖していくのである。

そうであるなら、どうすればよいだろうか。もし恋愛したい、結婚したいととくに希望しないなら、気にすることはない。ただし、もし希望するなら、この連鎖を逆手にとってうまく利用し、はやめに「列車にのる」ことが重要になろう。

連鎖しているということは、いったんレールにのれば、あとは自動的に目的地まで

（13）　日本性教育協会編（2013）は女性の草食化を指摘するので、異なる結果となった。日本性教育協会編は大学生まで、この章では20～60代までと、対象が異なったためかもしれない。

（14）　別の解釈として、「じつは女性も草食化しているが、男性のほうがスピードがはやいため、男性のみ草食化したようにみえる」という可能性もある。

（15）　小林盾・大﨑裕子、2016、「恋愛経験は結婚の前提条件か――2015年家族形成とキャリア形成についての全国調査による量的分析」『成蹊大学人文研究』。

運んでもらえるということだ。したがって、恋愛を一度でも経験できれば、あとはよい循環がうまれる可能性がある。「金持ちがますます金持ちになる」ように、「モテる人はますますモテる」ことは十分にありうる。社会が多様化するなか、豊かな人生を送るためには、こうした長期的な戦略が求められているのかもしれない。(16)

付記

本研究はJSPS科研費JP24330160、成蹊大学アジア太平洋研究センターの助成を受けたものです(科研は基盤研究B「少子化社会における家族形成格差の調査研究――ソーシャル・キャピタル論アプローチ」2012〜4年度、成蹊大学は共同プロジェクト「ライフコースの国際比較研究――多様性と不平等への社会学的アプローチ」2014〜6年度、どちらも研究代表小林盾)。また、本研究は公益財団法人たばこ総合研究センターの委託による、「嗜好品と豊かさや幸福に関する社会学研究」研究会の研究成果の一部です。「2018年嗜好品と豊かさや幸福に関するインタビュー調査」データの使用に際して公益財団法人たばこ総合研究センターの許可を得ました。この章は、既発表の論文や雑誌記事の内容を含みます。(17) 執筆に当たり、川端健嗣氏、小島宏氏、森田厚氏から有益なコメントをいただきました。

(16) ライフスタイルの豊かさの理論的な分析は、小林盾、2017、『ライフスタイルの社会学――データからみる日本社会の多様な格差』東京大学出版会に詳しい。

(17) Kobayashi, J., 2017, "Have Japanese People Become Asexual?: Love in Japan," *International Journal of Japanese Sociology* と小林盾、2018、「恋愛・結婚」『一個人 2018年5月号』。

コラム　2015年社会階層とライフコース全国調査、2018年社会階層とライフコース全国調査
——多様性と代表性

小林　盾

2015年社会階層とライフコース全国調査
——ビッグデータによる多様性

現代では、若者が草食化して恋愛しなくなった。最近は、婚活しないと結婚できないらしい。——こうしたことを、耳にしたことがあるかもしれない。

では、恋愛や結婚の変貌を正確に把握するには、どのようなデータが必要だろうか。どちらもプライベートな領域である。

この本では、おもに2つの調査データを用いて分析している。2015年社会階層とライフコース全国調査

図1　2015年社会階層とライフコース全国調査の様子（左）、2018年社会階層とライフコース全国調査の様子（右）

（注）左は職業コーディング作業（2016年11月）、右は訪問面接先で聞き取り中（左が筆者、2018年2月）。本人の許可をえて掲載。筆者または同行者が撮影。

（略称はＳＳＬ－２０１５で、Social Stratification and Life course の略）と、２０１８年社会階層とライフコース全国調査（ＳＳＬ－２０１８）である。どちらも日本全国の個人を対象に、恋愛、結婚、家族、ライフコース、ライフスタイルなどを質問しているが、狙いが異なり、それに伴って調査方法も異なっている。

２０１５年社会階層とライフコース全国調査は、人びとの多様性を理解するため、２０１５年3月にインターネットを用いたウェブ調査として実施された（図1左は職業コーディングの様子、表1は調査データの比較）。対象者は調査会社の全国モニター約91万人で、うち20～69歳の約11万人に依頼し、1万２００７人からデータ収集した。「ビッグデータ」と呼んでよいだろう。

ただし、モニターに質問したため、ランダムサンプリングではない。なぜか。恋愛や結婚について詳細に質問する必要があったので、インターネット使用が向いていると判断した。そのおかげで、データは出身地、教育、家族構成などの属性に加え、恋愛パネルデータ、結婚パネルデータ、教育職業パネルデータ、恋愛や結婚についての心理、幸福感や階層帰属意識といった一般的な心理、知り合いや所属集団といったネットワークについて幅広く集められた。

ウェブ調査のため、（未婚者には既婚者向けの質問を非表示とするなど）複雑な質問ができる。また、原則として欠損値がなくすべての質問に回答がある（これはランダムサンプリング調査ではとても期待できない）。そのため、ほとんどの質問について、1万人以上の膨大なデータ分析が可能となった。

もちろん、苦労もあった。インターネットの画面越しでしか対象者と関われないため、画面のデザインや色を効果的に使用するなど、インターフェイスをできるだけ工夫しなくてはならない。また、数日で終了するため、実施しながら問題があれば修正する、ということができない。いわば一発勝負である。そのため、事前に入念な確認作業が必要となった。質問が複雑になりすぎないようにも、注意した。

その甲斐あって、パネルデータを含む豊かなビッグデータを得ることができ、現代社会における人びとの多様な恋愛パターン、結婚パターンが浮き彫りになった。

2018年社会階層とライフコース全国調査
——ランダムサンプリングによる代表性

ただし、この2015年調査はランダムサンプリングではないので、代表性がない。そのため、「全体像はどうなのか」が不明なままであった。たとえば、「これまで交際した恋人の平均人数が～人だった」と分かっても、それが全国平均である保証がない。

そこで、恋愛や結婚について、ランダムサンプリング調査を行なうことがつぎの課題となった。2018年社会階層とライフコース全国調査（SSL-2018）が、こうしてスタートした。2015年調査のメンバーが中心となりつつも、あらたに若手メンバーが加入した。

2018年2～5月に、全国20～79歳の2800人をランダムに選んで調査を依頼し、

表1　2つの調査データの比較

	2015年社会階層と ライフコース全国調査（SSL-2015）	2018年社会階層と ライフコース全国調査（SSL-2018）
時期	2015年3月	2018年2～5月
調査方法	インターネットを使用したウェブ調査	訪問面接調査（留置を併用）
サンプリング	非ランダムサンプリング （男女、5年齢、6地域の60セルで割りあて）	ランダムサンプリング （層化多段抽出法、6地域と4都市規模の24層から200地点）
回答者（*N*）	日本全国20～69歳モニターの1万2007人	日本全国20～79歳の1126人
回収率	11.0%	40.2%
質問数	63問	48問
特徴	パネルデータを含むビッグデータのため、人びとの多様性が分かる	ランダムサンプリングのため、代表性があり全体像が分かる
主な助成	成蹊大学アジア太平洋研究センター共同プロジェクト、科研基盤研究B	科研基盤研究A、科研挑戦的研究
代表、事務局	小林盾、大﨑裕子	小林盾、川端健嗣
実施委託先	マクロミル	日本リサーチセンター

1126人から回答を得た。訪問面接によって、調査員が対象者一人一人に対面して聞き取りをし、一部留置を併用した。

この調査では、いくつかチャレンジを行なった。恋愛について、「恋人人数」「告白した人数」「告白された人数」「キス人数」を質問した。ランダムサンプリングで、こうした恋愛経験がデータ収集されることは、海外ならこれまであったが、日本でははじめての試みである。さらに、調査員が調査終了後に、対象者の「ルックス（見た目）」や「コミュニケーション力」について、11段階で評価した。恋愛や結婚において、これらの役割が大きいことは間違いないが、これまでデータ収集されてこなかった。

こうして、恋愛や結婚について、ランダムサンプリングによる代表性のあるデータを得ることに成功した。すると、たとえば（15歳から初婚まで、未婚なら現在までの）恋人人数の平均は、男性で2・8人、女性で2・1人だと分かった。これが2015年データでは、男性2・6人、女性2・5人だった。多少違いはあるが、男性のほうがやや多い点は共通していた。

なお、筆者は都内のある地点で調査に参加した（図1右がそのときの様子）。真冬のさなか、ひたすら頭を下げて調査に協力してもらう。断られることが多い。明らかな居留守もある。それでも、こころよく回答してくれる方もいる。調査データだけみると冷たい数字の羅列のようだが、その奥にはこうした人と人との暖かい（?）触れあいがかならずあることを、思い出させてくれた。

ビッグデータによる多様性と、ランダムサンプリングによる代表性。2つのデータは、けっして対立するものではない。むしろ、補完しあうべきもののはずだ。これから家族の未来を包括的に考えるとき、どちらも基礎データとして不可欠なものとなることだろう。

付記

本研究はJSPS科研費JP24330160、JP15H01969、JP17K18587、成蹊大学アジア太平洋研究センターの助成を受けたものです（科研は基盤研究B「少子化社会における家族形成格差の調査研究――ソーシャル・キャピタル論アプローチ」2012～4年度、基盤研究A「少子化社会におけるライフコース変動の実証的解明――混合研究法アプローチ」2015～9年度、挑戦的研究（萌芽）「混合研究法による社会学方法論の新スタンダードの構築――データと理論の統合への挑戦」2017～9年度、成蹊大学は共同プロジェクト「ライフコースの国際比較研究――多様性と不平等への社会学的アプローチ」2014～6年度、すべて研究代表小林盾）。調査実施にあたり、成蹊大学社会調査士課程室の歴代助手である渡邉大輔氏、香川めい氏、見田朱子氏、川端健嗣氏、成蹊大学アジア太平洋研究センター特別研究員だった大崎裕子氏、そしてプロジェクトメンバーの皆さんにご尽力いただきました。

第2章　少女雑誌における恋愛

――少女雑誌は男女の友愛・恋愛をどのように扱ってきたのか

今田　絵里香

1　問題

現代の日本社会では、少女雑誌には男女の恋愛が不可欠な要素となっている。たとえば、少女マンガ雑誌の『りぼん』（集英社）には、かつては池野恋の「ときめきトゥナイト」シリーズなど、近年は牧野あおいの「さよならミニスカート」など、男女の恋愛をテーマにした少女マンガが大量に載っている。

2015年社会階層とライフコース全国調査では、結婚している者が69・6％、恋人がいたことがある者が85・5％を占めていて、男女の恋愛を多数の者が経験していることがわかる。このように、男女の恋愛を経験している人びとが多数を占めることと、メディアが男女の恋愛を多数表象していることは大いに関連があると思われる。

しかし、少女雑誌が男女の恋愛を導入するようになったのは戦後のことである。と

（1）　今田絵里香、2007、『「少女」の社会史』勁草書房。

いうのも、それまで少女雑誌は「エス」を描いていたからである。[1] エスというのは、Sisterの「S」から生まれた言葉である。この姉妹を意味する言葉から生まれたことが示しているように、エスとは姉妹関係を模した少女同士の親密な関係のことである。この少女同士の親密な関係は、上級生と下級生、同級生同士、ときには、教師と生徒の間で育まれるといわれている。[2] 戦前の少女雑誌は、このエスを扱った少女小説を大量に載せていたのである。たとえば、『少女の友』は、川端康成の少女小説である「乙女の港」(『少女の友』1937年6月号〜1938年3月号)を掲載していた。これはエスを描いたものである。図1は、中原淳一の手による「乙女の港」の挿絵である。[3] この挿絵には、肩を組む少女たちの親密なありようが描かれている。戦前の少女雑誌はこのようなエスを大量に描いていたのである。ところが、戦後の少女雑誌は男女の恋愛を描くようになったといえる。そこで、本章では、少女雑誌が男女の恋愛を導入するようになったプロセスを見ることとする。

2 データと方法

1945年8月の終戦の時点では、日本の少女雑誌は『少女の友』(実業之日本社)『少女倶楽部』(大日本雄弁会講談社、現在の講談社)のみとなっていた。この『少女の友』は1908年2月に、『少女倶楽部』は1923年1月に創

(2) 今田(2007)。

(3) 川端康成、1937〜8、「乙女の港」『少女の友』1937年6月号〜1938年3月号。→2009、『少女の友コレクション 完本 乙女の港』実業之日本社。

図1 川端康成「乙女の港」

刊された。したがって、この終戦の時点では、『少女の友』がもっとも長期にわたって刊行されてきた少女雑誌だということができる。そこで、この古株の『少女の友』がどのように男女の恋愛を導入したかを見てみることとする。分析するのは、終戦直後の号である『少女の友』1945年9月号から、終刊の号である1955年6月号までである。図2は戦前の、図3は戦後の『少女の友』の表紙絵である。前者には白の手袋をはめた洋装の少女が、後者には華やかな和装の少女が描かれている。どちらの少女も、その身なりを見る限り、中間層以上の社会階層に属していることがうかがえる。したがって、『少女の友』は、中間層以上の社会階層の少女を読者として想定していたと考えることができる。

『少女の友』は、少女小説を主な読みものとしている少女雑誌である。それゆえ、少女小説を分析してみることとする。そこで、少女小説の複数の主要登場人物を抽出して、それぞれの関係を「親子・きょうだい関係」「同性間の友人関係」「異性間の友人関係」「エス関係」「異性愛関係」に分類してみると、1955年には、「異性間の友人関係」「異性愛関係」が多数描かれるようになったことがわかったのである(4)。ただし、少女小説は数年で変化するものではないため、奇数年のみを分析している。また、1945年から分析するため、奇数年に着目している。この結果は図4

図2　戦前の『少女の友』

（注）出典：『少女の友』1938年10月号、著者所蔵。

図3　戦後の『少女の友』

（注）出典：『少女の友』1948年1月号、著者所蔵。

にまとめたとおりである。

図4を見ると、『少女の友』の少女小説は、第一に「親子・きょうだい関係」が描かれることが多数を占め、第二に「エス関係」が描かれることが少数であったことがわかる。第三に、1945年から1953年までは、「同性間の友人関係」が描かれることが多数を占めていたが、1955年からは「異性間の友人関係」「異性愛関係」が描かれることが増加して、「同性間の友人関係」が描かれることに匹敵する勢いになったことがわかる。

このように見てくると、『少女の友』の少女小説には、1955年から男女の友愛・恋愛が多数描かれるようになったといえる。逆にいうと、それまでは男女の友愛・恋愛が描かれることは、めずらしいことであったといえる。

3 分析結果

3・1 三木澄子の「紫水晶」

『少女の友』の少女小説は男女の友愛・恋愛をどのよう

図4 戦後の『少女の友』の少女小説における親密な関係の変遷(隔年、出現回数)

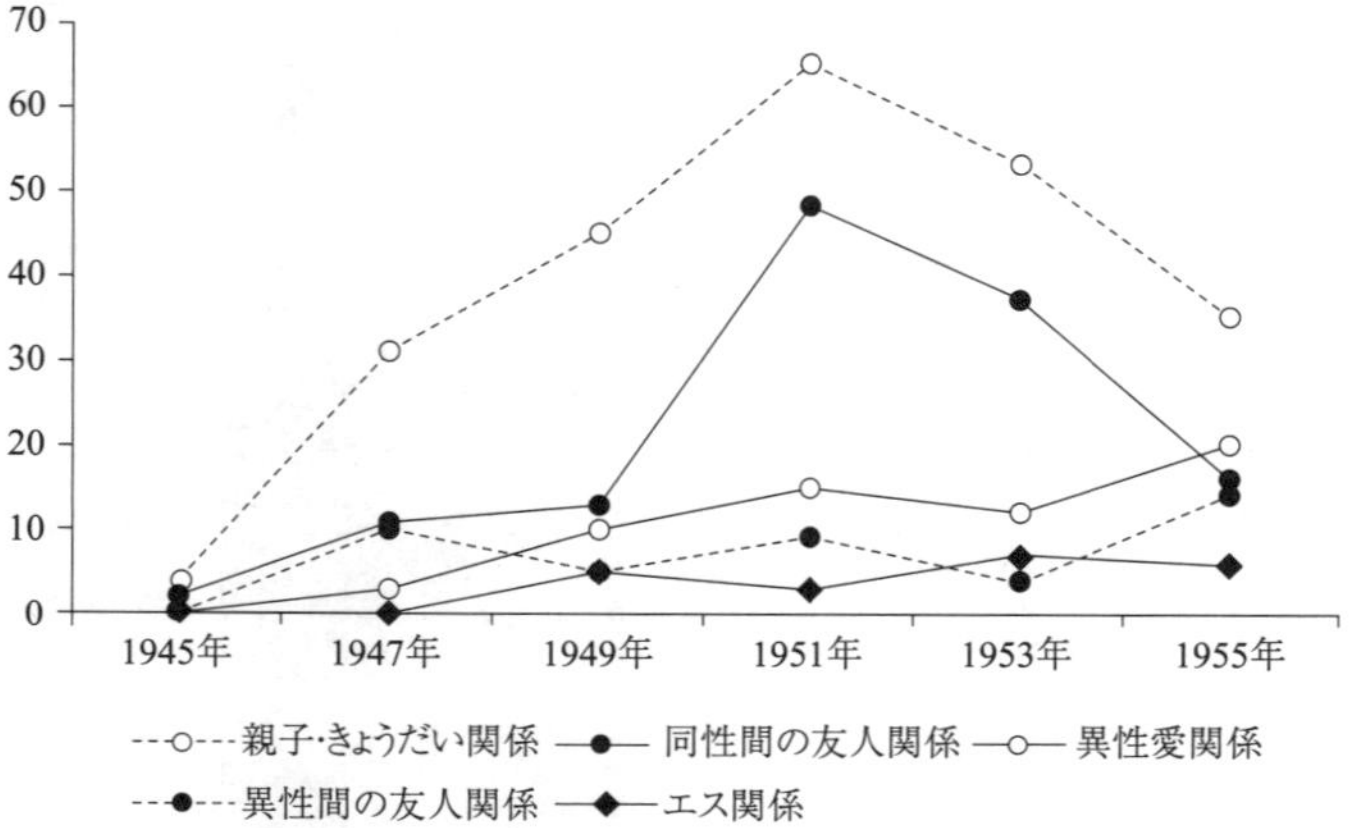

(注) 出典:今田(2011)。1945年は9、10・11合併、12月、1947年は1～12月、1949年は1～12月、1951年は1、1増刊、2～12月、1953年は1～12月、1955年は1～6月。

に描いていたのだろうか。ここでは、この雑誌の少女小説を丁寧に見てみることとする。着目するのは、三木澄子の「紫水晶」である。この「紫水晶」は、『少女の友』に１９５０年４月号から12月号まで連載されたものである。その後、１９５１年にポプラ社から単行本として刊行されている。図５は、単行本の挿絵である[5]。ここには、洋装の少女のシルエットが描かれている。これを見る限りは、この「紫水晶」は中間層以上の社会階層の少女を描いていたということができる。本章がなぜ三木澄子に着目するかというと、一つに三木澄子が戦後に『少女の友』で少女小説を載せるようになった作家だからである。したがって、戦後、学校教育制度などが大きく変わるなか、戦前に『少女の友』で少女小説を載せていた作家とは異なるものを描こうとしたと想定できるのである。

二つに、三木澄子が読者の支持を得ていた作家だからである。というのも、三木澄子は、『少女の友』の終刊後、『女学生の友』（小学館）などの他の少女雑誌で、多数の少女小説を連載することになったのである。したがって、読者に与える影響力が大きかったのではないかと考えることができる。そして、この２つの条件に当てはまる作家は、戦後の『少女の友』で少女小説を連載していた作家のなかでは、三木澄子のみなのである。なぜ「紫水晶」を見るかというと、これが三木澄子の『少女の友』における最初の連載少女小説だからである。三木澄子の『少女の友』の連載少女小説には、「紫

図５　「紫水晶」の口絵

（注）出典：三木（1950 → 1951）。

（４）　今田絵里香、２０１１、「戦後日本の『少女の友』『女学生の友』における異性愛文化の導入とその論理——小説と読者通信欄の分析」『国際児童文学館紀要』。

（５）　三木澄子、１９５０、「紫水晶」『少女の友』１９５０年４月号～12月号。→１９５１、『紫水晶』ポプラ社。

水晶」「北斗星のかなた」がある。そのうち、「紫水晶」は最初の連載少女小説である。そして、最初の連載少女小説には、その後の連載少女小説にも繰り返し使われる定型が打ち出されやすいと考えられる。

3・2 「紫水晶」のあらすじ

「紫水晶」のあらすじは、次のとおりである。4月1日、雲雀ガ丘女学園中等部2年C組に、新任の水木晶子が担任として配属されることになった。晶子はたいへんな美貌をもっていた。したがって、全女子生徒が晶子を「紫水晶の君」とよび、あこがれるようになった。ただ、晶子はC組の千早桃子の名前を見て驚いたような素振りを見せた。桃子はC組でもっとも美しい少女であった。さらにこの日、C組に水木克子が転入してきた。克子の父親はシベリアに抑留されていた。そのため、克子は母親の花売りの仕事を助けて暮らしていた。

晶子は3月まで神戸の桜台学園で教えていた。そしてそこでは槇三千子という生徒に慕われていた。ところが、三千子はしだいに病に侵されていった。ただ、唯一、『少女文苑』の「渚さゆり」の詩を読むことを楽しみにしていた。やがて、三千子は「渚さゆり」にオルゴールを贈ってほしいと晶子に頼むようになった。この『少女文苑』の文芸欄では、「渚さゆり」と「三島さち子」が常連投稿者として名を馳せていた。そして、「渚さゆり」は桃子、「三島さち子」は克子のペンネームなのであった。

そこで、晶子は桃子にオルゴールを贈った。ただ、「渚さゆり」「三島さち子」が誰なのかを知っているのは、晶子のみであった。

その後、誰かが晶子の机の上に白色の花を飾るようになった。そして、桃子が紅色の花を飾ると、その誰かが白色の花に入れ替えるのであった。それゆえ「花争い」とささやかれた。

しかし、その後、不運が続いた。克子がアメリカ軍人のジープに轢かれて足を負傷し、三千子が死去したのであった。晶子は、三千子の死去に悲嘆する桃子に「三島さち子」に会わせることを、足の負傷に落胆する克子には「渚さゆり」に会わせることを約束した。クラスメイトは、順繰りに克子を見舞った。しかし、桃子は晶子を介して克子に見舞いを拒否された。桃子は大きなショックを受けた。ただ、ほどなくして桃子は克子から謝罪の手紙をもらった。そこには、「花争い」の相手が克子であったこと、そして、克子の足が一生治らないことが書かれていた。桃子と克子は和解した。

新学期、晶子は欠勤を続けていた。噂によると、晶子は神戸の両親のもとに連れ戻され、結婚させられることになったということであった。というのも、シベリアに抑留されていた晶子の婚約者が死去したからであった。また、克子は箱根のホテルで療養していた。アメリカ軍人のジョージ・岸が手配してくれたのであった。克子はそのホテルでサリー・スミス夫人に出会い、夫人の口添えで有名な歌手のレッスンを受けることになった。また、桃子に貸してもらったオルゴールが、夫人の息子のかつて手放したものであることがわかった。

10月、克子は東京に戻った。東京では、足が不自由になった克子のため、C組のクラスメイト全員がスクエア・ダンスを拒否していた。克子はクラスメイトをなだめ、スクエア・ダンスを踊らせることにした。また、11月、晶子が結婚を拒否して東京に戻ってきた。さらに、クリスマス・イヴの日、桃子と克子は互いが「渚さゆり」「三島さち子」であることを知ったのであった。また、その日、克子のもとに紫水晶の首飾りが届いた。それはジョージ・岸が晶子に贈ったものであった。克子のもとに間違って届けられたのであった。しかし、ジョージ・岸は軍の都合でアメリカに戻ってしまった。ただ、晶子は4月1日にジョージ・岸に手紙を出すと誓った。そして、それまでに神戸の両親に了解をもらうことにしたのであった。

4月1日、晶子は3年C組の担任になった。そして、克子のもとには父親が戻ってきた。さらに、桃子は『少女文苑』で賞を獲得することになった。

3・3 エスと男女の友愛

ここまでがあらすじである。そして、このようなあらすじをながめると、この「紫水晶」には、エスと男女の友愛が両方とも描かれていることがわかる。

エスは、晶子と晶子にあこがれる全女子生徒という形で描かれている。

長い睫毛にかこまれた、ぬれたように黒いまなざし。ほのかに薔薇いろがかつた白い頬。しぜんな紅さに、真白な歯なみがちらちらする、花びらのような唇。いくらかひろすぎる額。
講堂で遠くから見たときよりも、教壇にまぢかく仰ぐ水木先生は、いつそうおきれいでした。かぐわしい陽ざしのなかに、紫水晶の優美さと高貴さが、つつましくかがやきました。（中略）
アイウエオ順に呼ばれるひとりびとりが、お返事をしながら、じっとそそがれる先生の美しい視線をまぶしがるように、思わず顔を伏せてしまうのでした。(6)

きようの先生は、わずか半日で、すつかり先生の崇拝者になつてしまつた少女たちに見せないのが残念なような、きのうとはまたちがうお美しさでした。

日曜なので、落ちついたコバルトにごくこまかな紅いかすりがとんだ銘仙のお着物に、くすんだえんじの絞りのお羽織を、召していらつしやるのです。きのうは、フランス巻きめいて肩にたらしていらしたおぐしも、きようはさりげなく上品なアップでした。真白なはんえりが、きやしやなうなじを、なんてきれいに見せているこことでしよう。

婚約者に逢いに行くお嬢さん――とでもいつたような、気品高くやさしく、におい立つお姿でした。そこの洋装店の、銀色の夜会服に、真珠の首かざりをつけた装

（6）三木（1950→1951）、13〜15ページ。

窓人形も、面伏せてしまいそう[7]——。

このように、晶子の美しさ、そして、晶子の美しさに心を奪われる女子生徒のありようが描かれている。

また、男女の友愛は、克子の治療の支援をするジョージ・岸と、ジョージ・岸に頼る克子という形で描かれている。

あのとき、あたしのそばには、岸中尉だけがいらつしやいました。岸中尉なんてよしましよう。ジョー兄さまよ。ジョージ・岸つておつしやるのよ。それを弟の牧夫が略して、ジョー兄さまですつて。このごろでは、あたしもそうお呼びしますの[8]。

「ジョーにいさま、あたしはなんだか、自分でじぶんではないようよ。こんなすばらしいところで、すばらしいお部屋に住んで、すばらしいお料理をいただいて——シンデレラ姫みたい」

夕暮れのホテルのロビイで、冷たいのみものをのんでいた克子は、むき合つた籐イスのりりしい岸中尉のお顔を、微笑のまなざしで見守りながら、夢みるようにいいました[9]。

(7) 三木(1950→1951)、26ページ。

(8) 三木(1950→1951)、103ページ。

(9) 三木(1950→1951)、123ページ。

このように、ジョージ・岸が克子をお姫さまのように扱っていること、また、克子がジョージ・岸を兄のように慕っていることが描かれている。

実は、戦後の『少女の友』の投書欄では、「あこがれの君」にたいする読者の投書、および、「ボーイフレンド」にたいする読者の投書が両方載っていることがわかっている。[10]「あこがれの君」とは、エスの相手のことである。「ボーイフレンド」とは、男女の友愛の相手のことである。したがって、「紫水晶」でも、『少女の友』の投書欄のように、エスの相手である「あこがれの君」と男女の友愛の相手である「ボーイフレンド」が両方描かれているといえるのである。

さらに、「北斗星のかなたに」でも、エスと男女の友愛が同時に描かれている。「北斗星のかなた」は、『少女の友』の1954年1月号から12月号まで連載された少女小説である。その後、1955年にポプラ社から単行本として刊行されている。この少女小説では、エスは島崎葵と葵の上級生の沢三千代をとおして描かれている。

「そりゃそうよ、ママ。なにしろ沢三千代さんは、お姉さまの大事なSですもの。大雨くらい、お姉さまにはなんでもありゃしないわ」

（中略）

「Sだなんて、いやな枝美子ちゃんね。そんなんじゃないわ。あたし、Sなんて大きらい」

（10）今田（2011）。

（11）三木澄子、1954、「北斗星のかなた」『少女の友』1954年1月号～12月号。→1955、『北斗星のかなた』ポプラ社、190～191ページ。

「あら、じゃあなあに？」
「沢さんは上級生の中で、あたしがいちばん尊敬してたかた、というだけよ」
「おなじことじゃないの。そして沢さんだって、とてもお姉さまにやさしいんですもの[11]」

このように、葵の妹によって葵と三千代がエスであることが把握されているのである。

また、男女の友愛は、葵と大学生の小林勝彦をとおして描かれている。

「(中略) ぼくはこれでなかなかロマンティストだから、葵さんの『あしながおじさん』になってあげられたらなあ、って夢みているんですよ[12]」

このように、勝彦が葵を支援するさまが描かれているといえる。

(12) 三木(1954→1955)、78〜79ページ。

4 まとめ

ここまで見てきたように、戦後、『少女の友』に男女の友愛・恋愛が導入された。とはいえ、そこではエスと男女の友愛が同時に描かれていた。したがって、エスの相手である「あこがれの君」、および、男女の友愛の相手である「ボーイフレンド」が同時に見出されていたのであった。

このような結果を踏まえると、戦後の『少女の友』は、エスから男女の友愛・恋愛に移り変わるさまを描いていたということができる。だからこそ、エスと男女の友愛が同時に描かれていたのである。

先に見たように、現代の日本社会の少女雑誌は、男女の恋愛を不可欠な要素として扱っている。しかし、このような結果を見ると、それは歴史上、けっして当たり前のことではないことが見えてくるのである。

付記

本研究はＪＳＰＳ科研費ＪＰ２４３３０１６０、成蹊大学アジア太平洋研究センターの助成を受けたものです（科研は基盤研究Ｂ「少子化社会における家族形成格差の調査研究——ソーシャル・キャピタル論アプローチ」２０１２～４年度、成蹊大学は共同プロジェクト「ライフコースの国際比較研究——多様性と不平等への社会学的アプローチ」２０１４～６年度、どちらも研究代表小林盾）。

第3章　ロマンティックラブ・イデオロギーとロマンティックマリッジ・イデオロギー
――変容と誕生

谷本　奈穂・渡邉　大輔

1　問題

1・1　問題の所在

「結婚しなくても幸せになれるこの時代に私は、あなたと結婚したいのです。」

2017年、結婚情報誌『ゼクシィ』（リクルートマーケティングパートナーズ）の各種広告に使用されたキャッチコピーである。このコピーに共感する声は雑誌アンケートやSNS上に溢れ、同年のブレーン広告グランプリ（『ブレーン』宣伝会議）に選ばれ、2018年には製作者がTCC最高新人賞（東京コピーライターズクラブ）を受賞した。「未婚」「離婚」「恋愛しない若者」といったワードがメディアで連日のように登場している中で、このキャッチコピーへの共感はどこから生まれたのだろうか。

本章は恋愛と結婚について再考していく。結論を先取りしておけば、恋愛は解放されるが結婚は固持されること、ロマンティックラブ・イデオロギーは弱体化し、ロマンティックマリッジ・イデオロギーに形を変えていることが示されるだろう。

家族は歴史上不変のものではなく、当該社会によって構築されてきたものである。今日私たちが「家族」と認識する人間関係は、近代社会によって構築されているため、ことさら「近代家族」と名付けられている。さて、この近代家族（の理念）はロマンティックラブ・イデオロギーによる恋愛結婚を出発点にしてきたとされ、例えば落合恵美子は「今日夫婦の絆と言えば、極言すれば性と愛だとして疑われない」と指摘し[1]、千田有紀もロマンティックラブが「『近代家族』という制度をつくりつづけるには最適なものである」と指摘している[2]。

ところが近代社会に目を向ければ、大越愛子によると「『恋愛』、『性愛』、『結婚』は分離したものであった」という[3]。近代以前の「恋愛」の形として、「騎士道的恋愛」や「宮廷的恋愛」などがあげられるが、それらの共通した特徴は「結婚の外でなされた」ことである[4]。日本においても特に身分が高い場合、恋愛と結婚は切り離されることが多々あった。

近代に入ると、それまで権力を持っていた貴族に代わり、ブルジョアジーが台頭してくる。ブルジョアジーたちは、これまで社会に支配的であった貴族的な文化や規範

（1） 落合恵美子、1989、『近代家族とフェミニズム』勁草書房、8ページ。

（2） 千田有紀、2011、『日本型近代家族――どこから来てどこへ行くのか』勁草書房。

（3） 大越愛子、2001、「恋愛三位一体幻想」『現代文化スタディーズ』晃洋書房。

（4） 棚沢直子・草野いづみ、1995、『フランスには、なぜ恋愛スキャンダルがないのか？』はまの出版。

を、徹底的に批判・解体しようとし、その一つとして、生殖を目的としないセックスを罪であると見なした。「恋愛やそれに伴う性的欲求は、神の祝福する結婚とは相入れない[5]」とされたのである。ここで初めて恋愛が結婚とはげしく対立するようになる。

騎士道的恋愛や宮廷的恋愛では、公に結婚の外で恋愛を行うため、恋愛は結婚制度を脅かさなかった。ある意味「不義」を認めてしまうことで、恋愛は社会秩序を乱さないものであったのだ。だが、近代になって恋愛は「家族的秩序」や「階級的秩序」を脅かす危険物になってしまった[6]。結婚相手にふさわしくない相手に恋愛感情を持ってしまえば階級的秩序を乱すことになり、夫婦以外の人に恋愛感情を持てば家族的秩序を乱すことになるだろう。恋愛は、罪であり、社会にとって望ましい結婚制度を崩壊させる危険性をもつと見なされ、安定的な社会のためには、恋愛を結婚に見合うものにする必要がでてくる。

そこで、山田昌弘によれば、社会は三つの戦略を用意した[7]。一つは、恋愛と結婚を分離してしまう戦略である。例として結婚は結婚として維持しながら、花街で恋愛をしたり妾をかこったりすることを挙げられる。現在の日本では公然とこの戦略を用いることは社会的に認められにくくなったといえよう。二つ目は、恋愛を抑制する戦略である。例えば、宗教の力を用いて恋愛感情そのものを罪悪としてしまう方法が一つの例として挙げられるだろう。最後に、結婚と恋愛をむしろ結びつける戦略である。

(5) 棚沢・草野（1995）、129ページ。

(6) 井上俊、1973、『死にがいの喪失』筑摩書房、197ページ。

(7) 山田昌弘、1994、『近代家族のゆくえ――家族と愛情のパラドックス』新曜社。

これこそがロマンティックラブ・イデオロギーである。もともとは結婚と対立する恋愛を、逆に結婚と強く結びつけ、結婚相手としてふさわしい相手に抱く感情こそが「恋愛」なのだと規定する。すると、ふさわしい相手との関係が正しい恋愛として社会的に認められることになる。それだけではなく、結婚相手としてふさわしくない相手との関係は、偽物の恋愛として排除されることにもなる。いわば、恋愛の「正当性」が、結婚につながるかどうかで審判されることになるのである。

こうしてロマンティックラブ・イデオロギーは、「現実を裁く規範」になっていった。[8]また、井上俊はこのイデオロギーが「恋愛という『無政府な力』を結婚という社会制度のなかに組み込んでしまうことによって恋愛からその牙を抜く」機能を果したと述べている。[9]社会秩序を攪乱する要因となる恋愛は、統制され、制度に取り込まれてしまったのであった。

ロマンティックラブ・イデオロギーを介して、近代家族は「恋愛と結婚（と性）」が結びついたものとして捉えられるようになる。そして、日本においてこのイデオロギーは、20世紀の欧米で花開いたのち高度経済成長期以降に実体的に普及したという。[10]かつて確かに日本では、見合い結婚が大多数で、恋愛と結婚は切り離されることが多々あった。１９７０年代以降では恋愛結婚が多くなったことは広く知られていよう。

（8）柳父章、１９８２、『翻訳語成立事情』岩波書店、１０５ページ。

（9）井上（１９７３）、１９５ページ。

（10）山田、２００７、『少子社会日本——もうひとつの格差のゆくえ』岩波書店。

1・2　近代家族理念の変化との結びつき

前述してきたような、ロマンティックラブ・イデオロギーとその帰結である近代家族（理念）は、しかしながら近年、変化の兆しを見せてきたとされる。例えば上野千鶴子は、「近代からポストモダン〈脱近代〉への時代の転換期に際して」、「近代が作り上げたこのロマンティックラブ・イデオロギーのトリニティ（筆者注：愛と性と結婚の三位一体）が、そのどの局面においても解体しつつある」と指摘している[11]。確かに、1990年代の山田の調査においても、18〜21歳の男女の90％以上に異性の友人がいて、約60％は恋人ではないけれどデートする友人がおり、「お互いに恋人と思わなくても、心を通わせたり、デートしてもよい」時代となったことが判明している。

そして同じ時期には「『家族の危機』『家族の崩壊』という言葉が、人口に膾炙するように」なり[12]、「先進諸国では、脱〈近代家族〉化とも言い得る兆候が簇生し」、その兆候を「家庭基盤充実政策を掲げた政府から、家族こそ反管理の拠点とするニューレフト系勢力まで、あらゆる立場」の者が危惧するようになった[13]。

家族理念が揺らいでいることの要因の一つとして、ロマンティックラブ・イデオロギーの揺らぎを挙げる者もいる。ある研究者は「日本における家族の定義や概念に揺らぎが生じてきている」「家族の危機や崩壊ともいわれる現状」において、「夫婦関係をはじめとするパートナーシップもさまざまなあり方が存在しうる状況になった」

(11)　上野千鶴子、1992、「ロマンティックラブ・イデオロギーの解体」『増補〈私〉探しゲーム——欲望私民社会論』筑摩書房、159ページ。

(12)　宮坂靖子、1988、「近代家族」金井淑子編『ワードマップ家族』新曜社。

(13)　落合（1989）、22ページ。

「現代の夫婦関係は多様化してきている」と捉えて、「これは、近代家族の特徴であった「恋愛結婚」や「結婚－愛－性」の三位一体観が揺らぎつつあることを意味している」と述べている。[14] 家族観の揺らぎや夫婦関係の多様化と、ロマンティックラブの三位一体の揺らぎが、関連づけられて捉えられてきたのである。しかしそれは本当だろうか。

2 データと方法

2・1 雑誌分析

ロマンティックラブ・イデオロギーが変容してきたとしても、目に見えないため、実際にどうなっているかを知ることは困難である。そこで、筆者のうち谷本は、雑誌分析を通じてこれを何とか可視化しようと試み、１９７０年代から２０００年代の一般雑誌における恋愛記事の分析を行ったことがある。[15]

方法として、若者向け雑誌のうち発行部数の多いものから、男性誌『週刊プレイボーイ』（集英社）、『メンズノンノ』（集英社）、『ホットドッグプレス』（講談社）、女性誌『ノンノ』（集英社）、『アンアン』（マガジンハウス）、『ＪＪ』（光文社）をピックアップし、総計２４８冊、１５９７頁を取り上げた。各々の冊数、ページ数については注を参照のこと。[16]

（14） 山幸代、２０１５、「多様なパートナーシップの可能性――夫婦関係の脱制度化と親密性の変容」『佛大社会学』39、17ページ以降。

（15） 本章の雑誌分析は谷本奈穂、２００８、『恋愛の社会学――「遊び」とロマンティック・ラブの変容』青弓社の一部を引用した上、加筆修正している。

（16） １９７８～１９８０年『週刊プレイボーイ』24冊、『ホットドッグプレス』18冊、『ノンノ』27冊、『アンアン』26冊、『ＪＪ』25冊の計１２０冊（当時発行されていなかった『メンズノンノ』は除く）。恋愛記事は計３０５頁。１９９０年代は、１９９２～１９９４年『週刊プレイボーイ』18冊、『ホットドッグプレス』8冊、『ノンノ』15冊、『アンアン』8冊、『ＪＪ』8冊計69冊。恋愛記事は計８４５ページ。２００６年『週刊プレイボーイ』12冊、『メンズノンノ』10冊、『ノンノ』6冊、

　実際の雑誌記事は「恋人にしたい異性のタイプ」、「上手くセックスするにはどうすればいいか」、「効果的なアプローチ方法」というように、それぞれテーマに沿って別々に書かれている。このバラバラで散漫な記事を「いかに読み解くか」が重要な問題となる。ここでは分析方法として、実証的・経験的な方法（テキストマイニングなど）は使わず、より理論的な方法を用いていきたい。

　ヒントを与えてくれるのがR・バルトである。[17] 彼は恋愛を「物語」という形式ではなく「フィギュール」という形式で論じている。フィギュールとはディスクール（＝言説）の破片を指し、たとえば、「苦悩 Ascese」「接触 Contacts」「告白 Declaration」といった言葉を指す。バルトは、一つのフィギュールに対して個別に概要を記していく。

　注目すべきは、バルトが恋愛を論じるときに、フィギュールをなにがしかの「物語順」となるようにしたのではなく、「無意味な順序で並べる方法」を用いた点だ。彼の意図は、恋愛における「社会的・文化的な前提」（イデオロギーと言ってもいい）から逃れて、[18] 恋愛の「本質」を描こうとすることにあった。バルトによれば「物語」という形式には、社会的前提の規範力が潜みやすいという。なぜなら「物語」においては因果関係や教訓話を仕立て上げることが可能になる分、社会的前提が規範力として働く余地が増大するからである。そして、社会的前提は、恋愛に対して規範力を発揮し「恋愛はこういうものだ」という認識をつくりだす。バルトの意図は「こういう

『アンアン』25冊、『JJ』6冊の計59冊（廃刊になった『ホットドックプレス』は除く）。恋愛記事は計447ページ。

（17） Barthes, R., 1977, *Fragments d'un Discours Amoureux*, Seuil（＝1980、三好郁郎訳『恋愛のディスクール・断章』みすず書房）

（18） 正確に言うと「社会的・文化的な前提」はイデオロギーと同じではない。ただし本章では議論がいたずらに煩雑になるのを避けて、類似した概念として取り扱う。

もの」という思い込みから逃れて、恋愛の本質を取り出すことにあった。

だが逆に、本章では背後にある社会的前提を可視化したいのである。したがってバルトが採用した手法を「ひっくりかえして」みるべきだろう。彼が避けた物語形式による分析をあえて採用し、具体的な一つ一つの記事を、社会的前提の「断片」と捉えることを提言したい。恋愛に関する一つ一つの記事を「一つの大きな物語」の「断片・部分」と捉え、そしてその断片（＝具体的記事）を一つの物語の形に「復元」する。この作業によって得られたモデルこそ、背後にある社会的前提をより豊かに描いたモデルであると考える。

2・2　2015年社会階層とライフコース全国調査

雑誌分析で得たロマンティックラブ・イデオロギーの変容に関する仮説を、個人を対象とした質問紙調査データをもとに検証する。使用するデータは、2015年3月に20～69歳を対象とした「2015年社会階層とライフコース全国調査」である。なお、本調査は横断調査であるので、時系列の変化を追うことはできない。今回は出生年コーホート別で見ることで、時系列の変化を予測する形で代用する。ただし加齢効果の影響がある可能性も否定できないことには留意が必要である。

また、分析は記述統計による分析のみを行った。それぞれの分析では有意性の検定を行っているが、標本のサイズが大きいこともあり、いずれも有意であった。

3　分析結果

3・1　ロマンティッククラブ・イデオロギーの弱体化

雑誌の分析結果を図1、図2に示すと、記事群から「結婚」や「別れ」といった物語の「結末」が減少していることが見て取れる。[19] 70年代には、ロマンティッククラブ・イデオロギーと合致して、恋愛の中に非常に重要な要素として結婚が描かれていた。ところが、90年代以降、少なくとも「恋愛」の範疇から「結婚」が失われていることが分かる。

物語論の観点からいっても、「結末」は非常に大切な部分である。P・リクールによると、物語とは因果的連鎖で結ばれた筋が「完結」するものである。[20] 因果的連鎖が「AのゆえにBが」という連鎖構造をとるということは、物語は「結末」に到達するために進むと解釈してもいい。物語中の因果的エピソードは全て「結末」に結びつくための伏線なのである。したがって、物語の調和や統一性は「結末」によって作り出されるとリクールはいう。この点から考えると、結末が失われた90年代以降の「恋愛の物語」は、かなりいびつな形をしており、調和や統一性を欠いたものとなる。

ロマンティッククラブ・イデオロギーが全盛だったころ、雑誌の恋愛記事は出会い→恋愛→結婚という「結末」までの因果的連鎖をきちんと描いていた。それに対し、90

(19)　実際の非婚化、あるいは結婚専門誌の登場も影響しているが、それでは第一に、もう一つの結末「別れ・失恋」記事の減少を説明できない。第二に、分析した雑誌は総合誌であり、読者のなるべく広いニーズを網羅しようとするもので、専門誌ができたからといって読者が関心を持つ記事をわざわざ減らす必要はない。第三に、非婚化自体が、恋愛から結婚を目指さないことの結果として捉えられる。なお、男性誌、女性誌の違いは本章では扱わない。

(20)　Ricoeur, P, 1983, *Temps et Recit I, Seuil*（＝１９８７、久米博訳『時間と物語Ｉ』新曜社）

図1　記事の主題的モチーフの推移

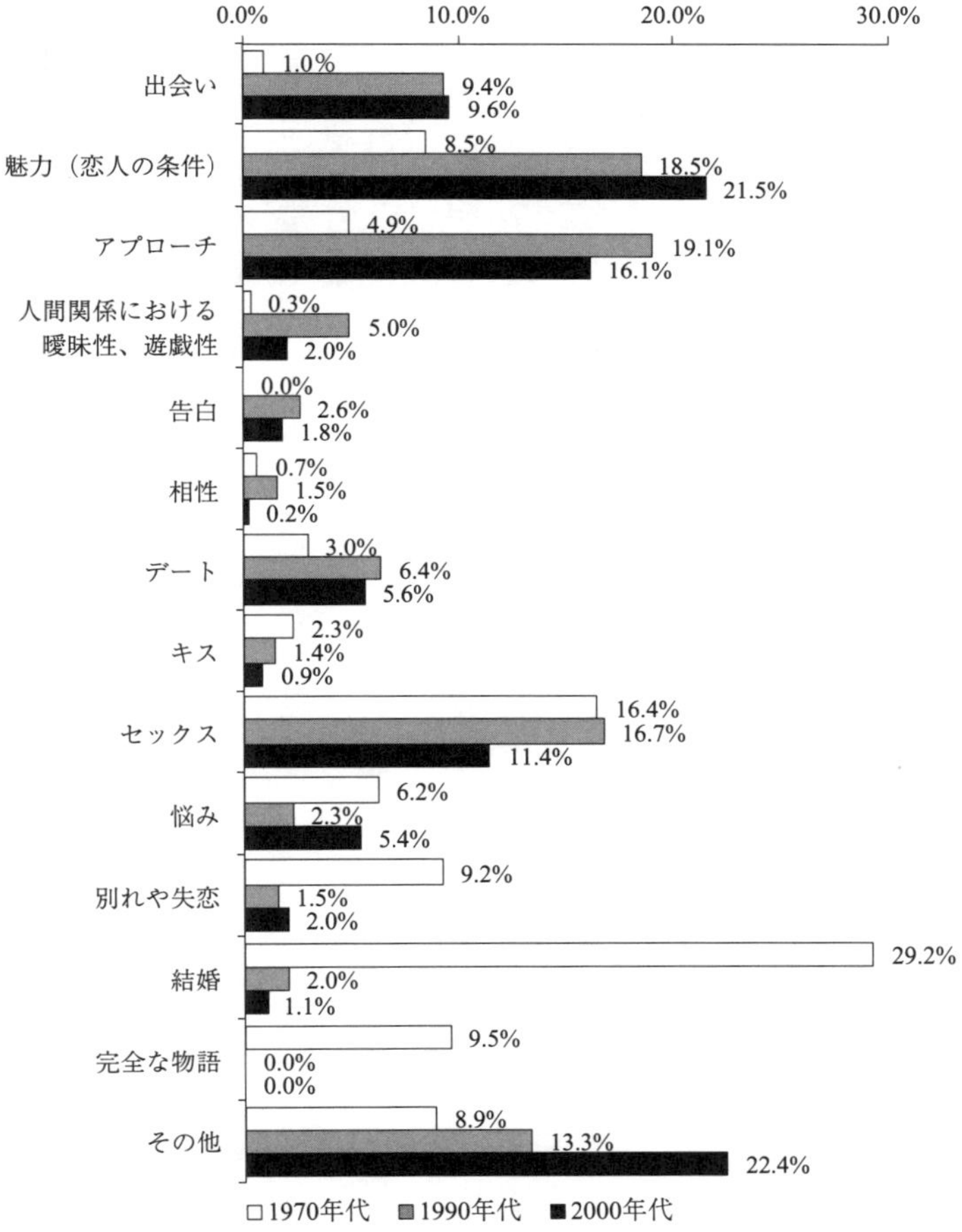

年代以降は、結婚という「結末」が失われた、物語の「中間」だけがふくれあがった構造をなすようになる。

こうしてみると、言説上では、恋愛は必ずしも結婚につながらなくてよくなった。恋愛の正当性が結婚によって担保されないようになった、と言ってもいいだろう。結婚を目指さない恋愛も「偽物」として断罪される必然性はなくなったのだ。実際の記事の内容もそれに対応しており、70年代では結婚に至らない恋愛が「不潔」「真剣ではない」と否定的に表現されるのに対して、90年代以降ではそのような表現は少なくなる。結婚に至らなくとも「気が合う」「楽しく過ごせる」関係であれば、それでよいとされるようになる。したがって、これまでのロマンティックラブ・イデオロギーは弱体化したと考えて良いだろう。

3・2 ロマンティックマリッジへ

先に見たように、ロマンティックラブ・イデオロギーは弱体化した（恋愛は結婚につながらなくなった）。た

図2 主題的モチーフへの分類と物語順への復元

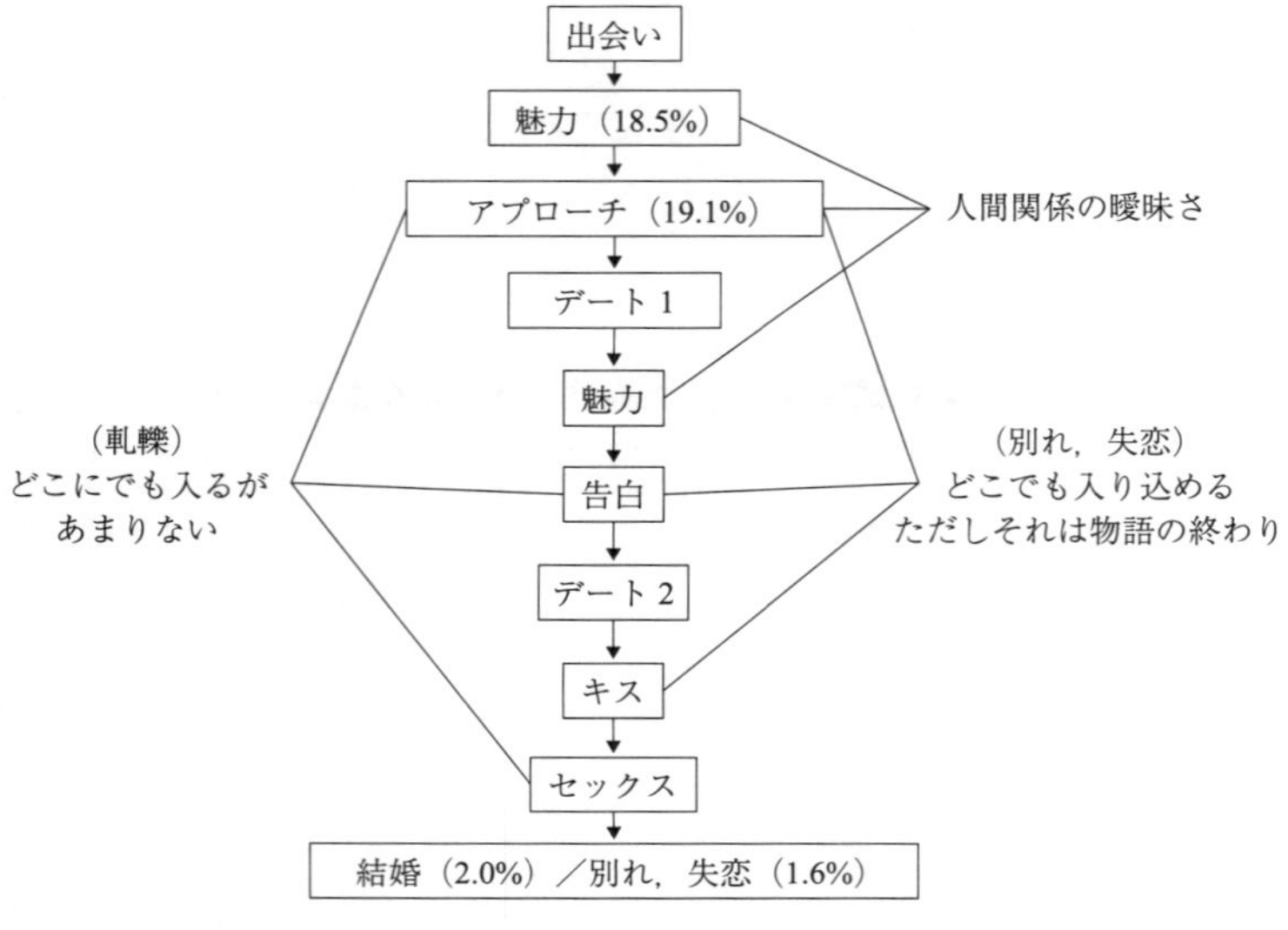

だ、本当に「単純な」弱体化なのか。「恋愛の別れの理由」と「離婚の理由」との比較からもう少し考えてみたい。

谷本は、山田らの30〜59歳の男女１０４１名に対する調査データ（２００４年12月）をもとに、[21]恋愛に関する「別れの理由」を調べたことがある。「あなたは、恋人と別れた経験がありますか」の設問に対して「ある」と答えた人のうち、「別れた理由はどのようなものでしたか」を自由記述してもらった。[22]自由記述の分析には、前述の記事分析とは異なり、テキストマイニングという実証的・経験的な方法を用いている。

（本章では必要最小限のデータ紹介になるが[23]）自由記述の全てを語句で分け、機械的にカウントし、頻出１５０語を選出した。図3は、そのうちの上位10位まで（同率10位があるので語句は11個）を示したものであり、上位１５０語の中で当該語句の出てきた割合を出している。

頻出順位は、1位「相手」、2位「性格」、3位「不一致」であった。恋愛相手との別れの理由として「相手との性格の不一致」という理由が同時に選ばれていることが分かる。

一方で、恋愛ではなく、離婚の理由についてはどうだろうか。大瀧友織の調査では、[24]ロマンティックラブ・イデオロギーが普及した高度経済成長期頃に、新聞の投書欄における人生相談に、配偶者の「性格」（例えば「おとなしい」など）に対する不

(21) 東京・大阪居住の30〜59歳の男女を対象に、標本の抽出には二段階無作為抽出法を用い、訪問留置回収法によって回収した。有効回収票は東京５０３票、大阪５３８票。

(22) 分析対象は、恋愛中の語彙でもないし、別れた直後のものでもなく、別れてから時間が経たあとの語彙であることに留意が必要。なお、恋愛での別れに焦点を当てるため、離婚経験のない回答者の記述だけを対象とした。

(23) 谷本（２００８）の分析では、男女、振った側／振られた側の差も見ているが、本章では頻出語句のみ提示している。

(24) 大瀧友織、２００２、「夫婦間に生ずる問題とその変遷――『人生案内』の分析をとおして」『年報人間科学』。

満がトピックとしてあがっていた。だが、それらの不満は「ぜいたくな悩み」としてあしらわれていたという。配偶者が仕事や家事を放棄していたり、暴力をふるったりするのであれば離婚理由として成立するが、性格に不満をもち離婚したいというのは理由として成立していなかったのだ。かつては、離婚に際して、無職であるとか家事放棄、暴力は正当性を持ち得たが、「性格の不一致」はぜいたくな理由であった。

しかし、今では離婚理由として「性格の不一致」「性格が合わない」は正当なものと見なされている。山田が論じているところでは、[25]「女性側は、自分が愛情を感じなくなったという理由が性格の不一致と同じように多く、男性側は、性格の不一致が過半数を占め」るという。実際に、平成28年度の司法統計年報を調べたところ、離婚理由は性格の不一致が最も多くなっている（婚姻関係事件数 申立ての動機別申立人別 全家庭裁判所による）。

つまり、離婚理由と恋愛の別れの理由が同じになってきたのである。いわば、結婚にも「恋愛と同じような関係性」が求められるといえる。

かつてのロマンティックラブ・イデオロギーでは、「結婚につ

図3 「別れの理由」頻出語句

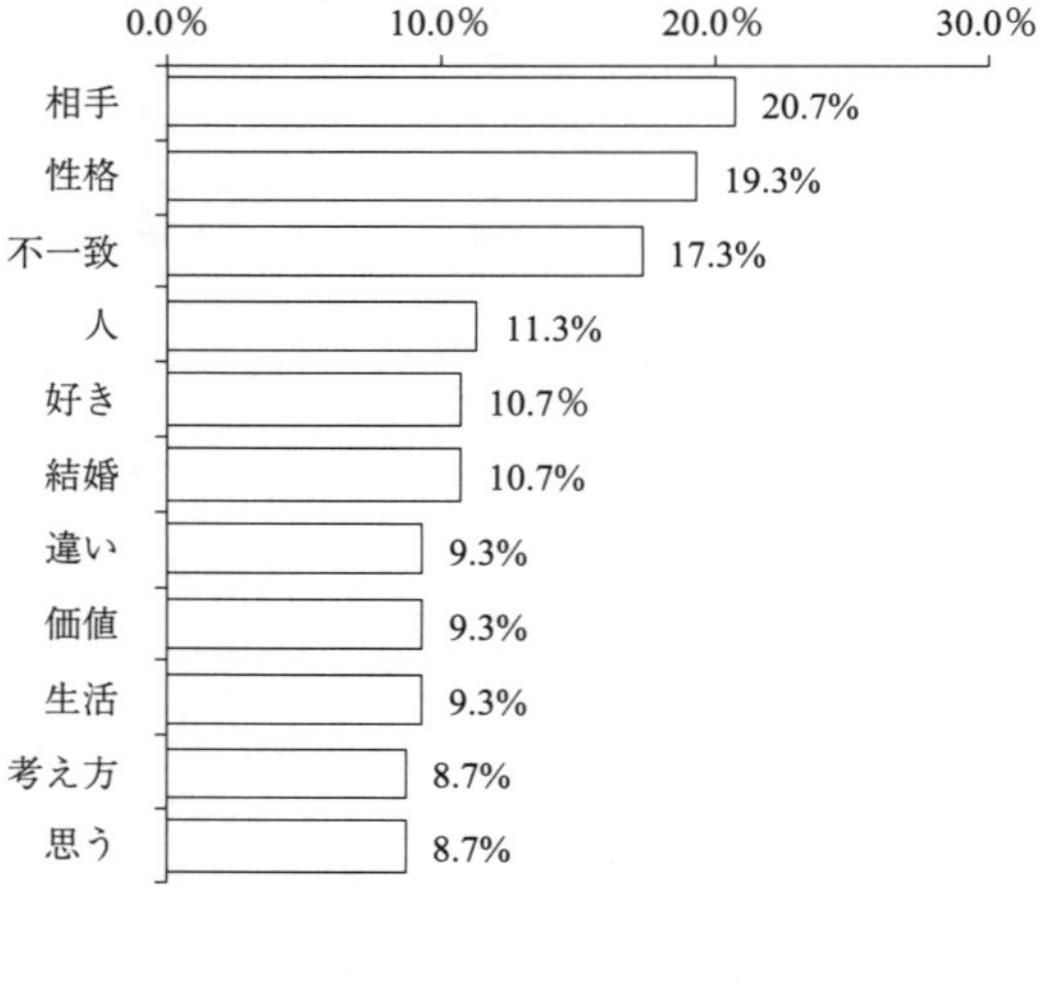

ながる恋愛」が正しいもので、「結婚につながらない恋愛」は間違ったものとして断罪された。恋愛は結婚によって拘束されていた。正当性の基準は結婚にあり、結婚こそが審判者であったのだ。

しかし、今は逆に、基準は恋愛にあって、結婚は恋愛（愛）のあるなしによって、正しいか／間違っているかを判定される可能性がある。恋愛が審判者に変わったのである。したがって、「ロマンティックマリッジ・イデオロギー」とでも名付けるべき、変奏されたロマンティックラブ・イデオロギーが見いだせるのではないだろうか。

(25) 山田昌弘、２００５、「離婚はなぜ増えたのか」ｗｅｂちくま（筑摩書房）より引用。

3・3 ロマンティックラブ・イデオロギーを否定する人たち

先の雑誌分析と語彙分析では、①恋愛は結婚につながるという意味でのロマンティックラブ・イデオロギーは90年代以降には支持されなくなっている、②ただし、結婚には恋愛を求めるロマンティックマリッジ・イデオロギーがせり出してきているのではないか、という仮説が立てられた。この仮説を調査データで確認してみよう。

まず、従来から語られてきたロマンティックラブ・イデオロギーがどうなっているかを検討したい。ロマンティックラブ・イデオロギーへの賛成／反対を、「恋愛のゴールは結婚であるべきだ」という質問項目で測る。

「恋愛のゴールは結婚であるべきだ」との質問に対して反対と回答した人（ロマンティックラブ・イデオロギーを否定する人）の割合を確認すると、20代、30代、40

代、50代と多くの世代で過半数を超えていた。しかも年齢が若いほど否定の割合が高くなっていた。逆に60代の人々の過半数はロマンティックラブ・イデオロギーを肯定している。60代といえば、先の雑誌でロマンティックラブが全盛の１９７０年代に、ちょうど20代（正確には15～33歳）を過ごした人たちである。

雑誌記事分析と合致して、70年代を過ぎて徐々に恋愛のゴールは結婚ではなくなってきたことが分かる。ロマンティックラブ・イデオロギーは弱体化していると解釈することができる。

3・4　若い女性が支持するロマンティックマリッジ・イデオロギー

次に、ロマンティックマリッジ・イデオロギーへの賛成／反対を「結婚するには、恋愛感情がなくてはいけない」という質問項目ではかった。この考えに賛成する割合は78・1％と高くなっており、明らかにロマンティックマリッジ・イデオロギーが強いとわかる。

さらにロマンティックラブ・イデオロギーには反対であるが、ロマンティックマリッジ・イデオロギーには賛成する人の割合を確認してみても（表1）、34・3％と新イデオロギーのみの信奉者が相当数いると分かる。

また、これをコーホート別で見てみると、（数値は省略するが）新たなイデオロギーのみを肯定するのは50代以下であることが確認できた。先のデータから、60代が

表1　2つのイデオロギーへの賛否の割合

	ロマンティックマリッジ賛成	反対
ロマンティックラブ賛成	両イデオロギー肯定（43.8%）	旧来イデオロギーのみ肯定（5.4%）
反対	新イデオロギーのみ肯定（34.3%）	両イデオロギー否定（16.6%）

（注）出典：2015年社会階層とライフコース全国調査。$N = 1$万2007。%は全体のなかの割合。ロマンティックラブは「恋愛のゴールは結婚」への賛否に、ロマンティックマリッジは「結婚するには恋愛感情が必要」への賛否による。

ロマンティックラブ・イデオロギーに賛成していることを踏まえると、新たなイデオロギーのみ支持する（ロマンティックラブ・イデオロギー否定＋ロマンティックマリッジ・イデオロギー肯定）のは、50代よりもより若い世代に多いといえるだろう。

さらに、図4を見れば分かるように、男女別に見ると大きな差が見られる。女性は50代以下の世代に「ロマンティックマリッジ・イデオロギーのみ賛成する」人が多く、まさに若い世代に新しいイデオロギーがせり出してきているといって良い。だが、それに対し男性は、40～50代は同様の傾向があるのに、20～30代は異なるのである。そこで20～30代のデータをもう少し詳細に見たところ、（数値は省略するが）若年男性は、ロマンティックマリッジを否定しているのではなく、ロマンティックラブもロマンティックマリッジも双方賛成していると分かった。つまり、「恋愛のゴールは結婚であるべきだ」と考え、その上でさらに「結婚するには、恋愛感情がなくてはいけない」とも考える人が多いのだ。若年男性は、いわば徹底的な「ロマンチスト」なのである。

しかし、若年女性は違う。「結婚するには恋愛感情は必要」だが、「恋愛のゴールは結婚でなくてもかまわない」と考えている

図4　ロマンティックマリッジ・イデオロギーのみ支持する割合の男女別・年齢別比較

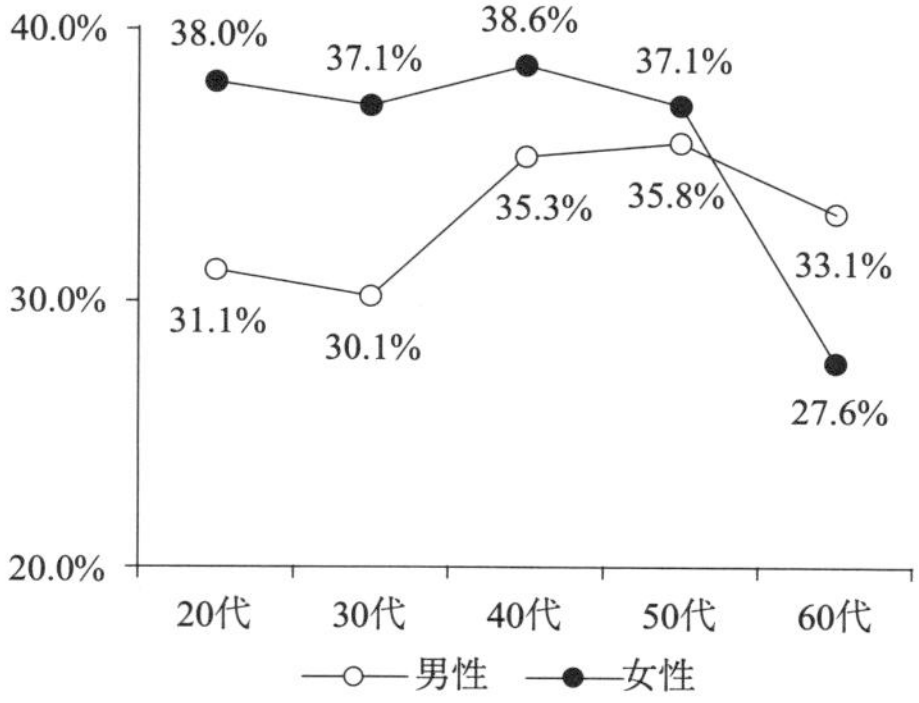

（注）出典：2015年社会階層とライフコース全国調査。N = 1万2007。

のである。すなわち、純粋なロマンティックマリッジ・イデオロギーの信奉者は若年女性であるといえる。

3・5　恋愛の解放

恋愛のゴールは結婚でなくてもよいということは、結婚に至らない恋愛も自由にできるということを意味する。自由度が高まると、若年女性にとって一つ一つの恋愛は「結婚を義務づけられた一本道」ではなく「よりよき配偶者を探す複数の機会」として位置づけることもできる。機会は多いほど良いが、恋愛を結婚で縛り付ければ（＝恋愛のゴールは結婚であるべき！）、おのずと機会は少なくなってしまう。ならば、恋愛を結婚で縛り付ける認識（＝ロマンティッククラブ・イデオロギー）から離脱する戦略をとる方が好都合といえる。こうして、若い女性は、ロマンティックマリッジ・イデオロギーを支持し、恋愛を統制から解放したのではないだろうか。

ロマンティックマリッジ・イデオロギーと「恋愛の解放」が関連しているのではないかという推察を支える、別の証拠を挙げておきたい。今回の調査では対象者に初婚までの「これまでの恋人数」を尋ねている。（数値は省略するが）男女ともに、これまで付き合った人数が多いほど、ロマンティックマリッジ・イデオロギーのみ賛成する人が多い（これらの要因を統制した多変量解析を行った結果でも、恋人数は有意な影響をもっていた）。

恋人数が多い（いわば「恋愛に恵まれた人」）人々にとって、「機会としての恋愛」は多いほど良く、むしろ「結婚を義務づけられた恋愛」は機会損失をまねく可能性がある。よって、恋愛に恵まれた人にとっては、新しいイデオロギーを支持し、恋愛が統制から解放される方が好都合といえる。（既に恋人を持つ機会を多く持ってしまっているので、事後的な自己肯定のため「恋愛は結婚につながらなくても良い」と答える可能性もあるが）。

いずれにせよ、「若い女性」と「恋愛に恵まれた人」にとって、恋愛とは「選択の機会」として存在しうる。ある意味で「恋愛強者」といえる両者は、ロマンティックマリッジ・イデオロギーのみ支持し、「恋愛の解放化」を推し進めている層と考えられる。

3・6　結婚の固持

50歳代以下にはロマンティックラブが弱まり、逆にロマンティックマリッジの観念が強くなってきていること、とくに、若い女性と恋愛機会に恵まれた人に顕著であったことが分かった。ただ、重要なのは、恋愛が制度による統制から解放されようとも「結婚には、恋愛感情がなくてはいけない」ことだけは強く前提されていることだ。

お見合い結婚が主流の時代には、結婚には恋愛が必要なかったが、高度経済成長期にロマンティックラブの概念が普及し、恋愛と結婚が結びついていく。さらにその後

1980・90年代を通じて、ロマンティックラブ・イデオロギーが衰退していき、恋愛は結婚から解放された。結婚なき恋愛も自由に行えるようになった。しかし、一度ロマンティックラブを経由してしまったために、結婚と恋愛の結びつきだけは強固に残ったのではないか。ロマンティックラブを信じない若い女性や恋愛機会に恵まれた人々にとってすら、愛のある「正しい」結婚（ロマンティックマリッジ）だけは実現しなければならない課題として残っている。そして結婚の中に恋愛がないものは「正しくない」ものであるかのように扱われることにもなる。恋愛は結婚から解放されても、結婚は恋愛から解放されないままなのである。

4　まとめ

4・1　近代家族理念の堅持

かつてロマンティックラブ・イデオロギーは、「現実を裁く規範」として「恋愛統制の機能」を果たしてきたという。ところが、近年になると、恋愛は統制されなくなり、「ロマンティックラブ・イデオロギーの解体」が語られるようになり、そして同じ時期に、「家族の危機」「家族の崩壊」「脱近代家族化」「夫婦の多様化」も語られるようになったことは、前述した通りである。

しかし、本章で見た限りでは、結婚に関する理念はまったく揺らがず、崩壊もしていなかった。むしろ、恋愛と結婚をめぐる「正当性を判断する審判者」が、結婚から恋愛に移動したのである。恋愛が「結婚のあるなし」で正当性を判断されるのではなく、結婚が「恋愛のあるなし」によって正当かどうかを判定されるようになったと言いかえてもよい。その事態は、結婚そのものの変化（家族の崩壊や夫婦の多様化）を促すものとはいえないだろう。むしろ、夫婦関係における情緒的絆はさらに強調される可能性すらある。情緒的絆を揺るがす不倫に対するバッシングの多さは近年、記憶に新しいだろう。ロマンティックマリッジ・イデオロギーという「変奏された」ロマンティックラブ・イデオロギーによって、近代家族理念（の一部）は、温存されたままだといえる。

4・2　結婚難の時代――課された二重の負荷

また、恋愛が統制から解放され、機会が増大したとしても、誰しもがその機会を利用できるわけではない。社会が統制を失ったときどうなるかは、古くはE・デュルケムが「アノミー」として説明している[26]。統制を失ったとき、個人の欲望はひたすら煽られることになるが、欲望は常に満たされるわけではないので、むしろ苦しみが生じることになる。あるいは、E・フロムも、自由が獲得され、個人が自己決定できる範囲が増えたときに、むしろ孤立感や無力感を増加させられることがあるのを指摘している[27]。統制は、人々から多くの機会を奪うが、その裏で人々を安住させるものでもあ

（26）　Durkheim, E, 1897, *Le Suicide*, P.U.F.（＝１９８５、宮島喬訳『自殺論』中公文庫）
（27）　Fromm, E, 1941, *Escape from Freedom*, Rinehart.（＝１９５１、日高六郎訳『自由からの逃走』東京創元社）

るのだ。

恋愛にも同じことがいえるだろう。統制から解放され機会が増加することで、むしろ苦しみや無力感が増して、恋愛から撤退したくなる人も増加することが十分にあり得る。恋愛をしたくても経済的な理由やそのほかの理由で、できない人にとって、機会の増大は「福音」ではなく、相対的剥奪感が大きくなる「呪い」に過ぎなくなる。また、そもそも恋愛自体に価値を見いだせない人にとって、周りから煽られる恋愛は「面倒なもの」でしかなくなるだろう。実際に、『平成25年厚生労働白書』において、若者が異性と交際しない理由に「恋愛が面倒」が上位に挙がっている。

あるいは、機会増大を利用できる人々でも、「恋愛したら結婚しなければならない」という道筋が決まっていない上、複数の機会から選択しなければならない。結婚を先送りできるようになるため、どの結婚が最も良い結果を得られるのかを考え続ける必要がでてくる。例えば筒井淳也はさらに精緻な分析を行っている。[28] 彼は、未婚化(晩婚化と非婚化)要因を理論的に整理した上で、データから未婚化の大きな要因を見出し、未婚化は、女性の高学歴化が進んだことで、「経済的に自立したため、満足のいかない結婚なら先送りできる」と考える女性が増えたためだとしている。「もっといい人がいるかもしれないシンドローム」[29]がまさに起こるのである。

こうして、機会増大を苦しい・面倒だと感じる人にとっても、機会増大を歓迎し利用しようとする人にとっても、いずれにせよ結婚へのハードルは高くなってしまう。

(28) 筒井淳也、2015、『仕事と家族——日本はなぜ働きづらく、産みにくいのか』中央公論新社。
(29) 山田昌弘、1996、『結婚の社会学——未婚化・晩婚化はつづくのか』丸善。

そもそも結婚とは、生活できる条件（経済力など）が必要なものである。見合い結婚はまさにその条件を満たすことで成立した。経済的に困窮する若者が大勢いる昨今では、条件を満たすだけでも大変なハードルといえる。その上で、恋愛感情までも絶対に必要とされる、というのはもう一つのハードルになる。現在の結婚というシステムは「二重の重荷」を負っているといえよう。こうして現代は二重に「結婚難の時代」となってしまっている。

さて、冒頭の「結婚しなくても幸せになれるこの時代に私は、あなたと結婚したいのです。」というキャッチコピーに戻ろう。「結婚しなくても幸せになれる」というのは、結婚しないこと（できないことも含めて）をポジティブに表現することで、多くの人々の共感を呼んだ。ただし広告は、「私は、あなたと結婚したいのです」とうたっている。つまり「やっぱり結婚は幸せの一つの形である」ということを主張する。ここでの結婚イメージは、生活臭を感じさせるものではなく、あくまで恋愛感情が必ず伴うもの、すなわち「ロマンティックマリッジ」であるように思われる。

付記

本研究はＪＳＰＳ科研費ＪＰ２４３３０１６０、成蹊大学アジア太平洋研究センターの助成を受けたものです（科研は基盤研究Ｂ「少子化社会における家族形成格差の調査研究――ソーシャル・キャピタル論アプローチ」２０１２～４年度、成蹊大学は共同プロジェクト「ライフコースの国際比較研究――多様性と不平等への社会学的アプローチ」2014〜6年度、どちらも研究代表小林盾)。本章は、既発表論文を加筆修正しました。(30)

(30) 谷本奈穂・渡邉大輔、2016、「ロマンティック・ラブ・イデオロギー再考――恋愛研究の視点から」『理論と方法』。

第4章　キャバクラ嬢の恋愛
――疑いつつ信じる、夢から醒めつつ夢をみる

小林　盾

1　問題

1・1　恋愛カーストの頂点は？

海の中で、食物連鎖の頂点にいるのはサメである。つまり、海中のあらゆる生物は、（直接または間接的に）最後はサメの栄養となる。

では、恋愛にも同じようなヒエラルキーがあるとしたら、その恋愛カーストの頂点に立つ恋愛強者は、だれだろうか。人気俳優や女優、アイドル、アスリートなどかもしれない。現代社会では恋愛を仕事とするキャバクラ嬢が、間違いなくその一角を占めることだろう（男性ならホストが該当しよう）。

そこで、この章ではキャバクラ嬢の恋愛を、分析対象とする。(1) 彼女たちは、どのような恋愛経験をしてきて、どのような恋愛観（恋愛心理）をもっているのだろうか。恋愛を仕事とするため、恋愛にたいして醒めた見方をせざるをえないのか。客と恋愛

（1）　この章はキャバクラ嬢を分析対象とするが、筆者にはキャバクラ経験がない。

することはあるのか。印象をよくするために、どのような工夫をしているのだろうか。

1・2　キャバクラ嬢の恋愛経験や恋愛観は？

キャバクラ嬢が恋愛カーストのトップだとしたら、彼女たちは「告白するよりされることが多く、恋人との交際も一般の人より多いだろう」と予想できる（第一の仮説）。さらに、恋愛がプライベートなだけでなく仕事でもあるため、「恋愛にロマンチックな憧れをもつことなく、醒めた見方をしているだろう」し、「客と恋愛関係になることはないだろう」と考えられる（第二の仮説）。

一方、自分の印象を維持・向上させるために、さまざまな工夫をしているはずなので、「男女それぞれに有益な恋愛アドバイスができるだろう」と想定できる（第三の仮説）。これらをデータで検証していく。

三浦・柳内によれば、アンケート調査から、キャバクラ嬢やその希望者は、「受け身の恋愛」が好きという[2]。つまり、強引にリードしたり、自分を束縛したりするような男性がタイプだという。ただし、具体的な恋愛経験や恋愛観については、情報がない。

北条によれば、インタビュー調査から、あるキャバクラ嬢は「キャバクラ嬢としての自分にお金を払ってほしい」のであって、「本気の恋愛感情はもたないで」という

（２）　三浦展・柳内圭雄、２００８、『女はなぜキャバクラ嬢になりたいのか？――「承認されたい自分」の時代』光文社、85ページ。

（３）　北条かや、２０１４、『キャバ嬢の社会学』星海社、１５９ページ。

（４）　北条（２０１４）、１９１ページ。

メッセージを発しているという[3]。また、別のインタビューから、キャバクラ嬢としての気遣いを「本当の恋愛感情だと勘違いしてしまう」客がいることを、報告している[4]。ただ、やはりキャバクラ嬢の具体的な恋愛経験や恋愛観は、分からない。

2　対象と方法

2・1　キャバクラ嬢8人へのインタビュー調査

2018年3月から9月にかけて、筆者が調査者となって半構造化インタビューを実施した。筆者にはキャバクラ経験がないため、紹介によってキャバクラ嬢経験者8人に会って聞き取りをした（表1が対象者リスト、図1はインタビューの様子[5]）。回答が多様になるよう、原則として調査対象者から他の対象者を紹介してもらうことはしていない（8人中CさんとEさんのみ知人同士）。

カフェなどで会い、調査開始前に調査の目的、分析方法、公開方法、個人情報の扱いについて説明し、同意をえた。インタビュー時間はそれぞれ1～2時間ほどで、許可をえて録音した。必要におうじ、インタビューのあとに電子メールなどで追加の質問を行なった。

対象者8人の内訳は、全員20代で平均22・5歳、全員が未婚で、専業キャバク

図1　インタビュー対象者（Aさん、左）、インタビューの様子（Cさんと筆者、右）

（注）本人の許可をえて掲載。筆者または同行者が撮影。右写真のうち左がCさん、右が筆者。

ラ嬢4人／兼業（学生や他の仕事と兼務）4人、現役5人／元職3人だった。出身は関東地方6人／東北地方1人／中国四国地方1人で、教育は高卒後専門学校中退1人／高卒後専門学校卒2人／短大卒1人／大学中退2人／大学通学中2人だった。キャバクラ嬢としての勤務期間（通算）は、体験入店の1日から5年までいて、平均2・3年である。キャバクラ嬢としての月収は、（体験入店者を除くと）30万円から200万円まで幅があり、平均60・7万円であった。

2・2　仮説どおりなら

どう分析するか。インタビューでは恋愛経験人数として、中学を卒業してからこれまで「自分から告白した人の人数」「自分に告白した人の人数」「キスをした人数」「恋人として交際した人数」「そのうち客と交際した場合の人数」を、質問した。すべて、人数で回答してもらった。

これらを、2015年社会階層とライフコース全国調査における全国平均と比較する（この調査の詳細について

表1　インタビュー対象者

	仮名	年齢	現職	通算期間	最終勤務地	月収
専業	A さん	20 代前半	キャバクラ嬢	2 年	横浜	50 万
	B さん	20 代前半	キャバクラ嬢	4 年	歌舞伎町	200 万
	C さん	20 代前半	キャバクラ嬢	1 年	池袋	45 万
	D さん	20 代後半	キャバクラ嬢	3 年	千葉県	30 万
兼業	E さん	20 代前半	大学生（体験入店）	1 日（体験）	東京市部	1 万（1 日）
	F さん	20 代前半	事務職（元キャバクラ嬢と短大生）	2 年	銀座	30 万
	G さん	20 代前半	キャバクラ嬢と大学生	1 年	池袋	30 万
	H さん	20 代後半	キャバクラ嬢と事務職	5 年	中野	40 万

（注）専業キャバクラ嬢・兼業キャバクラ嬢内で若年者から配列。情報はすべてインタビュー時点（2018 年 3 ～ 9 月）。全員未婚。H さんは元専業。通算期間、最終勤務地、月収はキャバクラ嬢として（元職ならキャバクラ嬢当時）。

はコラム「2015年社会階層とライフコース全国調査、2018年社会階層とライフコース全国調査」を参照)。仮説どおりなら、告白された人数や恋人人数が全国平均より多く、告白した人数は少ないはずである。

より深く理解するために、「恋愛とは一言でいうとどういうものか」、「客との恋愛はあったか」を質問し、自由に語ってもらった。仮説どおりなら、恋愛にロマンチックな憧れをもつことはなく、客との恋愛もないはずである。

さらに、キャバクラ内に限定されず、一般的に好感度をあげてモテるようになるためにどうしたらよいかを、「男性へのアドバイス」と「女性へのアドバイス」に分けて質問した。仮説どおりなら、有益なアドバイスをしてくれるはずだ。

(5) 小林盾、2019、「「だってキャバ嬢って楽に稼げる仕事ですから」――合理的選択理論によるキャバクラ嬢のインタビュー・データ分析」『成蹊人文研究』は、同じ対象者を分析している。

3 分析結果

3・1 キャバクラ嬢は1・3人に告白し、12・3人から告白された

第一の仮説として、キャバクラ嬢は「告白するよりされることが多く、恋人人数も多いだろう」と想定した。表2が、キャバクラ嬢の恋愛経験人数と、20~69歳女性の全国平均を報告している。図2は、対象者の個人ごとに、人数をグラフにした。全国の女性は、平均すると、2・0人に告白し、4・2人から告白されている。さらに、3・0人とキスし、2・5人と交際する。

表 2　キャバクラ嬢の恋愛経験

	仮名	告白した	告白された	キス	恋人	うち客と交際
専業	A さん	0 人	8 人	2 人	3 人	0 人
	B さん	1 人	6 人	20 人	6 人	2 人
	C さん	0 人	30 人	20 人	11 人	1 人
	D さん	0 人	6 人	10	6 人	1 人
兼業	E さん	1 人	10 人	7 人	2 人	0 人
	F さん	2 人	3 人	5 人	5 人	2 人
	G さん	1 人	5 人	30 人	3 人	0 人
	H さん	5 人	30 人	50 人	15 人	1 人
	平均	1.3 人	12.3 人	18.0 人	6.4 人	0.9 人
	全国平均	2.0 人	4.2 人	3.0 人	2.5 人	(該当なし)

(注) 中学卒業からインタビュー時までの人数。全国平均は 2015 年社会階層とライフコース全国調査より (20 ～ 69 歳女性、N = 6003)。

図 2　キャバクラ嬢の恋愛経験人数の個人別比較

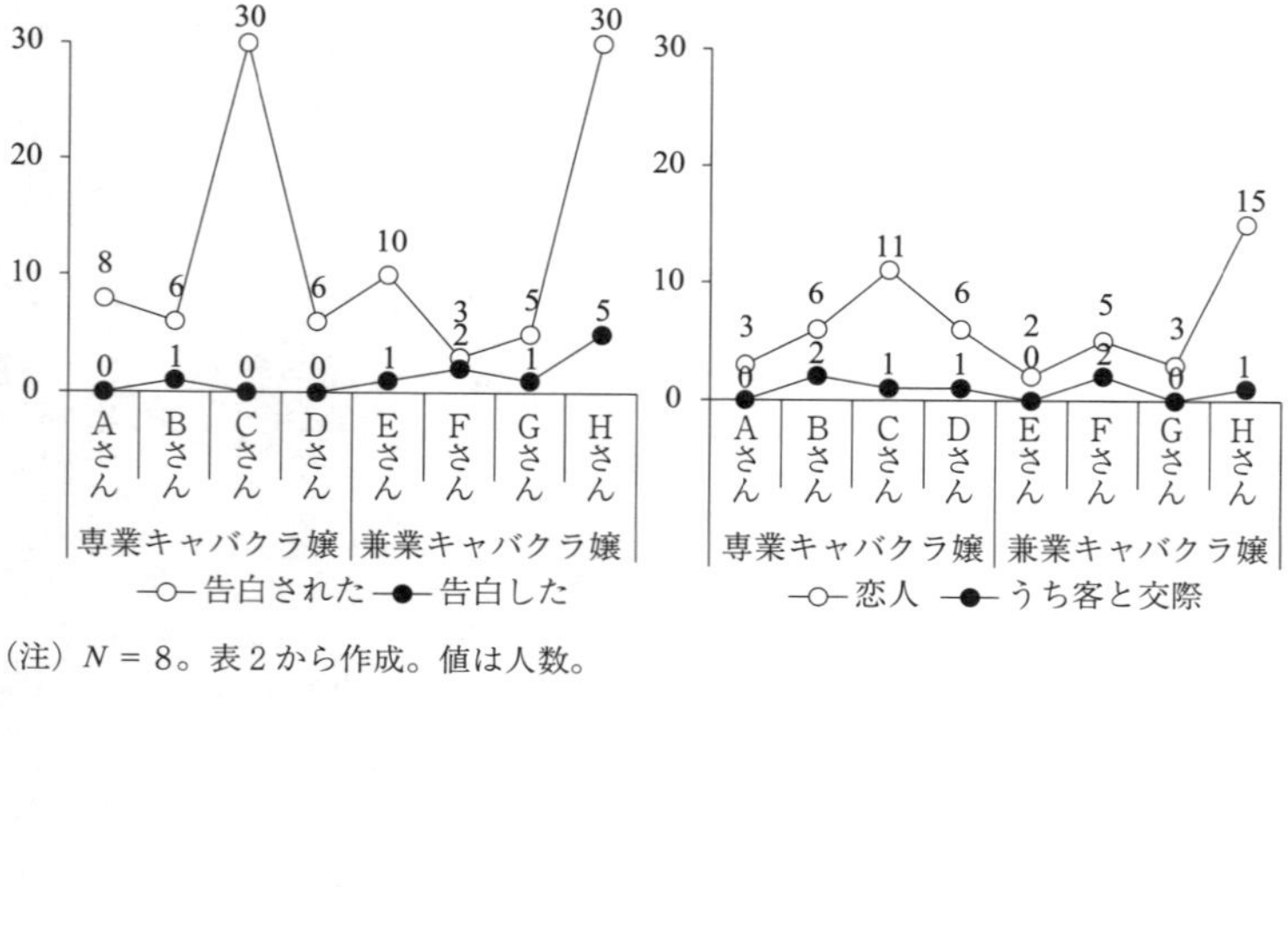

(注) N = 8。表 2 から作成。値は人数。

キャバクラ嬢はどうか。このインタビューでは、平均して1・3人に告白し、12・3人から告白され、18・0人とキスし、6・4人と付きあった。つまり、告白するより、圧倒的に告白されることが多かった。全国平均とくらべても、告白した人数は少なく、された人数が多い。キス、恋人も、全国平均の数倍あった。このように、キャバクラ嬢が恋愛強者で、恋愛カーストの上位に位置することが、数字によって裏付けられた(6)。職業として恋愛対象でありつづける必要があることを考えると、当然の結果かもしれない。

(6) キャバクラ嬢が8人と少ないため、統計的な検定はできない。

3・2 「いつかぜったいロマンチックな恋愛をしたい」

第二の仮説は、「恋愛に醒めた見方をし、客との恋愛はしないだろう」だった。表3が、恋愛についてのキャバクラ嬢の語りを要約している。

これによると、恋愛とは「かならず見返りを求めるもの」(Dさん)や「男女の間のかけひき」(Eさん)であるという。このように、たしかに恋愛を戦略的な道具としてとらえる人はいた。彼女たちは、恋愛にロマンチックな憧れをもっているとはいえない。

しかし一方、「刺激を与えあうもの」(Aさん)、「恋愛は心の支えで、生活に余裕をもたらすものだし、活力の源です」(Bさん)、「生きていくうえで必須なもの」(Cさん)、「ぜいたくな娯楽」(Fさん)、「人生における刺激」(Hさん)という人もいた。

表3　恋愛についてのキャバクラ嬢の語り（要約）

	仮名	恋愛とは一言で	客との恋愛	男性への恋愛アドバイス	女性への恋愛アドバイス
専業	A	刺激を与えあう、ロマンチックな恋愛をしたい	自分はないし聞いたこともない、ちょっと希望を残す	包容力、連絡まめに、清潔感（ヒゲなし、ロン毛だめ）、気遣い	素直、適度に甘える
	B	心の支え、生活に余裕をもたらす、活力の源	あった、周囲でも多い	清潔感（髪短く）、謙虚、収入、年上（とくに社長）と交流すべき	見た目が大切、スタイル維持、高い靴
	C	必須なもの	客としかみれない（しかし交際あり）	相手を理解する、8割聞く	時には駆け引き、読書、ルックスよりコミュニケーション力
	D	見返りを求めるもの	1人あった	物腰柔らか、ロン毛は嫌（髪で目がかくれない）	甘え上手、素直、とげがない
兼業	E	かけひき	知人キャバクラ嬢であり	細かいところに気づける、清潔感、気遣い	細かな気遣い、常に笑顔、容姿に気をつける
	F	ぜいたくな娯楽	恋愛対象にみれない（しかし交際あり）	清潔感（長髪だめ、眉毛そろえる、ヒゲなし）、横暴でない、スーツ、がっつかない	よく笑う、コミュニケーション力（お喋り、ムードメーカー）
	G	フィーリングとタイミング	自分はないが同僚にはある	心の余裕、清潔感	ナンバーワンはルックスより愛嬌、ただし見た目のみも人気
	H	人生における刺激	自分は1回あった、周囲でも1回はあるはず	変化に気づく	ぶりっこしない、自然体

（注）セル内は発言順。アドバイスは「（キャバクラ内に限定されず）好感度をあげ、モテるようになるには」という質問への回答。

とくにAさんは、以下のように語った（Aさんの写真は図1左）。

筆者：では、あなたにとって恋愛って、一言でいうとどんなイメージでしょうか。
Aさん：刺激を与えあうもの、という感じ。で、いつかぜったいロマンチックな恋愛をしたいって思っています。まだしたことないんですけど。
筆者：ロマンチックというと？
Aさん：うーん、夜景のみえるバーで、大人な雰囲気のデートをするとか。

このように、恋愛にロマンチックな憧れをもつ人も、一定数いた。したがって、キャバクラ嬢だから恋愛に醒めている、というわけではなかった。

3・3 「そこはキャバですから、ちょっと希望を残します」

客との交際は、どうだろうか。表2から、キャバクラ嬢8人のうち5人が、客と交際経験をもっていた。1人との交際が多いが、キャバクラ嬢2人は2人と交際したことがあった。

周囲のキャバクラ嬢はどうかを聞いたら、「自分は客との恋愛はないし、聞いたこともない」（Aさん）という人もいれば、「自分は経験あるし、同僚のキャバクラ嬢にも1回はあるはず」（Hさん）という人もいた。

なお、「客としかみれない」といいながら、以下のように実際には客と交際経験のある人が2人いた（Cさん、Fさん）。

筆者：客はキャバクラ嬢となんとか付き合いたいと思って、店に通うわけですよね。じゃあ、Cさんはお客さんと付き合ったことって、あります？
Cさん：私の場合、お客さんはお客としてしかみれないので、ないですねえ。あ、いやあったわ。大手企業の社員の人。最初はお客さんで、一緒に遊びにいっているうちに付き合うことになった。
筆者：キャバクラ嬢と交際するって、都市伝説かと思っていました。本当にあるんですね。うれしいニュースかも。

これにたいし、Aさんは、自分に経験はないし、客と交際するつもりもないが、以下のようにキャバクラ嬢のテクニックとして「ちょっと希望を残す」という。

Aさん：自分は客との恋愛はないし、これから交際するつもりもないですね。周囲で聞いたこともありません。ぜんぜんないと思いますよ。
筆者：じゃあ、お客さんにはなんにも望みがない？
Aさん：そこはキャバ（クラ嬢）ですから、ちょっと希望を残します。もちろん私にその気はないんですけど、「もしかしたら恋愛に発展するかも?」っていう淡い期待は、はい、残すというか。

3・4 「8割聞くといいのでは」

第三の仮説は、「男女それぞれに有益な恋愛アドバイスをできるだろう」であった。男性にたいして多かったのは、「気遣い」(Aさん)、「謙虚さ」(Bさん)、「横暴でない」(Fさん)、「心の余裕」(Gさん)といった、コミュニケーション力についてであった。ほとんどの人が挙げた。これを備えた男性ほど、(キャバクラ内に限らず)女性に好感をもたれるだろうとのことだった。「相手を理解するために、8割聞くようにするといいのでは」(Cさん)といった、具体的なアドバイスもあった。

つぎに多かったのが、「清潔感」であった。半分以上が挙げていた。とくに、ヒゲや長髪が不評のようである。「髪で目がかくれない」(Dさん)、「眉毛をそろえる」(Fさん)という具体的な指針もあった。

他に、「同年代ばかりと付き合うのではなく、年上の人、とくに社長と交流すると、えるものが多いはず」(Bさん)、「髪形、マニキュアなどの変化に気づくと嬉しい」(Hさん)といったアドバイスがあった。

3・5 「男性は80キロ、女性なら50キロ超えたら、恋愛の資格ないでしょ」

女性にたいしてはどうか。ルックス（見た目）が重要という意見と、そうとはかぎらないという意見に分かれた。重要という立場は、たとえばつぎのBさんに代表される。

筆者：女性が魅力的であるためには？
Bさん：とにかく見た目が大切だと思います。たとえばスタイル維持。男性は80キロ、女性なら50キロ超えたら、もう恋愛の資格ないでしょ。あと、（男女とも）歯をきれいにすると、印象ぜんぜん違う。
筆者：なにかBさんが気をつけていることって、ありますか
Bさん：私はいい靴をはくようにしています。かならず10万円以上の。

「爪をきれいに保つとか、髪の毛がボサボサしてないとか、容姿に気をつけることがやっぱり重要」というEさんは、同じような立場といえよう。

これにたいし、つぎのGさんは、ルックスよりむしろ、気配りなどコミュニケーション力が大切だという。

筆者：お店でナンバーワンになる人って、どんな感じなんです？
Gさん：ルックスより愛嬌だと思います。気配りできて、周りがよく見えている。いつも笑顔。あ、ただ、売れるのは両極端なんです。見た目だけって人もいて、そういう人も人気ある、たしかに。

似たような意見は、「ルックスは最重要ではなく、コミュニケーション力でカバーできる」（Cさん）、「お喋りでムードメーカーの女性」（Fさん）、「ぶりっこしないで、男女で態度が変わらない人」（Hさん）などがあった。

4 まとめ

4・1 恋愛の魔法

この章では、キャバクラ嬢の恋愛経験と恋愛観を、インタビューデータによって分析した。その結果、たしかにキャバクラ嬢は告白するよりされることが多く、恋人人数も多かった。ただし、恋愛に醒めた見方をしているとはかぎらず、むしろロマンチックな憧れをもつ人もいたし、客と交際する人もいた。男性女性それぞれに、こうした経験をとおした具体的な恋愛アドバイスをえることができた。

したがって、3つの仮説のうち、一部に支持されない部分もあったが、おおむね支持されたといえるだろう。

恋愛はしたほうがいい。——多くの人は、この「恋愛の魔法」にかかって、恋愛にロマンチックな憧れを抱く。では、恋愛が仕事でもあるキャバクラ嬢は、恋愛の魔法から自由なのだろうか。魔法が解けて、恋愛に無関心になったり、反発したりするのだろうか。それともやはり、恋の魔法を信じているのだろうか。

4・2　恋愛を疑いつつ信じる、夢から醒めつつ夢をみる

今回のデータからは、しかし、「信じる」「信じない」の二者択一より、はるかに複雑な心のうちが示唆された。たとえば、Aさんは客に「ちょっと希望を残す」といいながら、「ロマンチックな恋をぜひしたい」と希望する。Bさんは、「見た目が大切で、スタイルが悪いと恋愛する資格ないのでは」と厳しい考えをもつが、その一方で「恋愛は心の支え、活力の源」だという。Cさん、Fさんは、「客が恋愛対象にみえることはない」といいながら、実際には客と交際したことがあった。

このように、キャバクラ嬢は恋愛が仕事であるがゆえに、恋の魔法をうまく使い分けているようにみえる。ときには、あたかも客を好きになっているかのように演じなければならない。このとき、恋愛とはロマンチックに憧れるものではなく、いわば戦略的に用いるビジネスツールといえる。

それでも、というよりそれゆえに、「人生に必須なもの」（Cさん）、「ぜいたくな娯

楽」（Eさん）のように、恋愛のロマンチックさを大事にもしていた。少なくとも今回のインタビューで、「もう恋なんてしない」という人はいなかった。

恋の魔法を疑いつつ、信じる。夢から醒めつつ、夢をみる。――キャバクラ嬢のこうしたしたたかな構えは、豊かな人生を送るための第三の道を、漠然とながらも示しているのかもしれない。

付記

本研究はJSPS科研費JP24330160、JP15H01969、成蹊大学アジア太平洋研究センターの助成を受けたものです（科研は基盤研究B「少子化社会における家族形成格差の調査研究――ソーシャル・キャピタル論アプローチ」2012～4年度、基盤研究A「少子化社会におけるライフコース変動の実証的解明――混合研究法アプローチ」2015～9年度、成蹊大学は共同プロジェクト「ライフコースの国際比較研究――多様性と不平等への社会学的アプローチ」2014～6年度、すべて研究代表小林盾）。執筆に当たり、川端健嗣氏から有益なコメントをいただきました。

第5章　恋愛から結婚
――恋愛は結婚へのパスポートか

小林　盾・大崎　裕子

1　問題

1・1　恋愛の壁、結婚の壁、出産の壁

恋愛の経験は結婚にとって、どのような役割を果たしているのだろうか。恋愛経験がないと結婚できず、恋愛はいわば「パスポート」や「入場券」のように、結婚の前提条件となっているのだろうか。それとも、恋愛している人もしていない人も、同じように結婚しているのだろうか。

振りかえると、日本社会における結婚の出会い方は、戦後まで見合いが中心だった。これが1960年代に恋愛結婚に逆転され、現代では9割近くの結婚が恋愛結婚となっている(2015年に恋愛結婚が87・3%にたいし見合い結婚が5・5%)[1]。このように、日本社会では結婚相手との出会い方が変貌し、恋愛結婚化してきた。

同じ期間に、生涯未婚率が男女ともに上昇しつづけた。その結果、2015年に

(1)　出会いは出生動向基本調査、生涯未婚率は国勢調査、合計特殊出生率と婚外子割合は人口動態統計による。

は男性のうち23・4%、女性のうち14・1%が結婚せず、未婚化が進行している。いっぽう、合計特殊出生率（女性1人の平均出産数）が低下しつづけ、2016年は1・4人となり、少子化が進みつつある。さらに、日本における婚外子の割合は2015年で2・3%ときわめて低く、ほとんどの子どもが結婚した夫婦の間に生まれている。

これらのデータを総合すると、子どもをもつことを希望するなら、そのためのメイン・ルートは、まず恋愛し、つぎに結婚し、そのつぎに出産することが現状だといえよう（図1）。

もちろん、恋愛や結婚や子どもがなくても、豊かな人生を送ることはできるだろう。ただ、もしそれらをすべて望むならば、（佐藤他[2]が結婚の壁とよんだように）我われの面前にいわば障害物競争のように「恋愛の壁」と「結婚の壁」と「出産の壁」が順に並び、それらをすべて乗りこえた人だけが子どもをもつことができるといえる。この背景には、「恋愛と結婚と性関係が結びついていなければならない」という「ロマンティックラブ・イデオロギー[3]」が、規範意識として存在している。

1・2　恋愛から結婚への移行

私たちは、学校を卒業したら、できるだけスムーズに就職することを目指す。これは「学校から仕事への移行」とよばれる。同じように、恋愛が発展して恋愛結婚する

（2）佐藤博樹・永井暁子・三輪哲編、2010、『結婚の壁——非婚・晩婚の構造』勁草書房。

（3）デビッド・ノッター、2007、『純潔の近代——近代家族と親密性の比較社会学』慶應義塾大学出版会。

図1　日本社会における家族形成のメイン・ルートと各要素の変貌

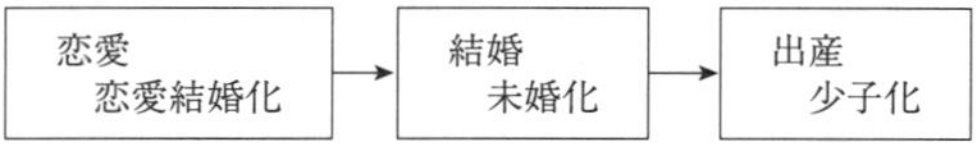

（注）恋愛結婚化は恋愛と結婚の両方に関わる。

ことを、この章では「恋愛から結婚への移行」とよぼう。この移行がスムーズに行なわれることが、現代社会では期待されている。

ではこれまで、恋愛から結婚への移行について、どのようなことが分かっているのだろうか。たしかに恋愛の実態については、多くの研究がある。(4) しかし、いずれも恋愛経験が結婚というイベントにどのように関わるかは、解明していない。

いっぽう、筆者はこれまで、結婚まえの恋人人数と結婚の関係を調べた。(5) その結果、高卒までであれば初婚までの恋人人数が増えるほど結婚のチャンスが上昇し、短大卒以上ではピークのある曲線的な関係となった（ピークは2・7人）。しかし、恋人人数以外の恋愛経験の役割については、分析されていない。もしかしたら、デートやキスの経験が、結婚の条件となっているかもしれない。

1・3　恋愛は結婚の条件か

そこで、恋愛経験が結婚の条件かどうかを確かめるために、「結婚まえの恋愛経験がない人とくらべて、ある人ほど結婚のチャンスが増えるだろう」と仮説を立ててみよう。恋愛経験にはいろいろあるだろうが、ここでは「恋人と交際する」「デートをする」「キスをする」「性関係をもつ」という、4つの代表的な恋愛行動について、調べてみたい。(6)

仮説どおりなら、こうした経験がある人ほど、その後結婚しているはずである。仮

(4) 松井豊（1993、『恋ごころの科学』サイエンス社）は恋愛における心理メカニズムを、森川友義（2007、『なぜ、その人に惹かれてしまうのか？——ヒトとしての恋愛学入門』ディスカヴァー・トゥエンティワン）は恋愛のプロセスを、NHK「日本人の性」プロジェクト編（2002、『データブックNHK日本人の性行動・性意識』）と日本性教育協会編（2013、『「若者の性」白書——第7回青少年の性行動全国調査報告』小学館）は性行動を、谷本奈穂（2008、『恋愛の社会学——「遊び」とロマンティック・ラブの変容』青弓社）は現代の恋愛状況を、北村文・阿部真大（2007、『合コンの社会学』光文社）は合コン文化を扱う。

(5) 小林盾、2017、『ライフスタイルの社会学——データからみる日本社会の多様な格差』東京大学出版会、5章。

説が誤っているなら、経験者でも非経験者でも、同じくらい結婚するか、むしろ非経験者のほうが結婚しているはずだ。どちらだろうか。

2 データと方法

2・1 2015年社会階層とライフコース全国調査の分析

データとして、2015年社会階層とライフコース全国調査を用いる。これはインターネットを用いたウェブ調査であり、2015年3月に実施された。母集団は調査会社のモニターのうち、全国の20~69歳男女個人約91万人で、調査業・広告代理業は除かれた。

計画標本は11万131人で、有効回収数と有効回収率は1万2007人、11・0%だった[7]。恋愛についての履歴や行動を詳細に質問するため、ランダムサンプリング調査ではなく、ウェブ調査でおこなった。

分析では、すべての標本1万2007人を対象とする。内訳は、男性50・0%、平均年齢45・5歳、現在結婚（事実婚・婚約中含む）62・3%／離別5・5%／死別1・8%／未婚30・4%、平均世帯人数2・8人、平均子ども数1・0人、中学卒1・6%／高校卒38・9%／短大・高専卒11・7%／大学卒42・7%／大学院卒5・1%、正社員・正規公務員35・1%／自営業主・自由業者・家族従業員・内職9・

（6） 日本性教育協会編（2013）は性行動の指標としてデート、キス、性関係の3つの経験率を用いるので、参考とした。

（7） 標本は、男女、10歳ごと5つの年齢階級、6つの地域（北海道東北、関東、中部、近畿、中四国、九州沖縄）によって、2010年国勢調査による人口比例で割りあてをおこなった（60セル）。セルごとに回収し、割りあてに達したら打ちきった。

1％／派遣社員・契約社員・嘱託社員7・1％／パート・アルバイト・臨時雇用14・9％／学生3・2％／仕事をしていない（専業主婦・主夫、無職、退職）29・0％／仕事をしたことがない1・6％／働き方不明瞭0・0％、平均等価所得356・9万円（これのみ1万1092人）だった。

2・2　結婚経験、恋愛経験についての質問

結婚経験者は、結婚した人数が1人以上の場合とする（現在結婚している人と離死別者両方を含む）。結婚経験者を1、未婚者を0として、「結婚経験者ダミー」という形で分析しよう。

未婚者と既婚者で恋愛経験の条件をそろえるため、未婚者の場合これまでの恋愛人数を、結婚経験者の場合は「初婚まで」の人数を、以下のように質問した。12項目あるうち、ここでは4項目を用いる。

あなたには以下の人が、中学を卒業してからこれまで、何人くらいいましたか。現在の恋人を含みます。できるだけ一人一人を思い出して回答して下さい。
（恋人）最初の結婚までに、～人と恋人として交際した（結婚相手含む）
（デート）最初の結婚までに、～人と（二人きりの）デートをした（風俗産業を除く）

（キス）最初の結婚までに、～人とキスをした（風俗産業を除く）
（性関係）最初の結婚までに、～人と性関係をもった（風俗産業を除く）

選択肢は0人（いない）～15人以上だった。仮説の検証のために、0人を0、1人以上を1として、「恋人経験者ダミー」「デート経験者ダミー」「キス経験者ダミー」「性関係経験者ダミー」として使用する。

2・3　分析手法

分析では、恋愛経験をしている人ほど、結婚経験者の割合が高いかどうかを調べる（検定では、従属変数が割合なのでカイ二乗検定をおこなう）。男女でメカニズムが異なるかもしれないので、すべて男女に分けておこなう。

3　分析結果

3・1　結婚経験者は女性が10％ほど多い

図2が、結婚人数の男女別分布をあらわす。男女とも、1人と結婚がもっとも多く、0人（未婚）、2人、3人以上が続く。ただし男女差があり、1人は女性に多く、未婚者は男性に多かった（分布は男女で統計的に有意に異なった）。

結婚経験者の割合はどうか。図2より、男性のうち63・6%が、女性のうち75・5%が結婚経験者であり、女性のほうが10%ほど多かった（統計的に有意な差）。

人数を平均すると、男性は0・69人、女性は0・80人と結婚しており、女性のほうが多かった（分散分析で有意な差）。これを結婚経験者に限定すると、男性1・09人、女性1・06人と、むしろ男性のほうがやや多かった（統計的に有意な差）。

3・2　恋愛経験者は女性がやや多い

恋愛の経験者は、どうだろうか。図3が、恋愛経験者の男女別割合をしめす。恋人、デート、キス、性関係どれも、おおむね7~8割の人が経験していた。男女の間では、性関係のみ統計的な違いがなく、それ以外では女性のほうが（5~10%ほど）有意に多く経験していた(8)。

3・3　恋愛経験者ほど結婚するのか

結婚経験は、恋愛の経験によって異なるのだろうか。そこで、まず恋愛人数別に、結婚経験者の割合を比較した。

図4上が、その結果を表す。男女とも、どの恋愛行動でも、おおむね逆

図2　結婚人数の男女別分布

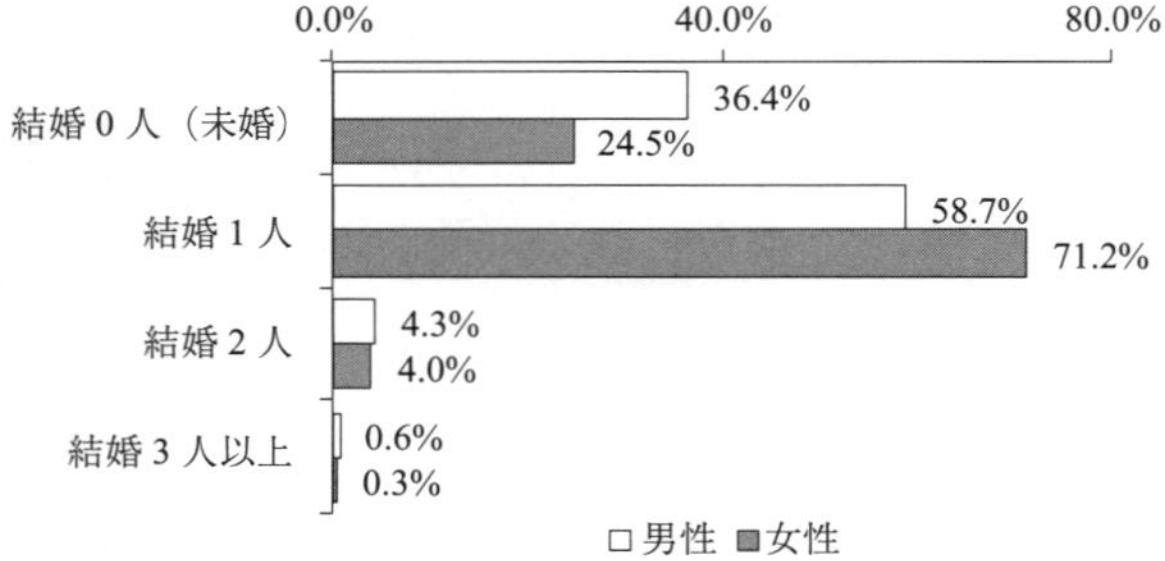

（注）N = 1万2007。カイ二乗検定の結果、男女で分布は有意に異なった。

(8) 人数については、この本の第1章を参照。

U字でピークがある形となった[9]。つまり、人数が少なすぎても多すぎても、結婚のチャンスが下がるようである。これらは、統計的に有意な違いだった（つまり人数によって結婚のチャンスが異なった）。４つの折れ線がほぼ重なっていることから、恋人、デート、キス、性関係のどれも、同じような効果をもつようだ。

　では、０人（未経験者）と１人以上（経験者）で比較したらどうか。図４下がその結果となる（図４上の１人以上をまとめた）。すると、男女とも、恋人、デート、キス、性関係のどれであっても、やはり１人以上の経験者は、結婚のチャンスがはっきり上昇した。統計的にどれも有意な増加だった。

　ただし、恋人、デート、キス、性関係の経験の効果を同時に調べたところ（ロジスティック回帰分析、結果の表は省略）、男女とも共通して、恋人経験があるほど、またキス経験があるほど、有意に結婚のチャンスが高まった。オッズ比より、男女とも恋人が１人でもいれば結婚が約３倍しやすくなり、キス経験が１人とでもあれば約２倍となった。いっぽう、デート経験と性関係経験は、効果をもたなかった[10]。

　したがって、恋愛のうち、結婚のチャンスを押しあげるのは、

図３　恋愛経験者の男女別割合

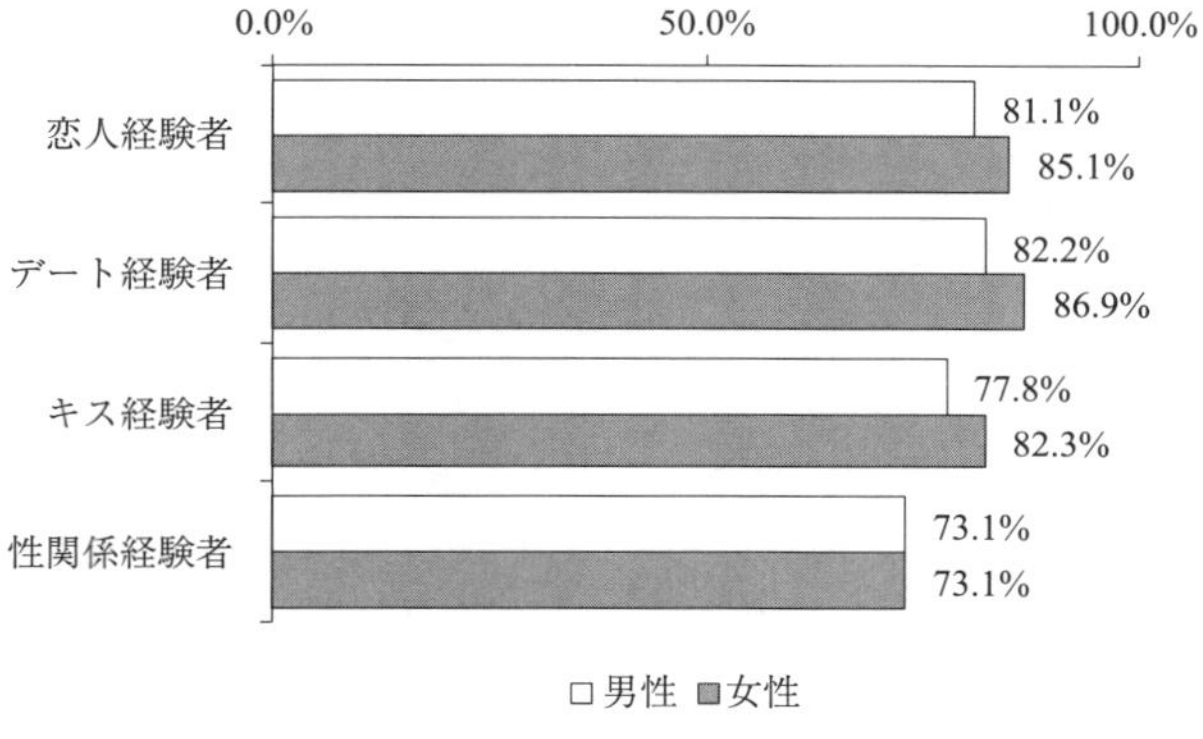

（注）N = 1万2007。カイ二乗検定の結果、性関係以外はすべて男女で割合が有意に異なった。

（９）小林盾（２０１７）でも短大卒以上でピークがあった。

図 4　結婚経験割合の男女別・恋愛人数別比較（上）、結婚経験割合の男女別・恋愛経験別比較（下）

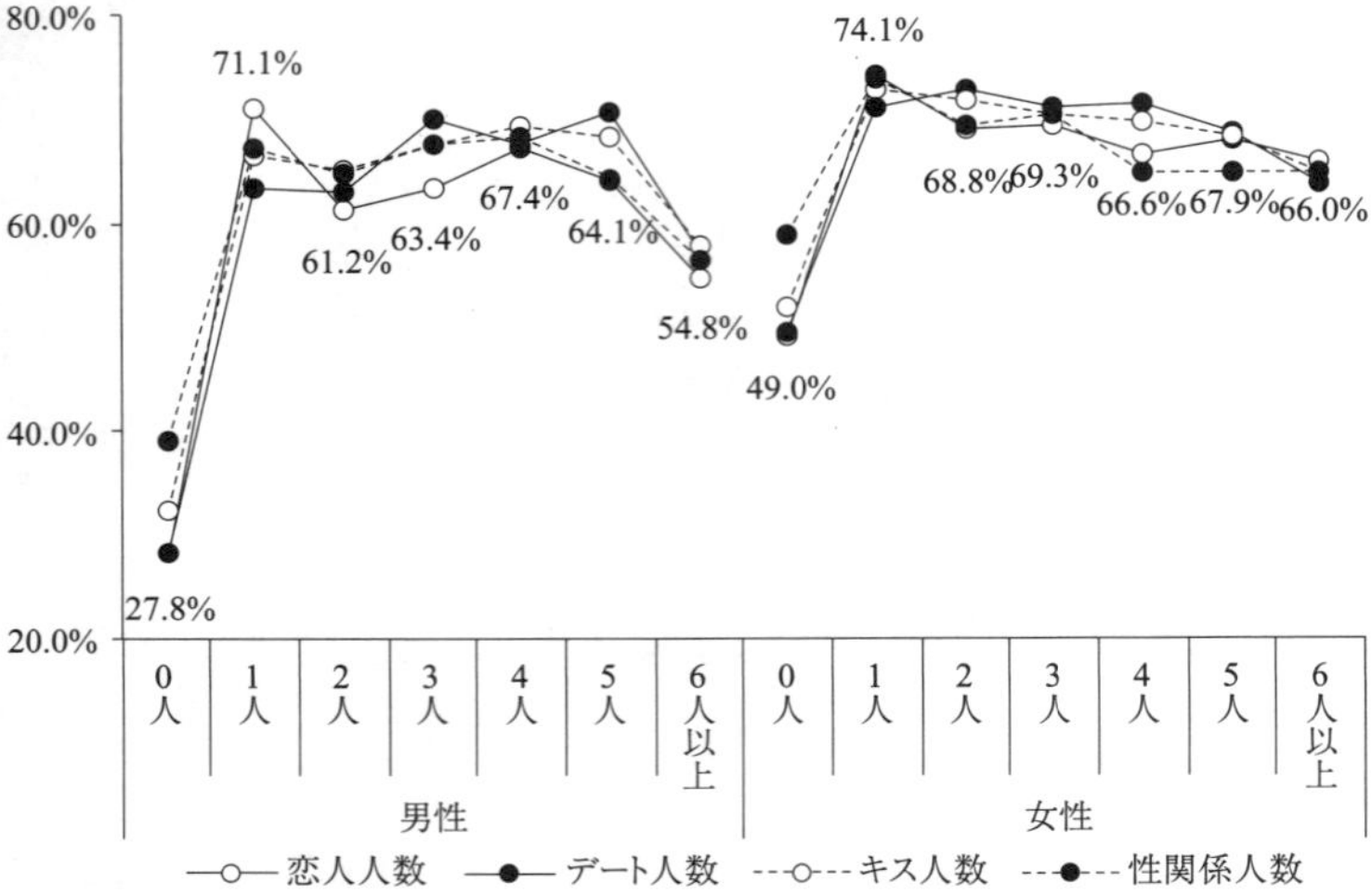

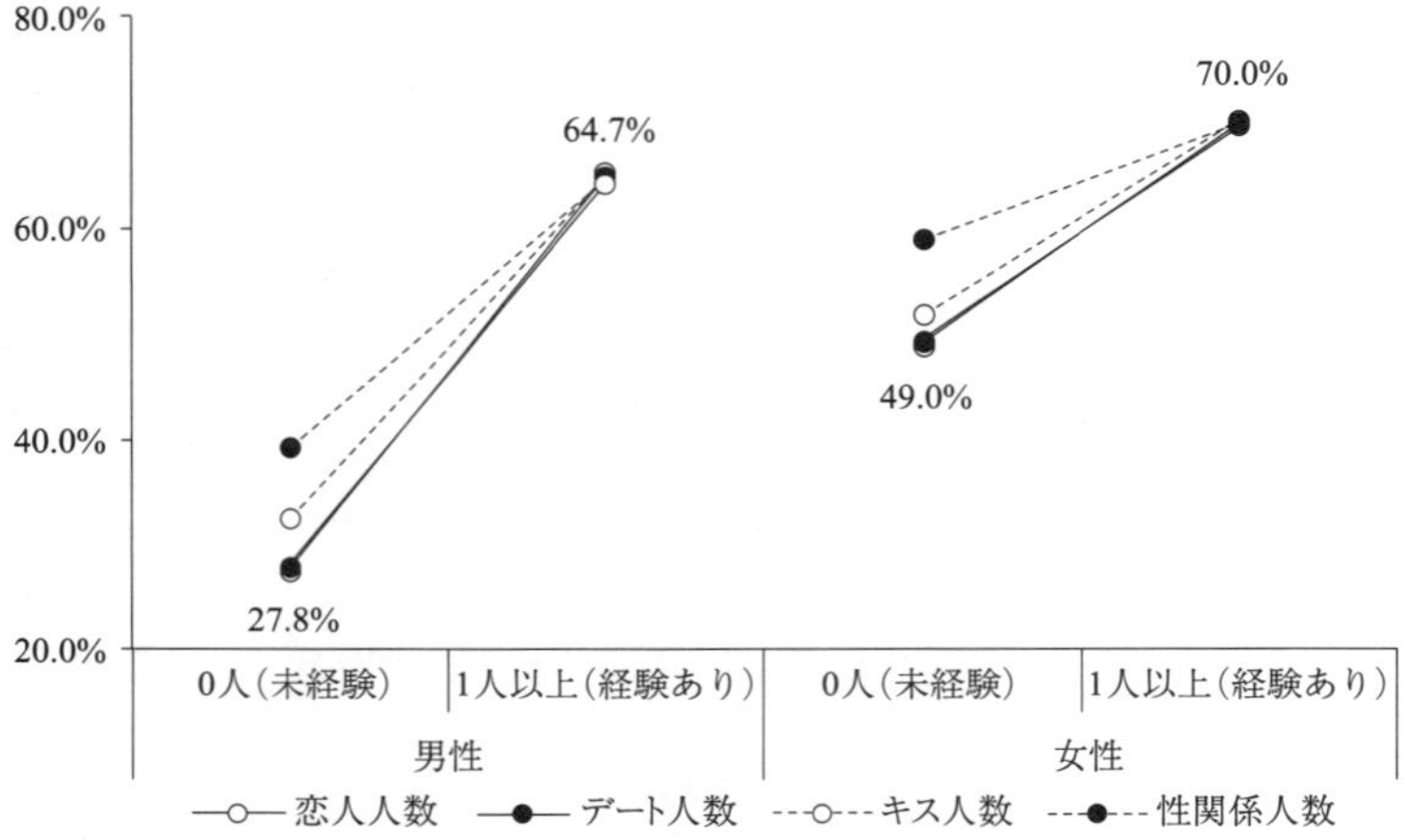

（注）N = 1 万 2007。% は恋人人数（上図）、恋人経験ごとの結婚経験割合（下図）。カイ二乗検定の結果、すべて人数によって結婚経験割合が統計的に有意に異なった。

恋人との交際経験と、キスの経験ということになる。

4 まとめ

4・1 恋人、キスが結婚チャンスを高める

この章では、「結婚まえの恋愛経験がない人とくらべてある人ほど、結婚のチャンスが増えるだろう」と予想して分析してきた。その結果、恋人と交際したり、キスをしたりする経験があると、たしかに結婚しやすかった（交際経験によって約3倍、キス経験によって約2倍可能性が高まる）。ただし、デートと性関係の経験は、結婚に貢献しなかった（図5）。

なぜだろうか。結婚のためには、デートだけでは恋愛経験の蓄積というには不十分なのかもしれない。さりとて、性関係をもつことは過剰なのかもしれない。それよりも、「かならずしも性関係はなくても、キスをするような恋人関係」こそが適度であって、結婚のための対人魅力やコミュニケーション能力を蓄積できるのだろう。

4・2 恋愛経験は結婚へのパスポートか、ファストパスか

それでは、恋愛は結婚のための前提条件なのだろうか。もし恋人やキスの経験がなかったら、（オッズ比の逆数から）結婚のチャンスがそれぞれおよそ3分の1や半分

（10） 人数を用いた分析は、オリジナルの論文で行なっている。小林盾・大﨑裕子、2016、「恋愛経験は結婚の前提条件か――2015年家族形成とキャリア形成についての全国調査による量的分析」『成蹊大学人文研究』。

図5 分析結果の要約

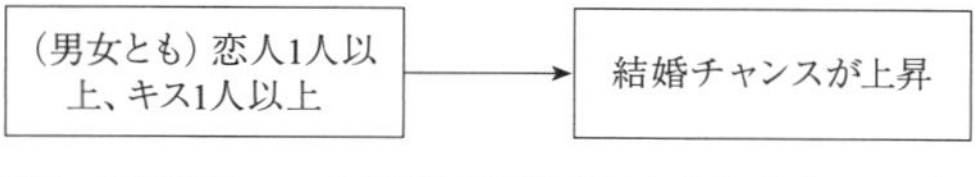

（注）ロジスティック回帰分析結果をもとに作成。ロジスティック回帰分析のオッズ比より、恋人経験者は約3倍、キス経験者は約2倍結婚しやすくなる。デートと性関係の経験は効果がなかった。

へとおおきく低下する。この意味で、恋愛経験のうちとくに恋人とキスは、結婚のための前提条件とまではいえないが、重要な「促進要因」となっていることは確実であろう。

たとえていえば、遊園地で優先入場券（ファストパス）があれば、アトラクションに優先的に入場できる。このように、恋愛経験は結婚というアトラクションに入るためのファストパスといえるかもしれない。なくても入場できるが、あればよりスムーズに移行することができる。

ただし、恋人やキス経験がなくても、結婚はできる。図4下より、恋人やキスの未経験者でも、男性なら3割前後が、女性なら半分前後が結婚している。したがって、恋愛経験は、結婚にとって必要不可欠な「パスポート」というわけではなかった。

また、恋愛経験があっても、男女とも3割ほどが結婚していない（若い世代の場合これから結婚することはありうる）。したがって、遊園地でファストパスをもっていても入場が保証されるわけではないように、恋愛というファストパスは結婚を100％確約するものでは、もちろんありえない。

これらに注意しながら、それでも恋愛経験を結婚やさらには出産へのファストパスとして活かすことができれば、より豊かな人生を送れるかもしれない。

付記

本研究はＪＳＰＳ科研費ＪＰ２４３３０１６０、成蹊大学アジア太平洋研究センターの助成を受けたものです（科研は基盤研究Ｂ「少子化社会における家族形成格差の調査研究——ソーシャル・キャピタル論アプローチ」２０１２〜４年度、成蹊大学は共同プロジェクト「ライフコースの国際比較研究——多様性と不平等への社会学的アプローチ」２０１４〜６年度、どちらも研究代表小林盾）。この章は、既発表論文の内容を含みます[11]。執筆に当たり、川端健嗣氏、森田厚氏から有益なコメントをいただきました。

（11）　小林・大﨑（２０１６）。

コラム　国際結婚
――「とにかく我慢、怒らない、ギブアンドギブ」

森田　厚・小林　盾

増加する国際結婚

みなさんは、国際結婚ときくと、どのようなイメージをもつだろうか。「かっこいい」「子どもがハーフ」「ただ言葉や文化が違うからコミュニケーションが大変かも」、そして「自分には縁がなさそう」と感じるかもしれない。

現代社会でライフスタイルやライフコースが多様化するなかで、国際結婚も増えてきた（図1）。1965年に国際結婚した人は4156組いたが、2000年には9倍ほどの3万6263組となった。その後落ちついて、2017年には2万1457組だった（人口動

図1　日本における国際結婚数の推移

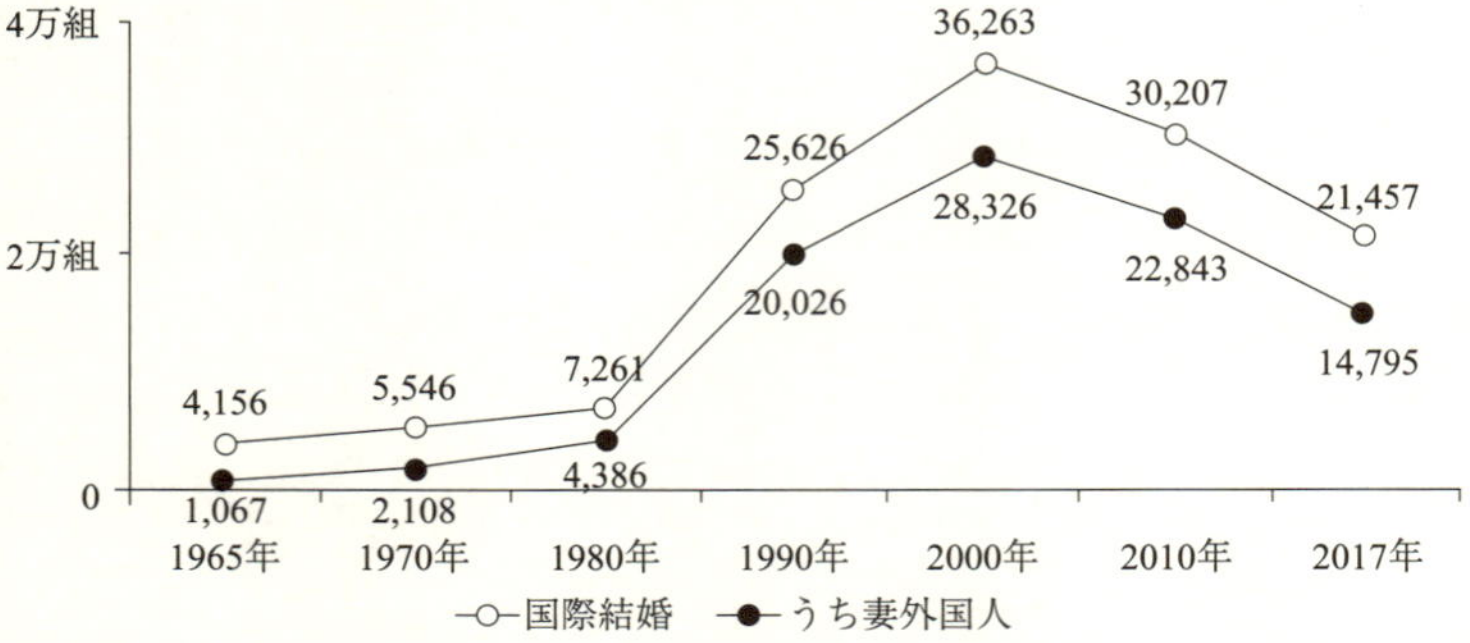

（注）出典：人口動態統計（表9-18 夫妻の国籍別にみた年次別婚姻件数）。国際結婚数は「夫妻の一方が外国」の合計。

態統計（夫妻の国籍別にみた年次別婚姻件数））。そのうち、約3分の2は「夫が日本人、妻が外国人」というパターンで（1万4795組、69・0％）、残り約3分の1が「夫が外国人、妻が日本人」というパターンである（山田昌弘・開内文乃、2012、『絶食系男子となでしこ姫』東洋経済新報社は、「夫が外国人、妻が日本人」のパターンの国際結婚を分析する）。

2017年に結婚した人は（国際結婚を含めて）60万6866組いたので、国際結婚の割合は3・5％と大きくはない。それでも、1965年では0・4％だったので、着実に広がりつつあるといえる。

配偶者の国別にみると、妻が外国人の場合中国人がトップで5121組、つづいてフィリピン人の3629組、タイ人の974組だった（2017年）。夫が外国人の場合、韓国・朝鮮人が1690組で最多で、つづいてアメリカ人1072組、中国人812組だった。

では、国際結婚した人は、どのように配偶者と出会い、どのような困難に直面し、そしてどのように困難を乗りこえるのだろうか。日本人同士の結婚と、なにが異なるのだろうか。共通点はあるのだろうか。

ドイツ人、ロシア人と結婚したAさんの語り

ここでは、夫が日本人、妻が外国人のパターンとして、国際結婚を2回したAさん（60代男性、大卒、専門職、関東地方在住）の語りを紹介したい（図2がインタビュー風景とAさんの写真）。筆者の森田と小林が、2019年2月に半構造化インタビューを実施した。インタビューが約2時間で、その後電子メールと電話で補足質問した。

Aさんは、30代でドイツ人女性と結婚し、その後離別してから50代でロシア人女性と結婚して現在に至る。現在はロシア人妻（40代）、その連れ子（20代女性）と3人で日本で暮らす。ドイツ人、ロシア人との国際結婚は、人口動態統計で集計されていないほどなので、珍しいケースといえよう。

Aさんは米軍基地に近いところで育った。そのため、教室で半数が外国人だったなど、学校や地域につねに外

国人がいたという。その結果、外国人にたいして特別な意識をもつことはなく、むしろ「いて当たり前」という感覚が身についた。

日本の大学在学中の20代に、ドイツの大学に数年留学した。帰国し日本の大学を卒業してから、ドイツ語通訳として働くかたわら、ダンス教室の運営や、教育産業にも関わってきた。

「文化交流だとかサロンみたいになって」

Aさんは、どのように国際結婚したのだろうか。最初の結婚では、20代でドイツ人女性と出会い、30代で結婚した。妻はAさんより1歳年上であり、ドイツ北部の出身である。ドイツの大学卒で、ドイツで公務員として働いていた。Aさんと日本で4年ほど結婚生活したあと、離別しドイツに帰国した。

小林：ドイツ人の奥さんとはどのようなことがきっかけで知りあいましたか？

Aさん：（20代のころ）シベリア鉄道でヨーロッパ

図2　インタビュー風景（左）、対象者（右）

（注）本人の許可をえて掲載。左写真の左が対象者、右が筆者小林。

から日本に戻る途中、食堂車の中で知り合ったんですよ。向こうから声をかけられました。余談ですが、男1人でヨーロッパを旅行すると、モテるんじゃないかと思いますよ。「一人でいる男性には声を掛けなくてはいけない」っていう習慣があるのかもしれない。かならずパターンがあるんですよ。「金髪、色白、眼鏡かけてる、太目」っていう4拍子が揃っている。そういう女の人から(声が掛かる)。

こうしてシベリア鉄道で出会い、数年交際したあと、30代で結婚し日本でともに暮らした。では、結婚生活はどのようなものだったのか。

小林：当時の暮らしは、どんな感じでしたか。

Aさん：(共通の) アカデミックな友達がいっぱいいて。あの頃は森の中 (の家) だったので、1か月に1度はうちでパーティーが出来たんですよね。森の中だから魚の燻製だとかドイツ料理だとかイタリア料理だとか (作った)。外国人が来ると文化交流だとかサロンみたいになって、今考えてもすごくいい暮らしをしていました。

このように、「文化交流だとかサロンみたい」な集まりを、月1回自宅で開催し、国際結婚ならではの充実したライフスタイルを送っていた。その後、4年ほどの結婚生活を経て30代で離別した。

「とにかく我慢、怒らない、ギブアンドギブ」

2回目の国際結婚では、40代でロシア人と出会い、50代で結婚した。相手は16歳年下で、ロシア東部出身であり、ロシアの大学を卒業後、ロシアで幼稚園教師をしていた。現在、結婚して10年弱たつ。

小林：今の奥様とは、いつごろ、どこで出会ったんでしょうか。

Aさん：(40代のときに、ドイツ人妻と) 同じパターンですよ。シベリア鉄道では出会いがあるんですね。1週間同じ列車で顔を合わせるから。
小林：この時も相手から話しかけてきたのですか。
Aさん：そう、「あなたは寂しそうな目をしている」とか言っちゃって。失礼なと思ったけど、言えないから。
森田：結婚のきっかけみたいなことはあったのですか？
Aさん：（50代になり、決断していたわけではないが、彼女のロシアの）実家に行ったらお母さんが出てきて、あなたがうちの娘の旦那さんになるのかって話になって。

こうして、最初の妻との出会いから20年ほどたって、同じようにシベリア鉄道で日本に向かう間に現在の妻と出会った。10年近く交際したあと、50代で彼女の実家をたずねたことがきっかけとなり、結婚した。妻（現在40代）、妻の連れ子（20代女性）とともに、日本で暮らしている。妻は在日ロシア人を対象とした仕事をしている。では、ライフスタイルはどうか。

小林：ご夫婦の言葉はどうしています？
Aさん：私は日本語、で彼女には日本語をしゃべって欲しいのだけど、ロシア語、英語、日本語ともう無茶苦茶。（中略）はじめて日本に来たころは、泣くんですよね。国際結婚すると、だれもが泣くんですよ。「来るんじゃなかった」とか。でも一度（ロシアに）戻ったら、日本が恋しくなったらしい。それでまた日本に来て、それから落ちついた。

夫婦のコミュニケーションは、ロシア語、英語、日本語が交ざるという。とはいえ、Aさんは語学堪能なので、大きな問題とはならない。妻は結婚当初、ホームシックにかかったが、ロシアに帰国したらむしろ日本を恋しがった。これらは、国際結婚に固有の困難といえよう。

小林：国際結婚をうまく続ける「秘訣」みたいなものは、ありますか。

Aさん：やはり我慢することでしょうね。とにかく我慢、耐える、怒らない、ギブアンドギブです。口で言わなくても、だんだん相手もわかってくれる。（中略）最初からマニュアルがあって出口があってそれを目指しているかというと、そういうわけじゃない。よく日本人と外国人の共生ってきくけれど、そんなに簡単なものではない。

小林：ではAさんにとって、国際結婚とはどういうものでしょうか。

Aさん：自分には、日本人か外国人かっていう区別はぜんぜんなくて。出会って、結婚したら、それが外国人だった。（中略）これからは、国際結婚なんて珍しいものではなく、普通のことになっていくと思いますよ。

つまり、Aさんの国際結婚が10年ほど良好に続き、困難が克服できたのは、「我慢」や「ギブアンドギブ」のおかげだという。このこと自体は日本人同士の結婚でも当てはまるかもしれないが、国際結婚ではとりわけ不可欠なのだろう。

なお、Aさんはこれまで、日本人２人、外国人６人（配偶者２人を含む）と交際したことがある。したがって、Aさんにとってその延長に国際結婚があり、ごくごく自然なことだったようだ。

今後、国際結婚は増えるかもしれないし、頭打ちとなるかもしれない。いずれにせよ、社会がグローバル化し多様化するなか、国際結婚がより身近になっていくことは間違いないだろう。

付記

本研究はＪＳＰＳ科研費ＪＰ15Ｈ０１９６９の助成を受けたものです（基盤研究Ａ「少子化社会におけるライフコース変動の実証的解明——混合研究法アプローチ」２０１５～９年度）。執筆に当たり、川端健嗣氏から有益なコメントをいただきました。

第2部

結婚と家族

第6章　婚活
――婚活と出会いをめぐって

山田　昌弘

1　問題

1・1　日本の出会いの特殊性

日本では、1975年以降、未婚率が高まり、結婚の減少が続いている。[1]それだけでなく、2000年以降、未婚者で交際相手がいる人の割合も減少している。[2]結婚や恋愛が衰退する中で、2007年に私が婚活と名付けたように、[3]結婚を目的として出会いのチャンスを作るなど、さまざまな活動をする人が出現している。

本章では、結婚相手との「出会い」に注目して、戦後日本社会の恋愛・結婚システムの変化を概観したい。その中で、日本に特徴的と思われる「お見合い」システム、「自然な出会いによる結婚」、および、「婚活」現象に注目したい。

（1）　国勢調査より。

（2）　国立社会保障人口問題研究所の出生動向調査による。

（3）　山田昌弘・白河桃子、2008、『「婚活」時代』ディスカヴァー・トゥエンティワン。

1・2　見合い結婚とは何か

見合い結婚と恋愛結婚。結婚を語る際によくなされる区別である。一般的には、恋愛結婚は愛情に基づく結婚であり、見合い結婚は親や親戚、上司、さらには見合い斡旋業者の紹介に基づいて行われる結婚という理解である。しかし、愛情の有無による区別と出会った方法による区別には当然ずれがある。見合いだからといって愛情に基づかないとはいえないだろう。

日本の結婚を語る際には、戦後普及した「見合い結婚」についてまず検討する必要がある。英語には見合い結婚に相当する言葉がない。「arranged marriage」は、見合いではなく「取り決め婚」と訳すべきである。親同士が決めた相手と結婚し、選ぶ自由どころか断る自由も原則ないものを指す。日本でも、戦前にはこのタイプの結婚が多かった。当時は、財産のある中流階級以上では、取り決め婚が多く、逆に財産とは無縁な庶民は、比較的自由な交際による結婚が多かった。

しかし、戦後普及した「見合い結婚」には、本人が断る自由が含まれている。相手のプロフィールが気に入らなければそもそも見合いをしない自由もある。お見合いしても、思った通りの相手でなければ断れる。そして、お互い了解して交際に入っても、嫌になったら断れる。あくまで本人の自由意志が優先される。これは、取り決め婚とは言えない。

きっかけは見合いかもしれないが、お互いが好きになったから結婚するのであって、恋愛結婚の一種と言ってもかまわない。友人から紹介されれば恋愛で、親や上司、結婚相談所から紹介されたら見合いという分類自体が無理があるのではないだろうか。

では、いわゆる「婚活」による結婚は、見合いに分類されるのだろうか。結婚相談所の婚活パーティで出会うのと、合コンで出会って結婚するのでは差があるのだろうか。婚活アプリを使って中から素敵な人をみつけて交際を申し込むのと、旅先で素敵な人をみかけて交際を申し込むのと差があるのだろうか。交際を進め、相手が好きになったら結婚する、相手が違うと思ったら別れるということに関しては、差がないだろう。

われわれが、見合いや結婚相談所を通じた結婚になにか後ろめたいものを感じるのは、「結婚を目的にして出会う」というのが、恋愛の本義から外れる、つまり、「本当の恋愛」は結婚を目的にして出会うものではないという思い込みが日本社会では強いと考えられる。

1・3　見合いから恋愛へ——自然な出会いの増大

「出会い」とは何なのだろう。日本社会では、結婚を目的として出会ったのではない相手との結婚に「恋愛結婚」というレッテルが貼られている。そして、日本では、「自然な出会い」による結婚が好まれる傾向にある。

「幼なじみ」であれば、親しかった関係が深まって，恋人、そして、結婚相手に昇格する。また、学校での出会いも、学校で知り合って、在学中か卒業後にどちらかが告白して恋人となる。「職場」での出会いも、恋人となる前に一緒に仕事をしたり職場の組合などで活動して知り合って後に恋人、結婚と進む。また、学校以外のサークル活動や習い事でも、活動仲間（もしくは先生の場合もあるが）としてまず知り合う。これらの出会いを「自然な出会い」と名付けておこう。

自然な出会いの特徴は、恋人になる前に、お互いの性格や態度を知る時間が十分あることである。幼なじみなら、家族関係や暮らし向きも分かっているだろう。また、学校での出会いなら、相手の成績や学校での活躍度やだいたいの趣味や性格も分かるだろう。職場での出会いであれば、相手の将来性や収入も推測できる。つまり、お互いの日常生活を部分的にせよ知った上で恋人となり、結婚していくことになる。

それに対して、親や友人の紹介となると、出会う前の相手の情報は紹介相手からのものに限られ、紹介する人はあまり欠点を言わないだろう。また、合コンやパーティなど「相手探しのあつまり」ではほとんど情報はない。さらに、「街中や旅先で」知り合う「偶然の出会い」では、相手の学歴や年齢も分からないまま、どちらかが好意をもち、声をかけ、交際を始めるケースもあるだろう。これらの出会いを、最初から恋人候補、結婚候補として知り合うという意味で「積極的な出会い」と呼んでおこう。これらの出会いでは、交際候補と考える中で、または、交際を始めてから相手の日常生活について知ることになる。

そのように分類すれば、「見合い」や「結婚相談所での紹介」は、プロフィール上で詳しい情報は事前に得られるものの、日常生活での情報はほとんどないという意味で、両者の中間に位置づけられるものである。

そして、戦後、見合いから恋愛への流れは、「自然な出会い」での結婚の増大であったとも言える。出生動向調査をみてみよう。結婚相手と知り合ったきっかけのうち、見合いに代わって増えているのは、「職場」と「学校」なのである。2015年時点でも、「職場」28・1％「アルバイト」3・7％「学校」11・7％「幼なじみ」1・7％、「学校以外のサークル」4・9％と、自然な出会いとみなされるものが、50・1％と約半分を占めている。

2 データと方法

2・1 2015年社会階層とライフコース全国調査

2015年社会階層とライフコース全国調査（SSL‐2015調査）をみてみよう。SSL‐2015調査では、出生動向調査以上に出会いを詳しく聞いている。この調査はインターネットを用いたウェブ調査であり、2015年3月に実施された。母集団は調査会社のモニターのうち、全国の20～69歳男女個人約91万人であり、有効回収数と有効回収率は1万2007人、11・0%だった。[4]

最近結婚したと考えられる「30～34歳」の582人でみてみよう（図1）。学校17・7%（中学校3・1%，高校4・5%，大学9・1%、その他1・0%）、職場27・1%、アルバイト7・0%、幼なじみ0・7%、学校以外のサークルなど4・6%、ボランティア＋地域活動0・5%、友人を通じて19・8%、兄弟姉妹を通じて0・5%、見合い1・0%、パーティや合コン8・1%、結婚相談所0・9%、街中や旅先1・5%、インターネットの婚活サイト3・6%、その他のインターネットサイト4・6%、

図1　初婚での出会いの割合（30～34歳）

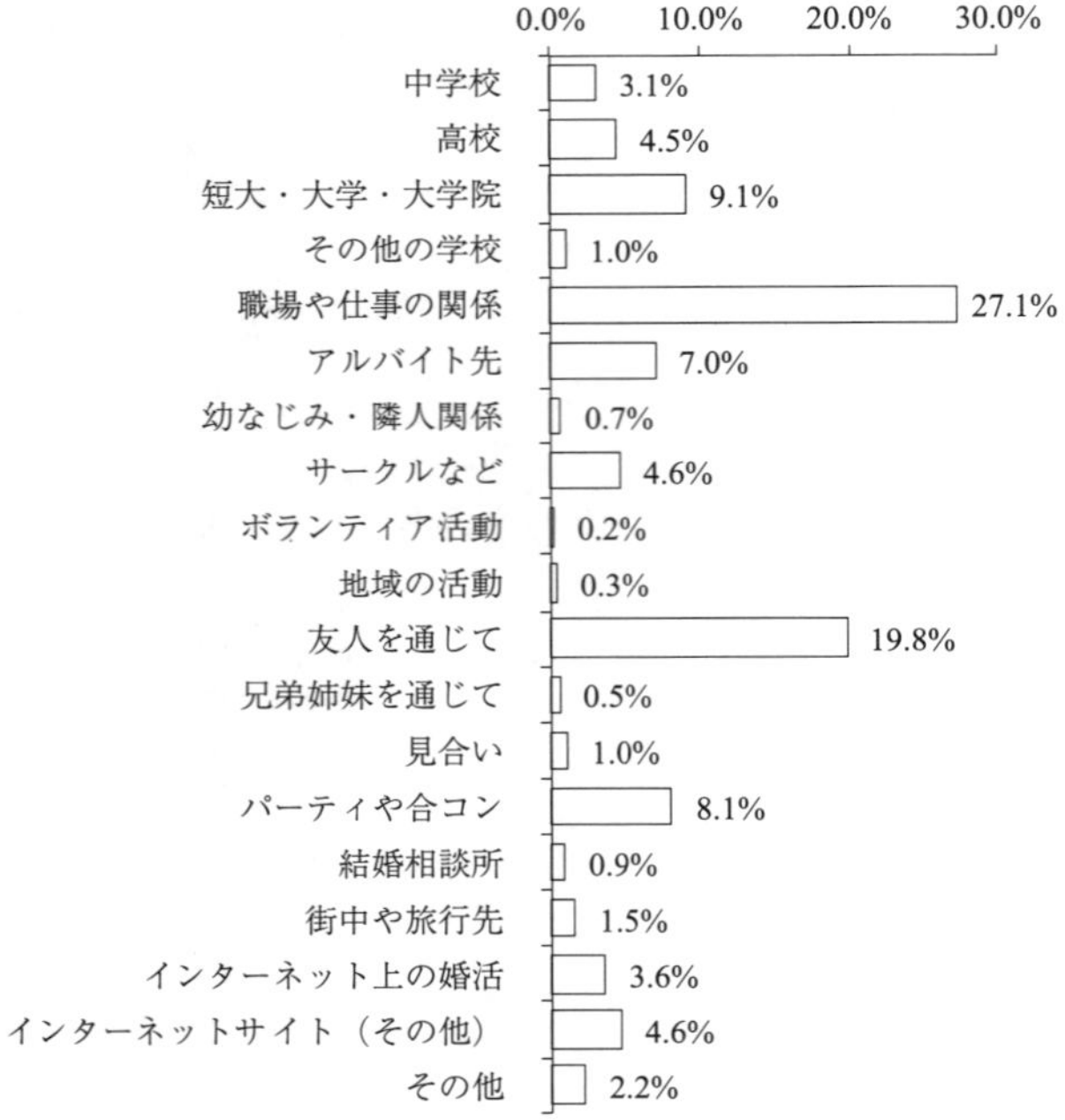

（注）対象は結婚経験のある30～34歳男女、$N = 582$。初婚について、自分からみた出会い（単一回答）。「サークルなど」は学校以外のサークルやクラブ活動・習い事・塾、「見合い」は見合い（親戚・上司の紹介も含む）。

その他2・2%となっている。

2・2　自然な出会い

自然な出会いと見なされるものは、学校、職場、アルバイト、幼なじみ、サークル活動などで57・1%となり、婚活ではないインターネットサイトをいれると、60・7%となって、出生動向調査とより10%高くなる。つまり、2015年になっても、結婚を目的としない出会いが日本の結婚の主流であることが分かる。

戦後の見合いから恋愛へという流れは、自然な出会いが増えたから見合いの必要がなくなったというのが実情だろう。

3　分析結果

3・1　偶然の出会いの少なさ

日本では、偶然の出会い、つまり街中や旅先で偶然、素敵な人と出会ってつきあい始め、結婚するというパターンはとても少ない。出生動向調査の2015年調査では、たった5・7%であり、1987年以降、4〜6%程度で推移しており、実は、見合いの割合とそれほど変わらない（6・5%、2015年）。

SSL－2015調査でも、「旅先や街中」で出会って結婚したものは、わずか

（4）標本は、男女、10歳ごと5つの年齢階級、6つの地域（北海道東北、関東、中部、近畿、中四国、九州沖縄）によって、2010年国勢調査による人口比例で割りあてをおこなった（60セル）。セルごとに回収し、割りあてに達したら打ちきった。

3・4%である。かつ、年代別に見てみても、最小1・5%（30〜34歳）から最高4・8%（50〜54歳）までとくに年代別の特徴はない。

さらに、異性との出会いを求めて積極的に活動することもあまり広まらなかった。出生動向調査では、「友人や兄弟姉妹を通じて」知り合ったというパターンは、職場（28・1%）以上に多い（30・9%）。しかし、それも積極的に紹介を依頼して交際を開始したというパターンだけでなく、兄の友人と仲良くなった、友人の友人として仲良くなったという「自然な出会い」であることも多く含まれるだろう。

結婚に「自然な出会い」が多いのは、日本人のリスク回避志向が関連していると考えられる。日本では、つきあったら将来の結婚生活まで考えるケースが多い。その際、相手の属性（年齢、職業、学歴、性格など）をよく知らないままつきあったり、結婚することはリスクが伴う。交際を始めて、こんな人とは思わなかったという「後悔」をしたくないというのが本音だと思われる。

また、日本では、初対面の人に声をかける習慣自体がない。欧米、アジアでは、恋愛感情でなくても、長距離電車や飛行機の中で隣の人に声をかけて話しかけるのは一般的である。私も海外ではよく話しかけられる。しかし、日本では気軽に知らない人と話すことはまれである。相手に何か下心があるからと警戒されてしまうのである。これも日本人のリスク回避志向の表れであると考えられる。

3・2 自然な出会いの消長

戦後、恋愛・結婚が自由になったとはいえ、日本では、偶然の出会いによって恋愛を開始する割合は少ない。そして、積極的に自分から恋人や結婚相手を探す行動も少ない。自然に親しくなって、告白して交際が始まり、交際が深まると結婚するというパターンが中心だった。

そして、戦後から1990年くらいまでは、自然な出会いがうまく機能した。まず、中学、高等学校が共学化され、多くの若者は、学校内で自然に親しくなる機会を得た。さらに、団塊の世代までは、きょうだい数が4人を越えていた。つまり、女性からみて兄の友人と親しくなる機会は多かった。

重要なのは、企業社会の勃興である。それにより、若年者が企業で「正社員」として働くことが一般的になった。次三男だけでなく、自営業の跡継ぎ男性でさえ、中学や高校卒業後、親が引退するまで一時的に企業に勤めることが多かった。女性も、結婚までは、腰掛けと評されたように一般職正社員という立場で企業に勤めたのである。

成長する企業は、若い男性、女性をそれこそ大量に雇った。企業では頻繁に飲み会、社員旅行が行われた。大企業では、労働組合青年部があり親睦会を開催した。自営業であっても、業界組合や町内会などで、家族ぐるみの交流会がよく開かれた。地域では、青年団など地域活動が活発だった。

このように、「学校」「家庭」そして「職場」に未婚の男女が自然に出会える場が広く存在したのである。これが、日本に自然な出会いによる恋愛結婚が普及した理由である。

恋愛結婚が一般化した理由として、誰と出会えたとしても、結婚の経済的障害は少なかったことを強調しておこう。結婚後の経済生活に希望がもてたということが重要である。当時は、親はそれほど豊かでなかった。そして、未婚男性のほとんどは自営業の跡継ぎか企業の正社員だった。女性は、経済生活で心配することはなかったから、自然に出会った相手と結婚できたのである。

国立社会保障人口問題研究所の岩澤美穂が強調するように、日本で結婚が減少したのは、「見合い」が減少している中、「職場」での出会いが減少したからである。それは、経済構造が大きく変化したことが大きい。

ここでいう経済の構造変動は、経済学者のロバート・ライシュによって名付けられたニューエコノミーと呼ばれるもので、グローバル化、IT化などを特徴とするもので、全世界的に格差拡大などの影響が起きた。日本では、1990年代半ばから、若者の仕事環境を徐々に変えていった。会社や役所では、労働の規制緩和によって、派遣や契約など非正規雇用が増えた。一方、正社員の労働時間が長くなった。労働組合組織率は低下し、職場でのゆとりが失われていく。地域社会では、小売業などの規制緩和によって伝統的自営業が衰退する。小規模商店はスーパーやコンビニとの競争に負けて衰退し、そこでは通いのアルバイト、パート従業員が働くようになる。

自然な出会いの特徴の一つは、知り合ってから交際を始めるまで時間がかかるということである。そして、交際前にお互いの人物情報がよく分かっていることである。

昔は、会社（役所も含む）で働く未婚者は、男女とも正社員であり、労組の交流会や職場の飲み会などで親しくなる機会が多かった。しかし、短期間勤務の非正規社員、とくに女性社員が増えると、相手と親しくなる前に辞めてしまうということが起きる。そして、非正規社員はそもそも労組や職場の交流会から排除されている場合が多いのである。日本人は総じてシャイで、気に入った人がいてもなかなかきっかけがないと声をかけない。

5年ほど前、30代の未婚男性大手銀行員にインタビュー調査をしたことがある。15年くらい前は、支店には未婚女性の一般職の方がたくさんいたそうである。しかし、今（5年前）は、数ヶ月ごとに変わる派遣社員女性や再雇用された契約既婚女性に置き換わり、職場で結婚相手になる未婚女性社員が消えてしまったと嘆いていた。

非正規社員の増加は、単に収入の問題だけではなくて、結婚難問題にもなっているのだ。

次に、自然な出会いのもう一つの特徴である「交際前から相手の情報がある程度分かっている」という点が、結婚の減少に拍車をかけた。

ニューエコノミーの浸透により、非正規雇用者が増える。そして、日本では、とくに若年者で正社員になれないものが増えていく。バブル経済のころにあえて定職に就かないフリーターという存在に注目が集まったが、バブル崩壊以降は、むしろ正社員になれないという点が強調されるようになる。

そして、日本社会では、未だ、「結婚後は主に夫の収入で生活をする」ということが前提になっている。つまり、結婚後の生活水準は夫の収入によって決まると考える人が未だ多いと言うことである。女性にとって、収入が不安定な男性と結婚すると、結婚後の生活が成り立たない。だから、収入が高い、せめて安定した男性と結婚したいと思う。

自然な出会いでは、学校にしろ、職場にしろ、地域社会にしろ、相手の経済状況がよく分かる。日本のような新卒一括採用、終身雇用の社会では、サラリーマン男性は、学歴や入社した会社によって生涯賃金までもが予測できてしまう。自営業の跡継ぎであれば、事業規模から収入の見通しがわかる。つまり、女性にとって交際前に、男性の生涯収入が分かってしまうのだ。そして、収入が不安定な非正規雇用の男性は、そもそも交際対象とならないという事態が生じる。つまり、女性にとって、定職に就き、交際してもよいと思う男性が徐々に減っていくのである。だから、女性は、「交際してもよい相手に巡り会わない」と嘆くことになる。これが、自然な出会いによる結婚の減少のもう一つの理由である。

4　まとめ

4・1　婚活結婚の誕生と限界

2007年に私が婚活という言葉を作り出して以降、「結婚するためには、就活のように自ら行動しなくてはならない」という意識が浸透した。上記の理由で自然な出会い自体が少なくなっている上に、とくに女性にとって、相手の将来収入や性格が分かっている身近な異性が、徐々に結婚相手とみなせなくなっているのである。

しかし、日本人の特性として「リスクを避ける」という意識が強い。つまり、全く知らない相手と出会って、つきあってから結婚するのにふさわしくないことが分かることを避けたいと思う。

そこで、婚活の登場である。婚活にはさまざまなパターンがある。最も一般的な婚活の形は、友人などに相手の紹介を頼むこと、未婚者が集まるパーティや合コンに行くこと、そして結婚相談所やネットのマッチングアプリなどを利用して一対一で会ってみることである。そのいずれもが、何らかの形で相手の情報を事前に知ることになる。友人からの紹介では、相手の簡単なプロフィールが示されるはずである。そして、業者や自治体の結婚支援サービスなどが主催するパーティでは、年齢別、業種別などさまざまな制限が付いている。また、一対一のサービスでは、年齢や年収などさまざまな情報が事前に得られる。

つまり、これは、見合いの変形と言うことができる。自分自身でプロデュースする見合いが婚活である。さまざまな条件で事前に相手を絞り、出会いの後は、その相手が結婚相手にふさわしいかどうかを見極めることになる。そこには、相手を知ってがっかりするリスクが最小になるようにする力が働いている。

辻村深月の小説『傲慢と善良』(5)では、婚活している人の心理が描かれている。まずデータで絞り、その中から「ピンとくる」人を選ぼうとする。辻沢は、「ピンとくる」とは、データ的に相手が自分に釣り合っているかどうかの無意識的評価と看破している。

そこに婚活の限界がある。まず、データでお互いにOKする確率はそれほど多くない。そして、出会ってから「ピンとくる」確率も、お互いの釣り合いで決まるとすると、それほど多くない。婚活で成功するためには、数多くの人をデータで知った上で、ピンとくるまで出会い続けなくてはならない。そこが婚活という言葉が普及しても、それほど婚活を実行し、それで結婚する人がまだ少数な理由の一つなのである。

(5) 辻村深月、2019、『傲慢と善良』朝日新聞出版。

付記

本研究はJSPS科研費JP 24330160、成蹊大学アジア太平洋研究センターの助成を受けたものです（科研は基盤研究B「少子化社会における家族形成格差の調査研究

――ソーシャル・キャピタル論アプローチ」２０１２～４年度、成蹊大学は共同プロジェクト「ライフコースの国際比較研究――多様性と不平等への社会学的アプローチ」２０１４～６年度、どちらも研究代表小林盾）。

コラム　家族と移動レジーム
――若年非正規雇用者の困難をめぐって

佐藤　嘉倫

移動レジームとその変容

移動レジームとは初めて仕事についてから定年などで完全に仕事をやめるまでの移動パターンを規制する制度の組み合わせのことである（DiPrete, T. A., 2002, "Life Course Risks, Mobility Regimes, and Mobility Consequences: A Comparison of Sweden, Germany, and the United States," *American Journal of Sociology*）。少し前までの日本では、終身雇用制に守られた男性大企業正社員を中心にした、転職を抑制する移動レジームが確立していた（野村正實、１９９４、『終身雇用』岩波書店。Imai, J., 2010, *The Transformation of Japanese Employment Relations: Reform without Labour,* Palgrave Macmillan）。この移動レジームを支えていたのが家庭における男性稼ぎ主モデルである。これは夫が正社員、妻が専業主婦かパートのような非正規雇用者という組み合わせである。このモデルの家庭が普及したおかげで、夫は長時間労働や転勤をすることができた。

しかし１９９０年代前半のバブル経済崩壊後に非正規雇用者が増大したため、日本型移動レジームと男性稼ぎ主モデルの相互強化関係が弱体化している。図１は労働力調査特別調査と労働力調査詳細集計から作成した、１９８８年から２０１８年までの25～34歳と35～44歳男性の非正規雇用率の推移である（１９８８年から２００１年までは各年２月のデータを、２００２年から２０１８年までは各年１－３月平均のデータを用いている）。グラフから分かるように、１９９０年代後半から非正規雇用率は上昇し、近年では25～34歳で15％を越え、35～44歳でも８～９％にいたっている。

一方、人口動態調査によると、男性の同時期の初婚年齢は28・４歳（１９８８年）から31・１歳（２０１７年）に推移している。いわば「結婚適齢期」の25～34歳男性の非正規雇用率が15%を越えていることは、日本型移動レジームと男性稼ぎ主モデルを前提とした家族形成が難しくなっていることを示している。

非正規雇用と結婚

多くの研究者が非正規雇用者の方が正規雇用者よりも結婚しにくいことを指摘している（たとえば佐藤博樹・永井暁子・三輪哲編、2010、『結婚の壁——非婚・晩婚の構造』東京大学出版会）。2015年社会階層とライフコース全国調査データでもそのことは確認できる。図2は25〜40

図1　男性非正規雇用者の割合の推移

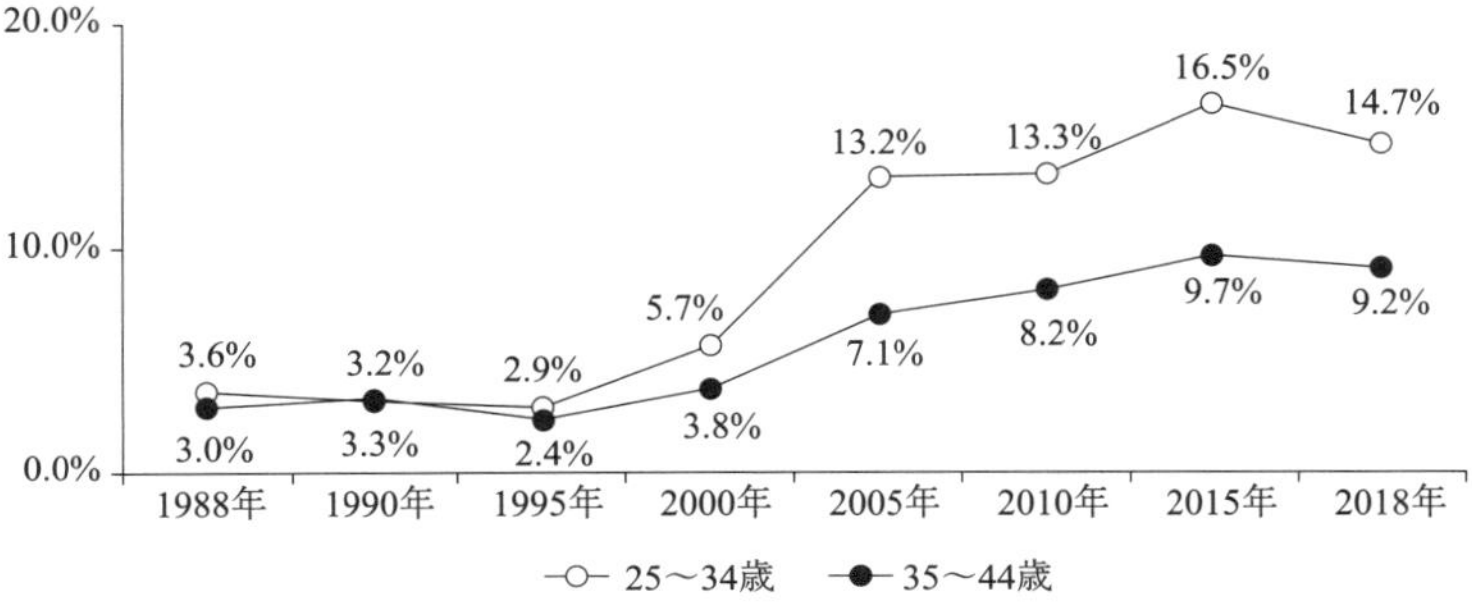

（注）出典：労働力調査特別調査・労働力調査詳細集計から作成。

図2　結婚経験有無の割合の雇用形態別比較（25〜40歳男性）

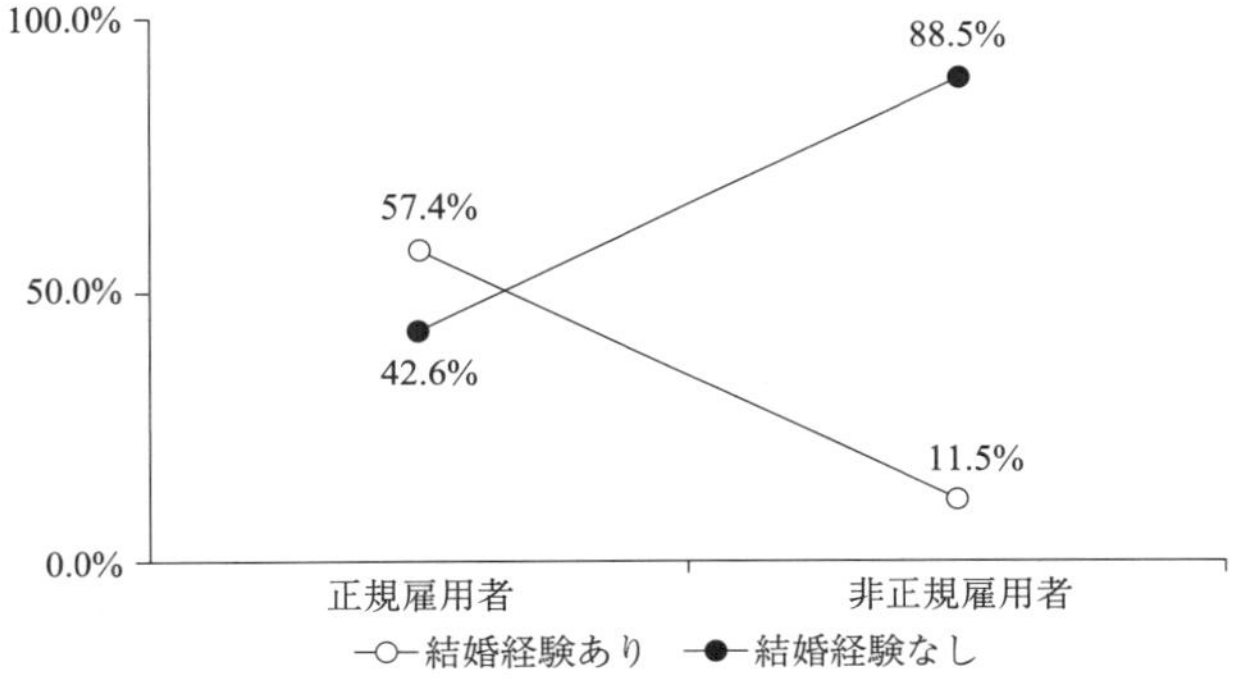

（注）出典：2015年社会階層とライフコース全国調査。$N = 1617$。

歳男性を対象にして正規雇用者（正社員、正規の公務員）と非正規雇用者（派遣社員、契約社員、パート、アルバイト）の結婚経験割合を比較したものである。このグラフは2つのことを示している。第一に、やはり非正規雇用者の方が正規雇用者よりも結婚しにくい。第二に、対象を40歳まで上げても、正規雇用者でさえ結婚経験のある者の割合は約6割に過ぎない。雇用形態にかかわらず家族形成が難しくなっているが、その困難は非正規雇用者に集中していると言えよう。

正規雇用と非正規雇用の移動障壁

それでも、非正規雇用者が容易に正規雇用者になれれば結婚の可能性は高まる。このことを検討するために、労働力詳細集計を用いて男性の正規雇用と非正規雇用の移動障壁の高さを見てみよう（ここでの正規雇用は労働力詳細集計の「正規の職員・従業員」、非正規雇用は「パート・アルバイト」、「労働者派遣事業所の派遣社員」、「契約社員・嘱託」、「その他」である）。ここでは、調査時の過去1年間で離職した正規雇用者が正規雇用に入職するオッズ（オッズA）と非正規雇用者が正規雇用に入職するオッズ（オッズB）の比を用いる[1]。この比はオッズ比と呼ばれている。オッズAとオッズBが等しいならば、離職前が正規雇用だろうが非正規雇用だろうが正規雇用に入職する可能性は等しいことになる。この意味で、移動障壁はなく、この場合オッズ比は1になる。しかしオッズAがオッズBよりも大きいならば、離職前が正規雇用の方が非正規雇用よりも正規雇用に入職する可能性は高くなる。このことは移動障壁が高くなることを意味し、この場合オッズ比は1よりも大きくなる。このように、オッズ比は移動障壁の高さを表している。

図3は２００２年から２０１７年までのオッズ比の推移を表している。２００２年でオッズ比の値は5・65である。このことは、離職前が正規雇用だった人の方が非正規雇用だった人よりも5倍以上も正規雇用に入職する可能性があることを示している。その後オッズ比は下がったものの２００４年から上昇していった。おそらく２００８年のリーマンショックの影響で２００８年から２００９年にかけてオッズ比は6・18から4・

36に下がった。しかし２０１３年以降はまた上昇傾向にあり、２０１７年には５・15になっている。このように非正規雇用から正規雇用への移動が困難な状態では、非正規雇用者が正規雇用の職を得て結婚することは難しい。

正規雇用・非正規雇用と結婚に対する意識

ここで２０１５年社会階層とライフコース全国調査データを用いて結婚に対する意識を見てみよう。図４は25～40歳未婚男性を対象にして、「男性が充実した人生を送るには、結婚は不可欠である」という設問に対する賛否の割合を正規雇用者と非正規雇用者で比較したものである。もっとも反対が1、もっとも賛成が6である。

　グラフから分かるように、1から3までの「反対派」の割合は正規雇用者が49・4％なのに、非正規雇用者は62・5％にも達している。

　この意識と結婚行動との因果関係は推測するしかないが、非正規雇用者が結婚に対する否定的な意識を持っているから結婚しないとは考えにくい。むしろ、結婚でき

図３　正規雇用入職のオッズ比の推移

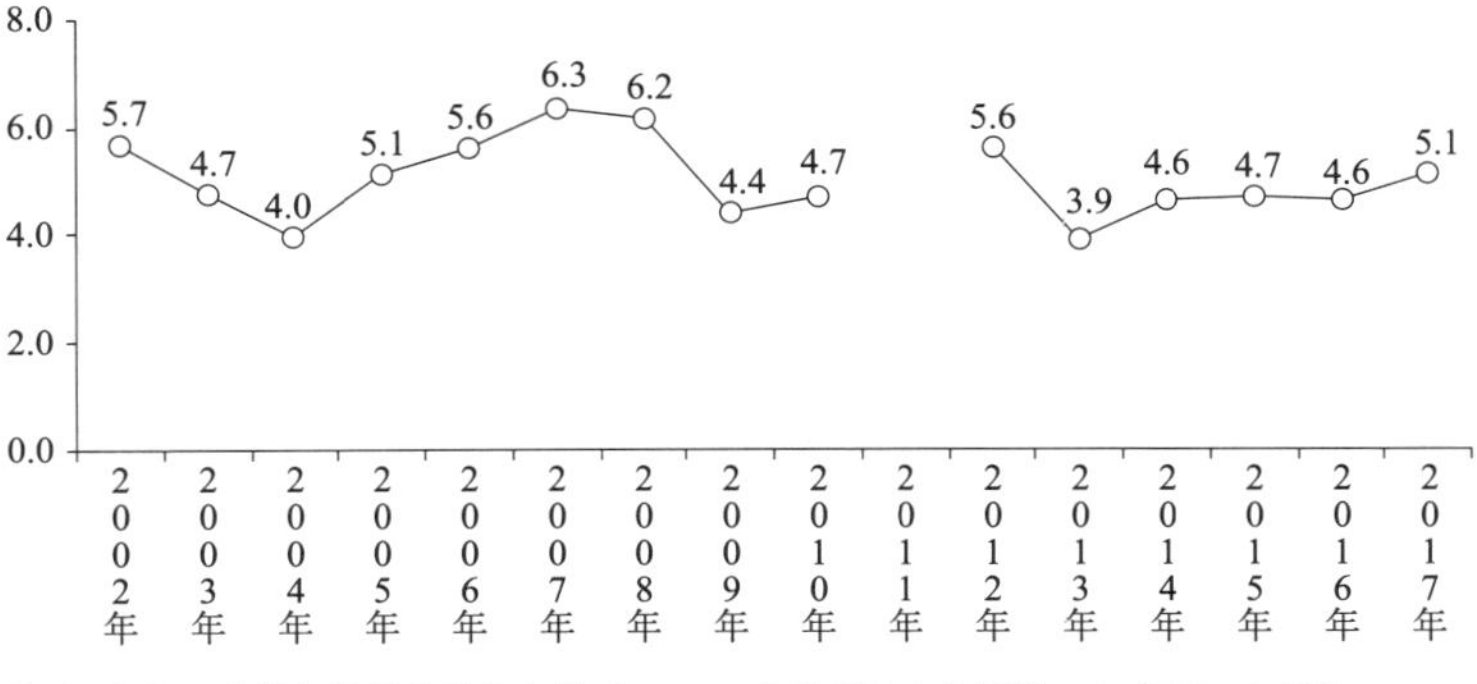

（注）出典：労働力詳細集計から作成。2011年は東日本大震災のためデータがない。

そうにないから、いわば「あきらめ」として結婚に対して否定的になっていると考えられる。

どうすればいいのか?

今まで見てきたように、若年男性非正規雇用者は、正規雇用者に比べて結婚することが難しく、そのため結婚をあきらめ、しかも正規雇用に移動する可能性も低い。もちろん結婚を希望しない人々に対して何か対策を施す必要はない。しかし結婚の希望があるのに非正規雇用ゆえに結婚できない人々には何らかの支援をする必要があるだろう。

重要なことは、非正規雇用者の減少を目標にすべきではない、ということである。もちろんそのような減少を実現できるのであれば、それはそれで望ましいことである。しかし非正規雇用者の増加を生み出しているグローバル化、サービス産業化、新自由主義という大きな社会変動を元に戻すことは、産業革命に対するラッダイト運動が失敗したように、ほとんど不可能である。

むしろ非正規雇用者の増加を前提としてさまざまな制

図 4　結婚に対する意識（25 ～ 40 歳未婚男性、雇用形態別）

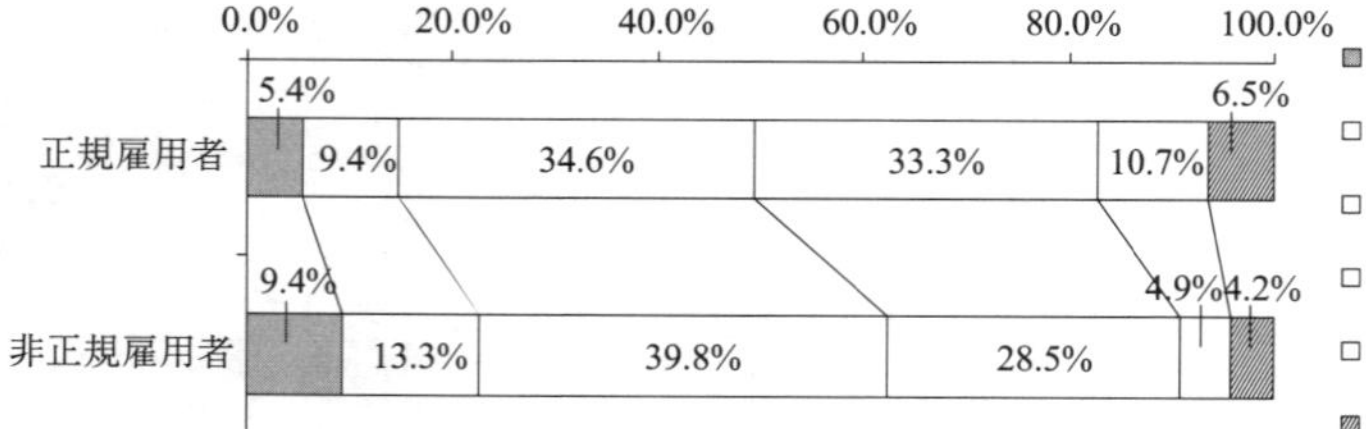

（注）出典：2015 年社会階層とライフコース全国調査。N = 849。質問は「男性が充実した人生を送るには、結婚は不可欠である」。1 が反対、6 が賛成。

度を再構築する方が現実的である。その動きは既に生じている。正社員しかメンバーになれなかった企業別労働組合が非正規雇用者の参加を認めるようになったことや、同一労働同一賃金という正規雇用と非正規雇用の賃金格差是正の議論が国レベルでも行われるようになったことなどはその一例である。このような正規雇用と非正規雇用の格差を狭める制度を充実させて、非正規雇用者でも結婚して家族を形成できるような社会にする必要がある。

付記

本研究はＪＳＰＳ科研費ＪＰ２４３３０１６０、成蹊大学アジア太平洋研究センターの助成を受けたものです（科研は基盤研究Ｂ「少子化社会における家族形成格差の調査研究――ソーシャル・キャピタル論アプローチ」２０１２～４年度、成蹊大学は共同プロジェクト「ライフコースの国際比較研究――多様性と不平等への社会学的アプローチ」２０１４～６年度、どちらも研究代表小林盾）。

（１）　オッズ比の計算は次のようになる。太郎丸博、２００９、『若年非正規雇用の社会学――階層・ジェンダー・グローバル化』大阪大学出版会）。オッズＡ＝正規雇用から正規雇用に入職した人数／正規雇用から非正規雇用に入職した人数。オッズＢ＝非正規雇用から正規雇用に入職した人数／非正規雇用から非正規雇用に入職した人数。オッズ比＝オッズＡ／オッズＢ。

第7章　結婚と教育
——学歴別にみた女性の結婚チャンスと幸福感

森　いづみ

1　問題

学歴は、人びとの婚姻状況や結婚をめぐる意識に、どのような影響を及ぼすのだろうか。学歴が結婚に及ぼす影響を明らかにする一つの視点として、同じ学歴同士の人びとの結婚のしやすさに注目した研究が挙げられる。こうした研究では、夫婦の学歴のマッチングに注目し、たとえば大卒男性と大卒女性など、同じ学歴の組み合わせ同士の結婚が、そうでない組み合わせと比べてどの程度起こりやすいかに注目する。[1]こうした研究の中には、女性の高学歴化（四年制大学への進学率上昇など）を背景に、とくに高学歴の女性が結婚しにくくなっていることを指摘し、その理由の一端を、大卒男性の相対的な不足に求めるものがある。[2]つまり、高学歴女性の未婚化・晩婚化の原因の一つは、彼女らが結婚相手として、自分の学歴に見合った（＝同等の、あるいはより上方の）学歴をもつ男性を志向するものの、それに見合った男性パートナーが

（1）　たとえば、三輪哲、2007、「日本における学歴同類婚趨勢の再検討」『SSJDAリサーチペーパーシリーズ37　家族形成に関する実証研究』や、福田節也・余田翔平・茂木良平、2017、「日本における学歴同類婚の趨勢——1980年から2010年国勢調査個票データを用いた分析」IPSS Working Paper Series (J) や、打越文弥、2018、「未婚化時代における階層結合——夫婦の学歴パターンのコーホート比較分析」『理論と方法』が挙げられる。

（2）　Raymo, J. M. and M. Iwasawa, 2005, "Marriage Market Mismatches in Japan: An Alternative View of the Relationship between Women's Education and Marriage," *American Sociological Review.*

十分にいない点にある、という説明である。

それでは、高学歴の女性をめぐるこうした結婚市場の「ミスマッチ」仮説は、女性側の視点からみたとき、近年の日本の婚姻をめぐる実態に、どの程度よく当てはまるものだろうか。上述の先行研究で指摘されるような、学歴の高い女性に対する学歴の高い男性の相対的な不足といった構造的な要因があるとされる一方で、とくに女性の意識面においても、高学歴の女性の間ほど、実際にこうした学歴重視の姿勢が見られるのだろうか。また、それと関連して、女性の婚姻状態（既婚、あるいは未婚であること）は、女性の生き方に対してどういったインパクトを持っており、その影響は学歴の高低によって異なるのだろうか。

こうした点やその背景を明らかにするため、この章ではまず、学歴別にみた女性の初婚年齢を示し、高学歴の女性ほど未婚化・晩婚化傾向にあるのかを探る。次に、女性の生まれた世代や経済的な基盤が、結婚のしやすさとどのように関連しているのかを学歴別に示す。そして、結婚相手に対する学歴面での理想が、学歴によって異なるのかを検討し、最後に女性の人生における幸福感や満足度に、学歴や婚姻状態がどう関わっているのかを明らかにしていく。

2 データと方法

この章ではデータとして、2015年社会階層とライフコース全国調査を用いる。この調査はインターネットを用いたウェブ調査として、2015年3月に実施された。母集団は調査会社のモニタのうち、全国の20~69歳の男女91万人で、調査業・広告代理業につく者は除く。計画標本は11万131人で、有効回収数と有効回収率は1万2007人、11・0%だった(3)。この章の分析では、この調査のうち、主に女性の回答を用いる。また、この章で「未婚率」や「未婚状態」に言及する際は、便宜的に40歳以上で、これまで一度も結婚したことがない女性を対象にしている(4)。対象者の学歴については、中学、高校、専門学校、短大、大学、大学院の六つの分類を用いた(5)。分析の内容に応じて、高卒以下、専門学校・短大卒、大卒以上のように、二つずつのカテゴリを統合している場合もある。

分析方法としては、カテゴリ別の集計を主として用いた。また、自由回答項目の分析にあたっては、質的データのコーディングと計量分析を可能にするソフトウェアKH Coder を用いて分析をおこなった(6)。

(3) 標本は、男女、10歳ごと5つの年齢階級、6つの地域(北海道東北、関東、中部、近畿、中国、九州沖縄)によって、2010年国勢調査による人口比例で割りあてをおこなった(60セル)。セルごとに回収し、割りあてに達したら打ち切った。

(4) 離別・死別の場合も、一度結婚したことがあるため、この章では「既婚」に含めて分析する。

(5) 専門学校を最終学歴とするのは、学歴が高卒の対象者が専門学校に進学した場合に限定した。

(6) 詳細は樋口耕一、2014、『社会調査のための計量テキスト分析――内容分析の継承と発展を目指して』ナカニシヤ出版を参照。

3 分析結果

3・1 学歴が高い女性ほど初婚年齢が高いのか

図1は、学歴別にみた女性の初婚年齢の分布である。[7] これまでに知られているとおり、学歴が低いほど初婚年齢は早く、学歴が高いほど遅くなっている。25歳未満で初婚にいたる割合は、学歴が中学卒の女性の場合（*N*＝63）で68・3％、学歴が高校卒（*N*＝1491）だと53・4％、専門学校卒（*N*＝606）だと36・0％、短大卒（*N*＝1060）だと34・7％、大学卒（*N*＝1242）だと20・7％、大学院卒（*N*＝71）だと15・5％というように、学歴が上がるにつれて下がっていく。一方で、初婚が25歳以上30歳未満のケースは、最終学歴が専門学校、短大、大学、大学院の場合に、各カテゴリ内でもっとも一般的なパターンとなっている。たとえば最終学歴が大学の女性の場合、57・3％が25～29歳で結婚していた。30歳以上35歳未満での結婚は、最終学歴が大学院の女性の間で23・9％と比較的多く、35歳以上での結婚は、各学歴層において5～8％程度と相対的に少ないことがわかる。

図1　女性の初婚年齢の学歴別比較

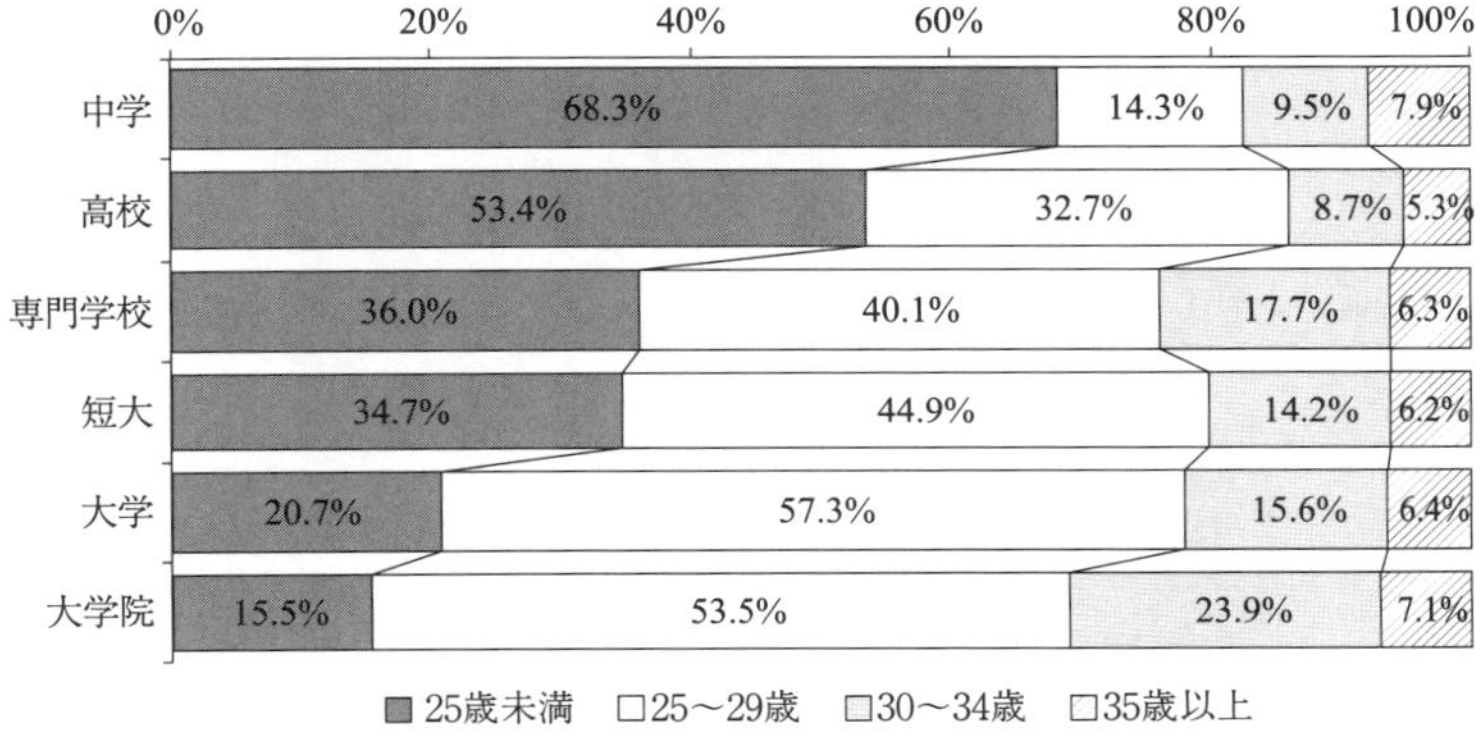

（注）20～69歳既婚女性が対象。*N*＝4533。

3・2　女性の未婚化は、どの学歴でも進んでいるのか

以上は既婚女性のみを対象とした分析であったが、未婚女性に目を向けたとき、結婚しない女性は、どんな学歴層や世代に多いのだろうか。図2は、学歴別・出生コーホート別にみた未婚女性の割合（未婚率）を示す。図1で見たとおり、20～30代では初婚がまだである場合も多いため、40歳以上の女性を対象に、現在も未婚であるケース（＝既婚・離別・死別以外）の割合を集計している。これを見ると、戦後すぐの生まれの世代（1945～54年生まれ）に比べ、それより後に生まれた世代（1955～64年生まれ、1965～74年生まれ）ほど、全体として未婚率が上がっている。たとえば大卒以上の場合、1945～54年生まれでは9・5％の女性が未婚であったが、1965～74年生まれでは、40歳以上の時点で23・5％が未婚であった。

この傾向に明らかな学歴差があるかと言えば、そうとはいえない。本分析では、学歴を高卒以下、専門学校・短大卒、大卒以上の三カテゴリに分けているが、世代が近年に近づくにつれ、いずれの学歴層においても、未婚率が上昇していることがわかる。これは、女性の未婚化が高学歴女性の間だけでなく、すべての学歴段階で起

図2　女性の未婚率の学歴別・出生コーホート別比較

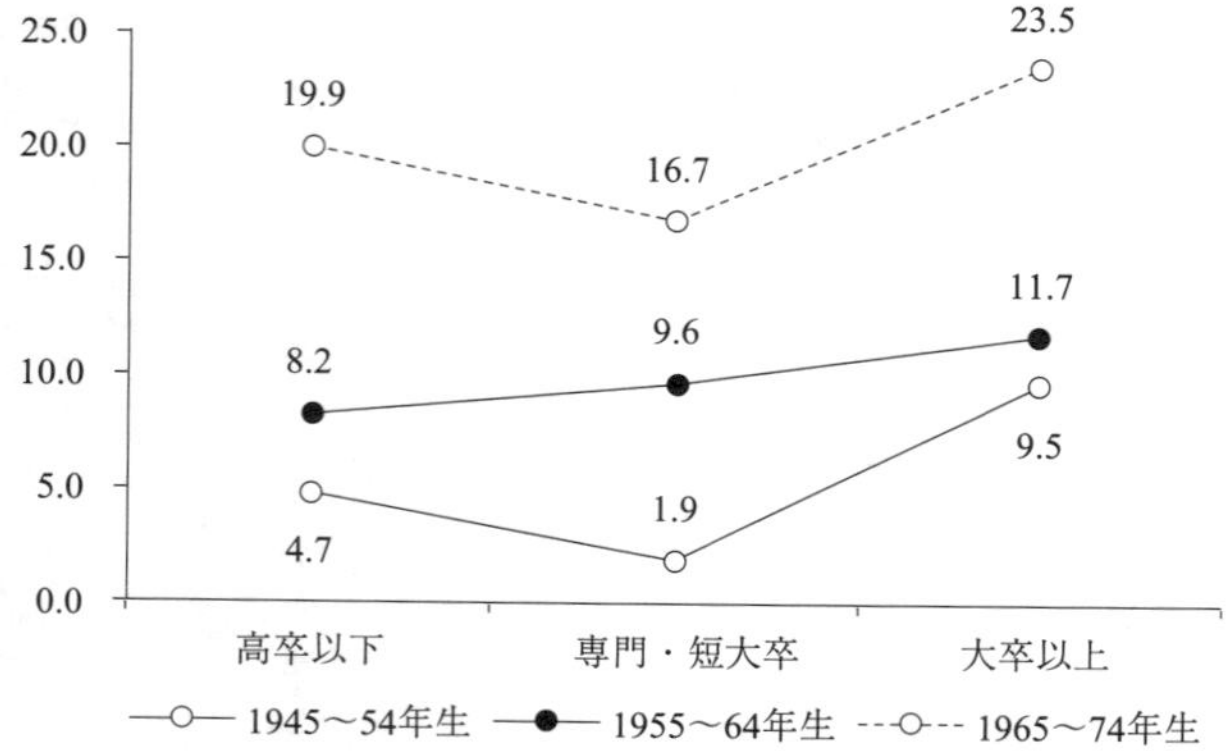

（注）40歳以上女性が対象。N = 3754。

こりつつあるという先行研究の知見とも整合的である[8]。すなわち、女性の未婚化は、高学歴の女性の間だけでなく、低学歴・中学歴の女性の間でも進行しているということである。

3・3　結婚しない女性の働き方は、学歴によって異なるか

それでは、結婚しない女性は、どのような就労状況にあるのだろうか。図3は、40～59歳の「未婚女性」を対象に、就業形態や就労の有無を示したものである。図3を見ると、40～59歳の未婚女性が「正社員・正規の公務員」である割合は、大卒以上の層で若干高いものの、どの学歴層でも30～40％前後と比較的高い水準になっている。一方で「仕事をしていない」割合も、学歴層にかかわらず、20％弱の水準となっている。自営業は大卒以上の層で相対的に多く、パート・アルバイトは高卒以下の層で相対的に多いといった違いはあるものの、学歴による未婚女性の就労形態の差異は、おおむね小さいといってよい。

ここから、未婚女性の経済面での自立については、とくに高学歴の女性に顕著であるといった傾向は見られず、すべての学歴層の未婚女性のうち、平均して4割弱は正社員として働き、2割弱は仕事をしていないということがうかがえた。未婚で仕事をしていないことが、無職にあたるのか、家事手伝いなのか、本人の病気や親族の介護なのかといった詳細は本調査からはわかりかねるが、今後検討が必要な点である。な

（7）本分析では、同じ学歴内でも、幅広い年齢層（20～69歳の調査対象者の女性のうち、既婚者全員）を含む点には留意が必要である。ただし、調査対象者の世代（出生コーホート）を分けて分析をおこなっても、学歴と初婚年齢の関係性は変わらなかった。

（8）Raymo, J. M, 2003, "Educational Attainment and the Transition to First Marriage among Japanese Women." *Demography* や打越（2018）など。

お、表内には示していないが、既婚女性の場合、どの学歴層でも「正社員・正規の公務員」の割合は、未婚女性の場合と比べて三分の一程度（10～15％）になる。その一方で、既婚女性が「仕事をしていない」割合は、どの学歴層でも未婚女性の二倍以上（40％強）になる。

3・4　高学歴の女性ほど、結婚相手の学歴を気にするか

これ以降は、女性の意識面に着目した分析をおこなう。まず、最初の結婚相手に対して、どのような魅力を感じたかという既婚者への質問の中で、「学歴」と答えた女性の割合[9]を見ていく。表は省略するが、結婚相手に対して学歴を重視したと答えた女性の割合は、女性自身の学歴が高くなるほど多くなる傾向にあった。最終学歴が中学の場合は3・2％、高校で6・6％、専門学校で7・8％、短大で14・5％、

図3　未婚女性の就労状況の学歴別比較

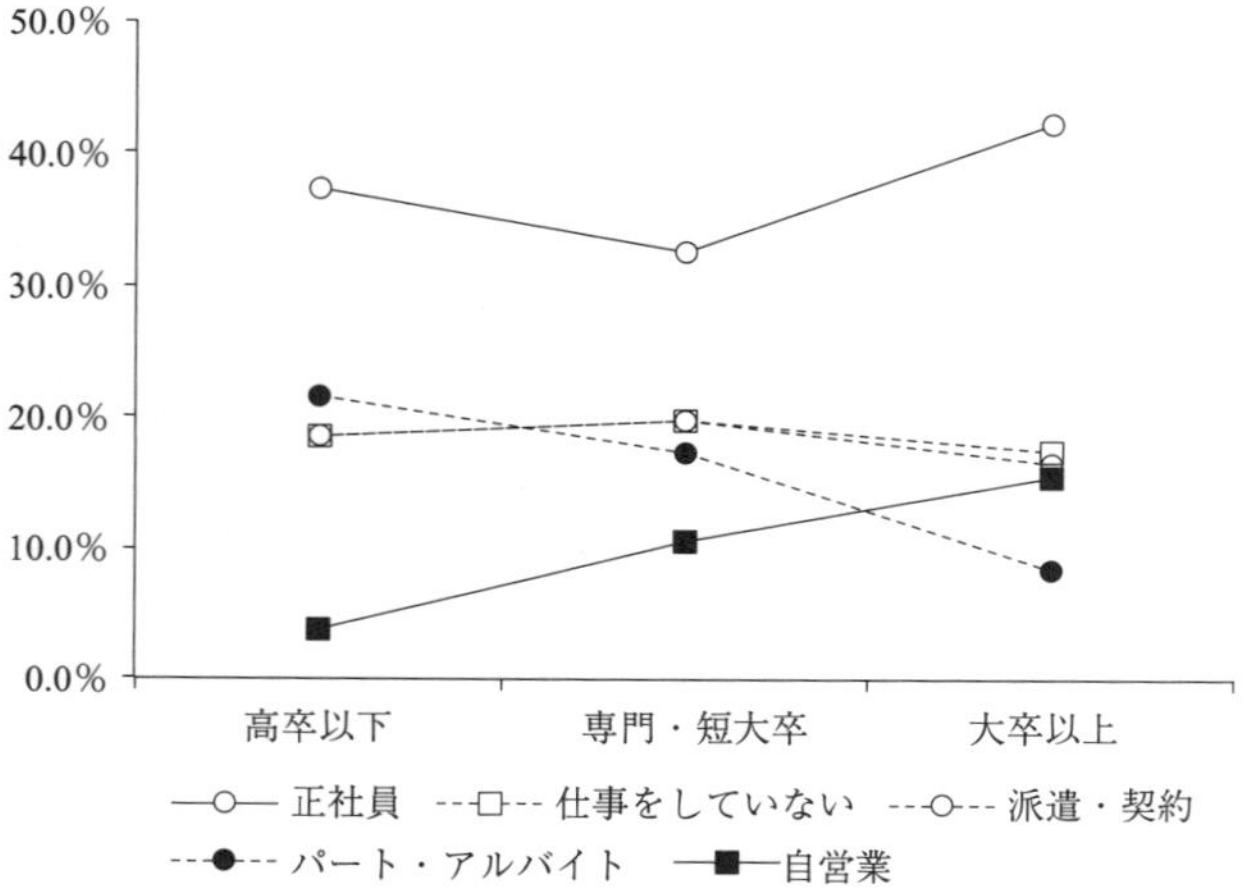

（注）40 ～ 59 歳未婚女性が対象。$N = 348$。「仕事をしていない」のカテゴリには、「仕事をしていない」（専業主婦、無職、退職）に加え、「仕事をしたことがない」場合や、「学生」である場合（数ケースのみ）も含む。なお、図内では「仕事をしていない」と「派遣・契約」について、「高卒以下」と「専門・短大卒」の数値が完全に重なっているため、読み取りの際は注意が必要である。

大学で18・8％、大学院で26・8％の女性が、結婚相手に魅力を感じたことの一つとして、相手の学歴を挙げていた。とくに大学院の女性については、4人に1人が、相手の学歴に魅力を感じたと回答していた。

なお、男性を対象に同様の分析をおこなったところ、相手の学歴を重視すると答えた男性の割合は全体的に低く、たとえば高卒の男性で1・4％、大卒の男性で3・9％、大学院卒の男性で5・9％にとどまっていた。このことから、とくに高学歴女性が、結婚相手の学歴を重視する傾向にあるということは確かだろう。なお、こうした傾向は世代が上になるほど強く、下になるほど弱い傾向にあった。

3・5 既婚・未婚女性の幸福感や満足度には、なにが重要なのか

図4は、調査時点での幸福感と、これまでの人生に対する満足度について、学歴別・婚姻状態別にそのスコアを集計したものである。いずれの指標も、1が最低、10が最高となっており、図中の値はその平均値となっている。まず言えるのは、全体的に学歴が上がるほど、幸福感や満足度が若干高くなる傾向にあるということである。この傾向は、とくに未婚女性の間でより顕著であると言える。また、幸福感、人生満足度のいずれについても、既婚女性と未婚女性の間には、全体として平均で1・4ポイント程度の差がある。つまり、既婚女性の方が、若干高い幸福感や人生満足度を感じているということである。

(9) その他の選択肢は、人柄、社交性、若さ、ルックス（顔）、男らしさ・女らしさ、経済力、職業、その他であった。

なお、この傾向（差）は大学院卒の女性を除き、どの学歴層でも同程度となっている。つまり、結婚が幸福感や満足度に与える影響について、学歴差はあまりなく、既婚である方が若干幸福や満足を感じやすいということである。ただし、例外的に大学院卒の女性については、既婚・未婚の違いが幸福感や人生の満足度に与える影響は小さいと言えそうだ。

つづいて、「女性が充実した人生を送るためには、結婚は不可欠である」という質問への肯定的な回答の割合を見てみよう。この項目は、1に近いほど反対、6に近いほど賛成という6段階でたずねられており、1〜3を否定的な回答、4〜6を肯定的な回答として分析を進める。表は除くが、40歳以上の女性に限定して、婚姻状態別・学歴別に分析をおこなったところ、既婚女性では56・8％がこの質問に対し肯定的な回答をした一方、未婚女性では33・0％が肯定的な回答をしていた（逆に言えば、既婚女性では43・2％、未婚女性では67・0％が否定的な回答をしたということである）。

なお、学歴別にみた場合、女性の学歴が上がるほど、肯定の割合が若干下がる傾向にあったが、その差は既婚女性、未婚女

図4　女性の幸福感、人生満足度の学歴別・婚姻状態別比較

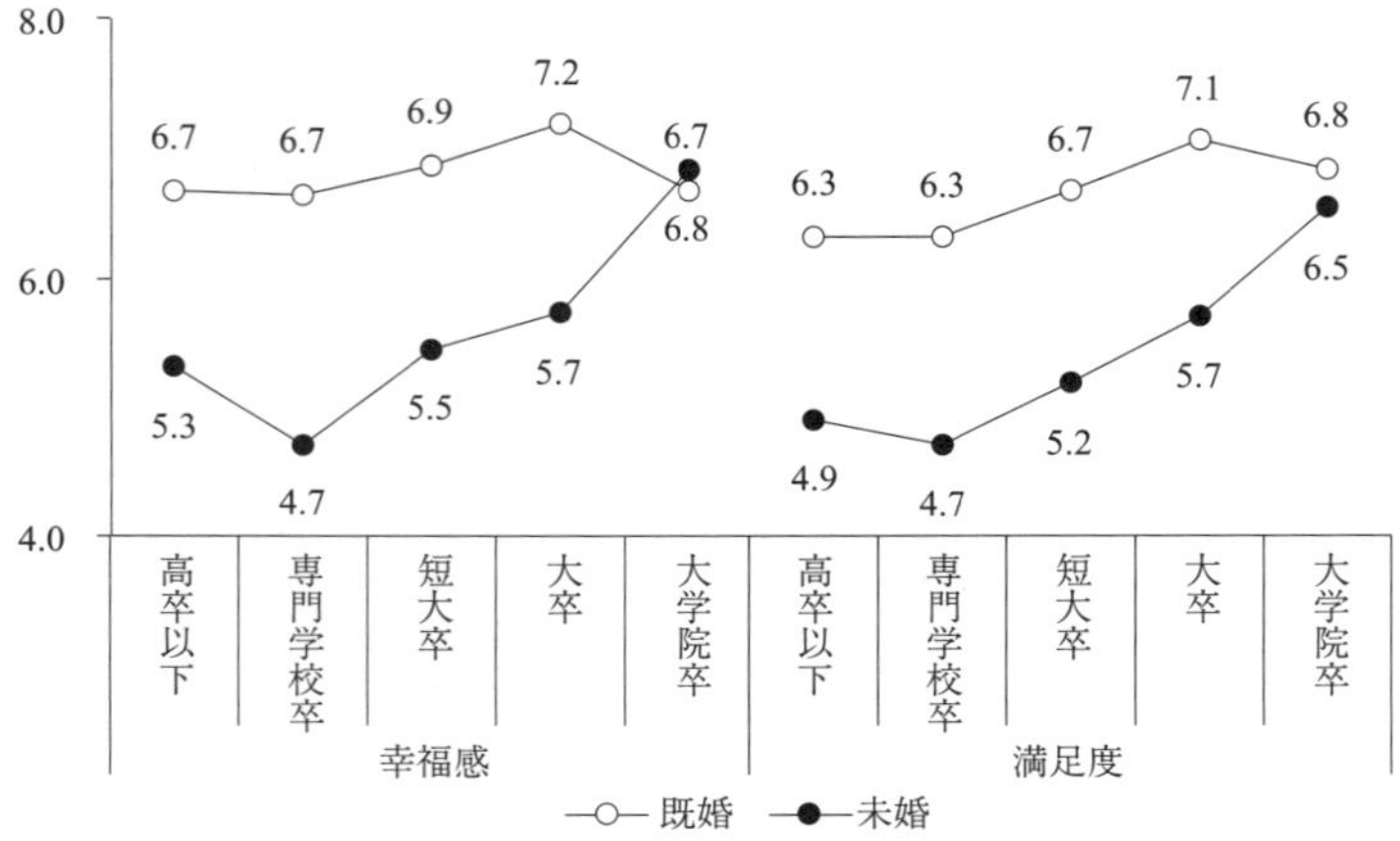

（注）40歳以上女性が対象。$N = 3754$。

性それぞれの間で、一桁台にとどまるものだった。よって、女性の結婚を重視する価値観は、学歴によってそれほど大きな差はないが、未婚女性の間よりも既婚女性の間で、それが重要と答える傾向が強いことがわかった。言いかえれば、40歳以上の未婚女性で、結婚を重視する価値観は、すでに結婚している女性のそれよりも低かった。これは、結婚している／していない女性がそれぞれの立場を正当化しやすいと考えれば、もっともなことかもしれない。ただし、それでも、（未婚であるにもかかわらず）3割程度の女性が「充実した人生を送るためには、結婚が不可欠」と回答していたことについて、今後考察を深めていく必要があるだろう。

最後に、40歳以上の未婚女性にとっての「幸せ」について分析する。「あなたにとって、以下のことは一言で言うと何ですか」という質問において、「幸せとは」という項目に対する自由回答を、KH Coder の共起ネットワークの機能を用いて分析したのが図5である。

共起ネットワークとは、特徴的なキーワード間の関連をネットワーク図に示したものであり、出現パターンの似通った語が線によって結ばれている。なお、ここでは40歳以上の高卒以下の未婚女性（N＝137）と、40歳以上の大卒以上の未婚女性（N＝138）を分析対象とし、専門学校・短大卒の女性は分析からのぞく。[10] 分析の結果、高卒以下の未婚女性で特徴的だった回答のキーワードは、健康、生活、生きる、経済、充実、満足、お金、家族、余裕、心身というものであった。一方、大卒の

（10）これまでの分析において、専門学校・短大卒の女性の特徴は、高卒以下と大卒以上のカテゴリの中間的なものであることがうかがえたため、よりはっきりと特徴を抽出するため、本分析では高卒以下と大卒以上の分類を用いた。なお、この章の結果とは別に、40歳以上の既婚女性のみに限定した分析も別途おこなったが、高卒以下と大卒以上の学歴カテゴリ間で、ここで提示するような顕著な差は見られなかった。

未婚女性で特徴的だった回答のキーワードは、自分、心、人、過ごせる、満たす、感じる、毎日、決める、というものであった。

図からもわかるように、「幸せ」によって連想されるキーワードは、学歴間で重なりもある一方、高卒以下の女性の間で比較的多いワードと、大卒以上の女性の間で比較的多いワードがあることがわかる。たとえば「健康」については、いずれの学歴層でも一定の回答数があったワードだが、とくに高卒以下の未婚女性の間で、「健康で普通の生活ができること」「心身ともに健康であること」「健康で経済的な心配がなく、家族が平穏であること」といった形で、繰り返し上がってきたものである。また、「経済」や「お金」に関するワードも、高卒以下

図 5　未婚女性にとっての「幸せ」を示すキーワード（学歴別）

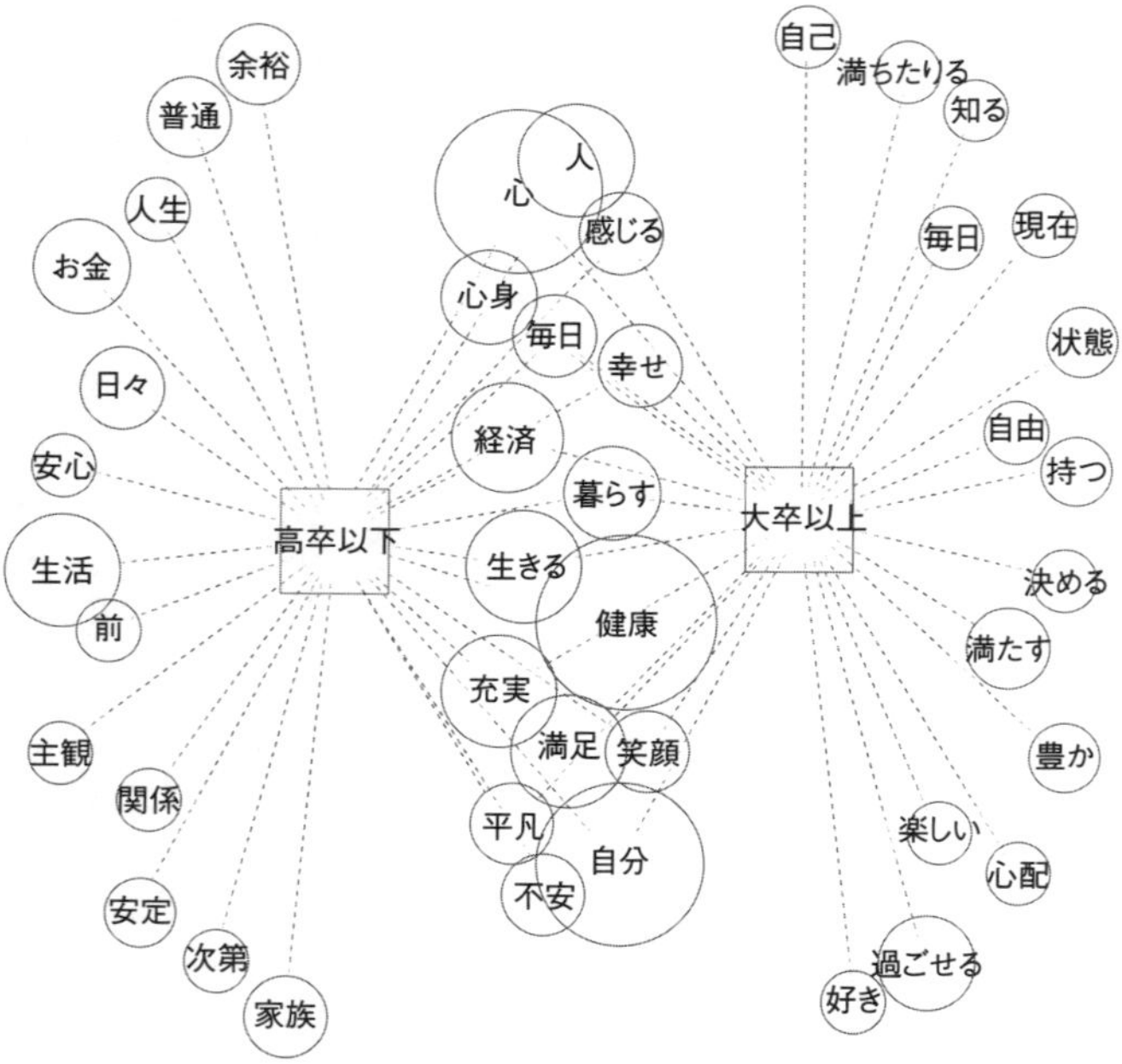

（注）40 歳以上未婚女性が対象。専門学校卒と短大卒は除く。N = 275。円が大きいほど、多く出現したことを表す。KH Coder で作成。

の未婚女性の間で比較的多かった。たとえば「経済的に余裕がある」「経済的、精神的、人間関係に恵まれ健康であること」「お金に不自由しないこと」「お金と健康」といった形である。さらに、「家族」というワードも、どちらかというと大卒よりも高卒以下の未婚女性の間で多くみられたものである。たとえば「家族がみんな揃っていること」「家族全員が健康で仲良く暮らすこと」といった回答がそれにあたる。

一方で、大卒の未婚女性の間で比較的特徴的だったワードとしては、「自分」「自己」「心」「決める」といったものがある。たとえば「自己実現」「自己満足」「自分の心が決めるもの」「自分らしくいられる状態」「心の豊かさ」「心の持ちよう」といった回答が挙げられる。また、それらと合わせて、「過ごせる」「満たす」といったワードも大卒の未婚女性の間で多かった。たとえば「心が満たされていること」「自分が機嫌よく過ごせること」「心が穏やかに過ごせること」といった回答である。さらに、「身の程を知って暮らすこと」「足るを知るということ」のように、「知る」が特徴的なワードであったり、「自由であること」のように、「自由」が特徴的なワードであることなども、大卒の未婚女性の特徴であった。

4　まとめ

この章では、2015年社会階層とライフコース全国調査を用いて、学歴別に、女性の婚姻状況や結婚をとりまく意識の内実を読み解いてきた。これらの分析から明らかになったのは、(1) 女性の学歴が高いほど、初婚年齢が高くなること、(2) 女性の未婚化は、どの学歴層でも進行していること、(3) 結婚しない女性の働き方に、学歴による差はあまりないこと、(4) 高学歴の女性ほど、結婚相手の学歴を気にすること、(5) 学歴にかかわらず、未婚より既婚である方が、幸福や満足を感じやすく、結婚という価値観を重視すること、である。

五点目に関連して、「幸せ」が意味するものの内実を、40歳以上の未婚女性を対象に、高卒以下と大卒以上に分けて分析したところ、同じ未婚女性であっても学歴によって「幸せ」がもつ意味は異なっていた。さきの分析で、幸福感や人生の満足度を数値化した場合、大学院卒の女性をのぞき、どの学歴層の女性でも、未婚よりも既婚であること（あるいはそれに付随する生活状況や生き方）は、少なからず幸福や満足の数値を高めていることがうかがえた。しかし、対象を未婚女性に限定して、その意識を自由回答の記述から探ったところ、結婚以外でなにが人びとの幸せのよりどころになっているのかには、学歴差が見られたのである。たとえば高卒以下の女性の場合、心身ともに健康であることや経済的な心配のないことが特徴的な回答であった一方、大卒女性の場合、自分で決めることや心が満たされて過ごすこと、自由であることなどが特徴的な回答となっていた。

人びとのライフコースが多様化する現代の社会のなかで、学歴や婚姻状態は、依然としてその人の生き方や生活を形づくる要因の一部となっている。見方によっては、人びとの幸せに対する価値観でさえも、未婚女性同士の間では、学歴によってある程度形づくられていると言えるのかもしれない。ただしそれと同時に、人びとの幸せのよりどころは多様であることも事実で、学歴の高低や結婚する／しないを含めて、それぞれの人なりの幸せの価値観が大切にされ、また実現できる社会が、よりよい社会と言えるのではないだろうか。

付記

本研究はＪＳＰＳ科研費ＪＰ２４３３０１６０、成蹊大学アジア太平洋研究センターの助成を受けたものです（科研は基盤研究Ｂ「少子化社会における家族形成格差の調査研究――ソーシャル・キャピタル論アプローチ」２０１２～４年度、成蹊大学は共同プロジェクト「ライフコースの国際比較研究――多様性と不平等への社会学的アプローチ」２０１４～６年度、どちらも研究代表小林盾）。

第8章　結婚と信頼
——未婚化は不信社会をもたらすか

大﨑　裕子

1　問題

1・1　家族の変容と一般的信頼の低下

日本社会における家族の変容は、私たちの社会生活にどのような影響を与えているだろうか。

20世紀後半のアメリカ社会においてソーシャル・キャピタル（すなわち信頼感やネットワーク、規範といった人びとの社会生活の基盤）が衰退していることを主張したパットナムは、その原因の一つが未婚や離婚の増加による伝統的な家族単位（母と父、そして子ども）の崩壊であるとし、未婚者や離別者の信頼感が結婚している人と比べて低いことを指摘した(1)。ここでの信頼感とは、私たちが特定の誰かに対して抱く信頼感ではなく、社会における自分以外の他者一般に対する信頼感のことを指しており、「一般的信頼」あるいは「社会的信頼」などとよばれる。以下では、「一般的信

（1）　Putnam, R. D., 1995, "Tuning In, Tuning Out: The Strange Disappearance of Social Capital in America," *PS: Political Science and Politics*.

頼」をもちいて話を進めよう。

それでは、アメリカ同様に未婚や離婚が増加している現在の日本社会でも、未婚者や離別者は結婚している人と比べて一般的信頼が低いのだろうか。もしそうであれば、日本は低信頼社会となり、私たちの社会生活は衰退する恐れがある。それだけでなく、未婚者・離別者と結婚している人の将来的な格差が広がるかもしれない。

1・2 チャンスの格差

一般的信頼は、私たちがこれまで過ごしてきた人間関係の外に出て、新たにより広い社会関係を形成するのに役立つと考えられている[2]。そのため、他者をよく信頼する人ほど豊かな人間関係を築き、それを利用することで、将来より多くのチャンスにめぐりあうことができる。一方で、他者を信頼しない人は閉鎖的な人間関係から抜け出せず、将来のチャンスは少なくなってしまう。したがって、未婚・離婚が増える日本社会において、もし今現在、未婚者・離別者と結婚している人の一般的信頼のレベルに無視できないほどの差があるとしたら、両者の今後の人生を豊かにするチャンスの量にも格差が生じてしまうかもしれないのである。

今日の日本社会において家族の変容が注目されるなか、こうした問題意識のもとで結婚と一般的信頼の関係にフォーカスした研究はみあたらない。筆者もまた、これまでそのような関心をもってこなかった。そこで本章では、簡単なデータを示しなが

（2） 山岸俊男、1998、『信頼の構造――こころと社会の進化ゲーム』東京大学出版会。

ら、今後の研究の可能性について考えてみたい。

2 データと方法

それではデータをみてみよう。2015年社会階層とライフコース全国調査データから、一般的信頼と、婚姻状態の2つの質問をもちいた。一般的信頼は、「ほとんどの人は信頼できる」という意見に対し「そう思わない」から「そう思う」までの5段階評価だった。婚姻状態は、既婚（事実婚・婚約中を含む）、離別、死別、未婚（結婚したことは一度もない）であった。なお、ここでは既婚者と未婚者・離別者の比較に関心があるため、死別者は分析から除く。

表1に、一般的信頼の回答分布を婚姻状態別に示した。「ほとんどの人は信頼できる」という意見に対して「ややそう思う」または「そう思う」と回答した人の割合が最も高いのは既婚者で33・1％であった。これに対し離別者は26・2％で約7％、未婚者は22・1％で約11％低くなっている。既婚者との間のこれらの差は、年齢、性別、教育年数、所得、従業上の地位、子どもの有無、居住地域を統制した上でも統計的に有意であった。

この結果によれば、既婚者に比べて離別者や未婚者は一般的信頼が低いようである。また既婚者との差は、離別者よりも未婚者においてより顕著であることも興味深

表1 「ほとんどの人は信頼できる」の回答分布（婚姻状態別）

	そう思わない	あまりそう思わない	どちらともいえない	ややそう思う	そう思う	ややそう思う+そう思う
未婚	14.8%	28.4%	34.8%	18.8%	3.3%	22.1%
既婚	6.2%	20.7%	40.1%	30.0%	3.1%	33.1%
離別	10.5%	21.9%	41.5%	23.3%	2.9%	26.2%
全体	9.1%	23.1%	38.5%	26.1%	3.1%	29.2%

（注）N = 1万 1791。死別者は除く。

い。離別と未婚では、一般的信頼への影響の仕方がおそらく異なるだろう。今日の日本社会でとくに問題視されているのは、家族形成の問題に直結する未婚化の方であるから、以降はとくに未婚と一般的信頼の関係について考えてみたい。

3 分析結果

3・1 なぜ未婚者は低信頼なのか

未婚者が既婚者と比べて一般的信頼が低いというデータから、婚姻状態と信頼にはなんらかの関連があると考えて間違いなさそうである。それでは、未婚・既婚の違いがどのようなメカニズムで一般的信頼に影響するのだろうか。残念ながらそれについて具体的に検討している先行研究はみあたらない。しかし、一般的信頼の規定メカニズムに関する先行研究の理論を応用すると、主に以下の2つの説をあげることができるだろう。

3・2 配偶者という他者との協力経験による一般的信頼の醸成（メカニズム1）

一般的信頼を高めるメカニズムとして、パットナムに代表される「経験ベース」の議論がよく知られている。パットナムによれば、人びとは地域の組織や趣味のグループなど自発的に結成した組織において、共有する目的を達成するために他者と協力し、信頼する習慣を学ぶ。その経験を通じ、より広い社会の人びとへの信頼へと一般化する形で、一般的信頼が醸成されるという[3]。

一方で、そのような他者との協力が必要になる最も身近な経験が、結婚であるといえるだろう。すなわち結婚生活におけるさまざまな場面で、配偶者と目的を共有し、協力し、信頼し合うことが必要になる。よって、上記のパットナム流の議論にしたがえば、結婚生活においては、最も身近な組織（夫婦）で、最も身近な他者（配偶者）と相互に協力・信頼した経験が一般的信頼を醸成すると考えられる。そのため、そのような経験をもたない未婚者と比べて高信頼になるのではないだろうか。

(3) ロバート・D・パットナム、2001、『哲学する民主主義——伝統と改革の市民的構造』NTT出版。

3・3 結婚という機会の不平等による一般的信頼の低下（メカニズム2）

一般的信頼を高めるもう一つのメカニズムとして、アスレイナーに代表される「価値観ベース」の議論が知られている。アスレイナーによれば、一般的信頼とは、私たちが他者を信頼すべきと考えるかどうかについての価値観であり、経験の一般化として一般的信頼をとらえるパットナムとは立場が異なる[4]。この価値観としての一般的信頼は、社会における機会の不平等の存在によって人びとの間の連帯が傷つくことにより、破壊されるという[5]。これを結婚という機会について考えた場合、未婚者の間に結婚機会についての不平等感がひろがり、一般的信頼が低下する、というメカニズムが考えられる。

(4) Uslaner, E. M, 2002, *The Moral Foundations of Trust*, Cambridge University Press.

(5) Rothstein, B and E. M Uslaner, 2005, "All for All: Equality, Corruption, and Social Trust," *World Politics*.

現在の日本に、結婚という機会の不平等は存在するのだろうか。今日の日本はもはや、誰もが結婚の機会を保証されている社会ではない。たとえば、非正規で雇われている人にとって、結婚することは容易ではない[6]。そのように誰でもできるわけではない結婚は、いまや地位の一つとして認識されるともいう[7]。

こうした状況をふまえると、現代の日本社会には、結婚機会の不平等あるいは不平等「感」が存在する可能性は否定できない。もちろん未婚者のなかには、自ら希望して結婚しない人もいるだろう。しかし現在の日本では、依然として多くの人が、結婚して家族をもつことを人生の重要イベントと考えていることに疑いの余地はないだろう。結婚を希望しながらその機会に恵まれない未婚者は、機会の不平等を感じることで社会との連帯感を失い、一般的信頼を低下させるのではないだろうか。

(6) 筒井淳也、2015、「家族——家族形成にはどのような格差があるのか」山田昌弘・小林盾編『ライフスタイルとライフコース——データで読む現代社会』新曜社。

(7) 数土直紀、2012、「未婚者の階層意識——結婚は地位達成なのか?」『理論と方法』。

3・4 年齢が上がるほど、既婚者と未婚者の一般的信頼の差は大きい

ここでもう一つデータを示そう。既婚者と未婚者が感じる一般的信頼の差は、年齢にかかわらず一定なのだろうか。図1は、既婚者と未婚者について、「ほとんどの人は信頼できる」に賛成(「ややそう思う」または「そう思う」と回答)した人の割合を年代別に示したものである。

年代ごとに既婚者と未婚者の信頼度の差をみると、20代の差は1・4%とわずかなのに対し、30代は6・4%、40代は8・6%、50代は12・7%、60代は12・9%、と

年代が上がるほど大きくなっていることがわかる。このような年齢の上昇による既婚者と未婚者の間の信頼度の差の増加（統計学ではこれを「交互作用」とよぶ）は、性別、教育年数、所得、従業上の地位、子どもの有無、居住地域を統制した上でも統計的に有意であった。

さらに、男女別にデータをわけて同じ分析をしても、いずれも結果は同様であった。つまり、性別を問わず、若い人びとの間では未婚者が既婚者に比べて低信頼である程度が小さいが、年齢が高くなるにつれて、他者を「信頼する既婚者」と「信頼しない未婚者」の差が大きくなっていたのである。

4 まとめ

4・1 なぜ信頼に差があるのか

この結果からどのようなことが考えられるだろうか。さきほどあげた結婚から信頼への2つのメカニズ

図1 「ほとんどの人は信頼できる」に賛成する人の割合の、年齢層別・婚姻状態別比較

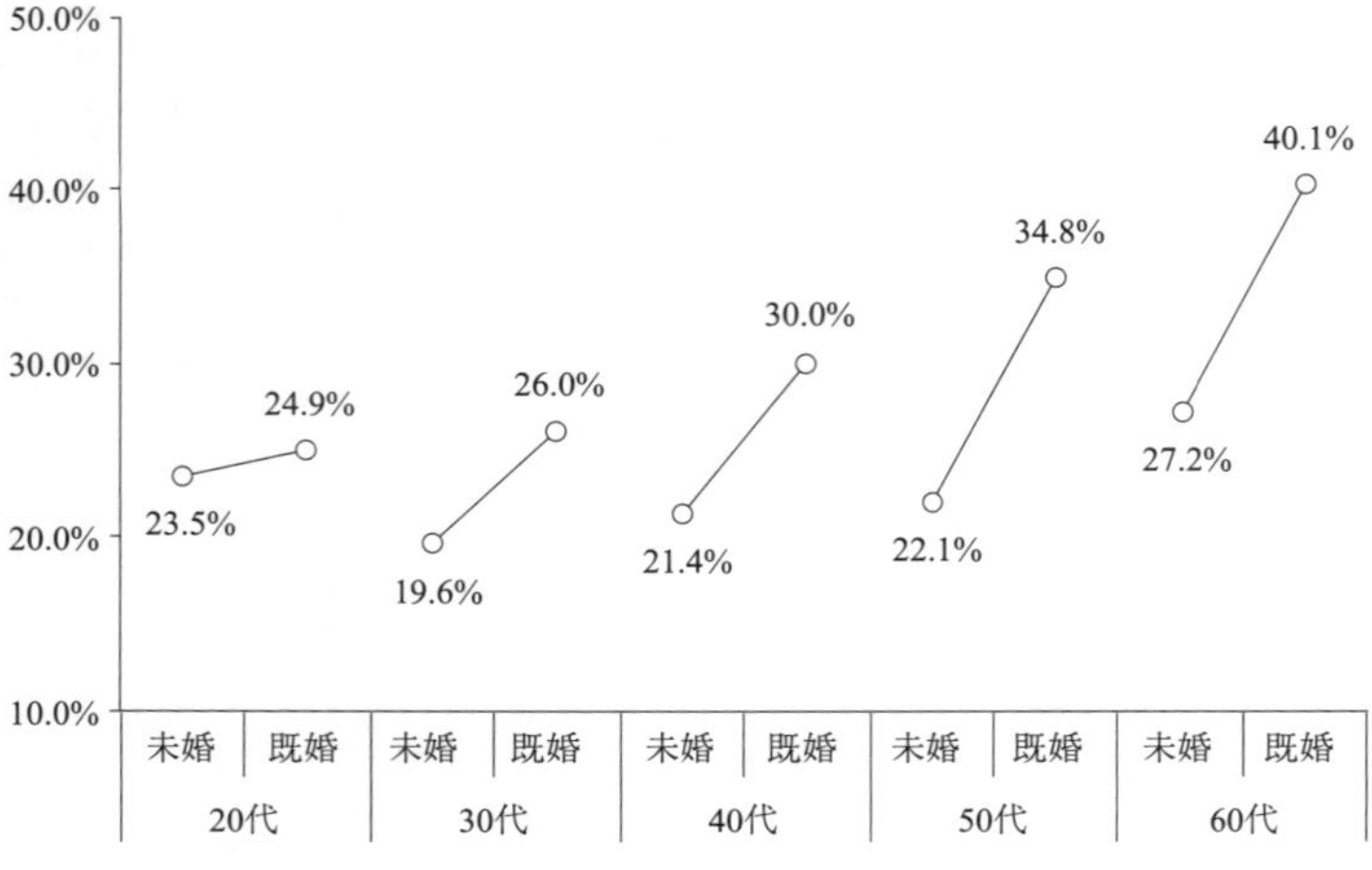

（注）N = 1万1133。「ほとんどの人は信頼できる」に「ややそう思う」「そう思う」と回答した人の割合。離死別者は除く。

ムをもとに、年代による差がみられた理由を考えてみよう。まず、「配偶者という他者との協力経験による一般的信頼の醸成」(メカニズム1)が生じているとしたら、次のようなことがいえるかもしれない。一般に結婚している人のうち、若い人ほど、結婚年数が少なく、また配偶者という他者と協力的に時間を共有することについて未熟であると考えられる。そのため配偶者との間で協力・信頼の成功体験をそれほど蓄積しておらず、結果としてより広い他者一般に対する信頼へと一般化されにくいのではないだろうか。そのため、若い人ほど、結婚による一般的信頼の上昇が少ないのではないだろうか。

次に、「結婚という機会の不平等による一般的信頼の低下」(メカニズム2)が生じているとすれば、どのような説明が可能だろうか。一般に、30代前半くらいまでの若い(将来結婚することを希望している)未婚者にとって、「今現在結婚していなくても将来は結婚できる」という期待をもつことはそれほど難しくないだろう。しかし30代後半、40代、50代、と年齢が上がるにつれ、絶対数としての結婚相手が減少するのはもちろん、自身が結婚相手として選ばれる可能性も低下する。「今は独身でもいずれは結婚できる」という期待を持ち続けることは難しくなる。そして、「現在の日本社会で結婚の機会は平等に与えられているのだろうか」と疑問を持つ人が多くなるかもしれない。そのようにして、結婚という機会の不平等を感じることにより、社会との連帯感を失い、他者一般を信頼することが難しくなるのではないだろうか。その結果として、年齢が高くなるほど、未婚者と既婚者との一般的信頼の差が大きくなると考えられる。

4・2 今後の研究の方向性

以上に述べたような結婚から一般的信頼への2つのメカニズムが正しいかどうかを確かめるためには、婚姻状態（未婚・既婚）と一般的信頼の間にある媒介要因（たとえば「配偶者との協力・信頼の経験」や「結婚機会の不平等感」）も含めた分析が必要になるだろう。2つのメカニズムの解明はいずれも、未婚化という家族の変容が日本社会にもたらす社会生活の衰退と将来チャンスの格差という問題への処方箋を考えるうえで、不可欠である。

最後に、本章で示したデータは、婚姻状態が一般的信頼に影響することを想定したものである。しかし、婚姻状態と一般的信頼の間に生じている真の関係を解明するためには、逆の因果、すなわち、「他者を信頼する人ほど、結婚しやすい」という現象の可能性も考慮しなければならない。もし逆の因果が生じているとしたら、上で述べたメカニズムとは異なる説明が必要になるだろう。個人の一般的信頼のレベルが時間とともに変化しないとは限らないため、一般的信頼が婚姻状態に影響することを想定して分析するなら、調査データを収集する際、調査時点だけでなく過去（既婚者なら結婚前）の時点での一般的信頼を測定することが必要になるだろう。社会調査で過去の意識をたずねることは難しいため、同じ人を追跡して複数時点で調査するパネル調査が有効かもしれない。

付記

本研究はＪＳＰＳ科研費ＪＰ２４３３０１６０、成蹊大学アジア太平洋研究センターの助成を受けたものです（科研は基盤研究Ｂ「少子化社会における家族形成格差の調査研究——ソーシャル・キャピタル論アプローチ」２０１２～４年度、成蹊大学は共同プロジェクト「ライフコースの国際比較研究——多様性と不平等への社会学的アプローチ」２０１４～６年度、どちらも研究代表小林盾）。

コラム　家族と幸福
——生涯未婚者は不幸なのか

ホメリヒ　カローラ

増加する生涯未婚者

このところ、なにが我々を幸せにしてくれるかという研究が人気を増している。このトピックについては、世界中で多くの分析が進められている。そこで共通して得られる結果は、家族関係が個人の幸福にとって最も重要な規定要因の一つであるということだ。レイヤードはさまざまな国際比較調査のデータを紹介しているが、いずれのデータも既婚者の方がそうでない人（未婚、離婚、死別含む）よりも、統計的に有意に幸福であるということを示している（Layard R., 2005, *Happiness: Lessons from a New Science*, Penguin Books）。レイヤードの示した結果からも、家族が人間の幸福に寄与する普遍的要因であることに疑いはない。

しかし、ライフスタイルが多様化しつつある中で、結婚をすることや、子どもを持つことは以前のように当たり前ではなくなってきている。一生涯、未婚を貫くという人も増えてきた。日本では１９９０年代以降、生涯未婚率が増加を続けている。統計上の「生涯未婚率」とは、「調査年に50歳の男女のうち結婚歴がない人の割合」を指す。国勢調査によると、１９９０年には、50歳男性の５・６％、女性の４・３％は一度も結婚歴がなかった。なお、２０１５年には男性は23・４％、女性は14・１％まで大幅に増加している。この割合は将来さらに増加することが予測されている。

これらの生涯未婚者の中には、意図的な選択として結婚をしていない人もいれば、不本意ながら未婚のままに落ち着いている人もいるだろう。ほとんどの場合、ライフチャンスや人生選択の複雑な相互作用が、後の人生での未婚化をもたらす。結婚する人の減少は、日本の出生率の低さとも密接に関係しているとされることも多い。それゆえ、未婚・非婚の原因に関する研究も数多く展開されてきた。たとえば、結婚相手を見つけることのハードルがなにであるかを理解する、というのもその一つである（ここではとくに、山田昌弘、２０１４、『「家族」難民――生涯未婚率25％社会の衝撃』朝日新聞出版を例としてあげておこう）。

未婚者の幸福感

しかし本コラムでは、少し違ったところに焦点を当て、未婚であることが（とくに後の人生において）個人の幸福感にどのような意味を持つのかということを考えていきたい。結婚し自分の家族を持っている人たちと、そうでない人たちの間で、幸福感の明確な違いは認められるだろうか？　結婚しているということが、私たちの幸福感にとって持つ「価値」は、ライフコースを通して変わっていくのだろうか？　未婚であるということが、どういうわけか、社会のメンバーとして完全に受け入れられていない、という感覚につながってはいないだろうか？

このコラムでは、２０１５年社会階層とライフコース全国調査のデータ分析を通して、上記の問いへの回答を試みていく（インターネットを用いたウェブ調査であり、２０１５年3月に実施された。母集団は調査会社のモニタのうち、全国の20～69歳男女個人91万人が対象で、有効回収数は1万２００７人、有効回収率は11・0％）。公的統計では50歳まで結婚歴がない人を生涯未婚者として定義しているため、ここでもとくに50歳以上の年齢グループに注目していきたい。

結婚は幸せをもたらすか？

まず、結婚しているということが、ライフコースの諸段階において個人の幸福感にどのように影響するかを見ていこう。ここでは、調査対象者は現在の幸福感について、1を「とても不幸せ」、10を「とても幸せ」として回答してもらった質問を用いる（正確には、「あなたは以下の時点で、どれくらい幸せでしたか」という質問における、「現在」に対する回答）。

図1では、回答者たちの幸福感の度合いを婚姻状況と男女別に示してある。内容が複雑になるのを避けるた

め、ここでは現在結婚している人たち（既婚者）と結婚経験のない人たち（未婚者）だけの比較を行っており、離婚者や死別者は除外している。データを見ると、男女いずれの場合も、ライフコース全体を通して結婚が幸福感の高さに結びついていることが分かる。この効果は、回帰分析を行なった場合に幸福感に影響することが知られている他の要因（教育、雇用形態、収入、サポート・ネットワーク、主観的健康）で統制をしても、なお統計的に有意なままである。また、女性の方が全体としての幸福感が有意に高いということや、幸福感の度合いがライフコース全体を通してU字型を描くこと（人生の始めと終わりで高くなる）は、日本でよく見られる一般的な結果である。

ここでとくに興味深いのは、既婚者と未婚者の平均幸福感の差は、どの年齢層でも男性の方でより大きく開いているということだ。つまり、男性にとっては、女性よりも結婚が個人の幸福感に寄与するところが大きいということになる。あるいは逆の言い方をすれば、未婚であることは、女性よりも男性の幸福感を大きく低下させる

図１　幸福感の男女別・婚姻状態別・年齢層別比較

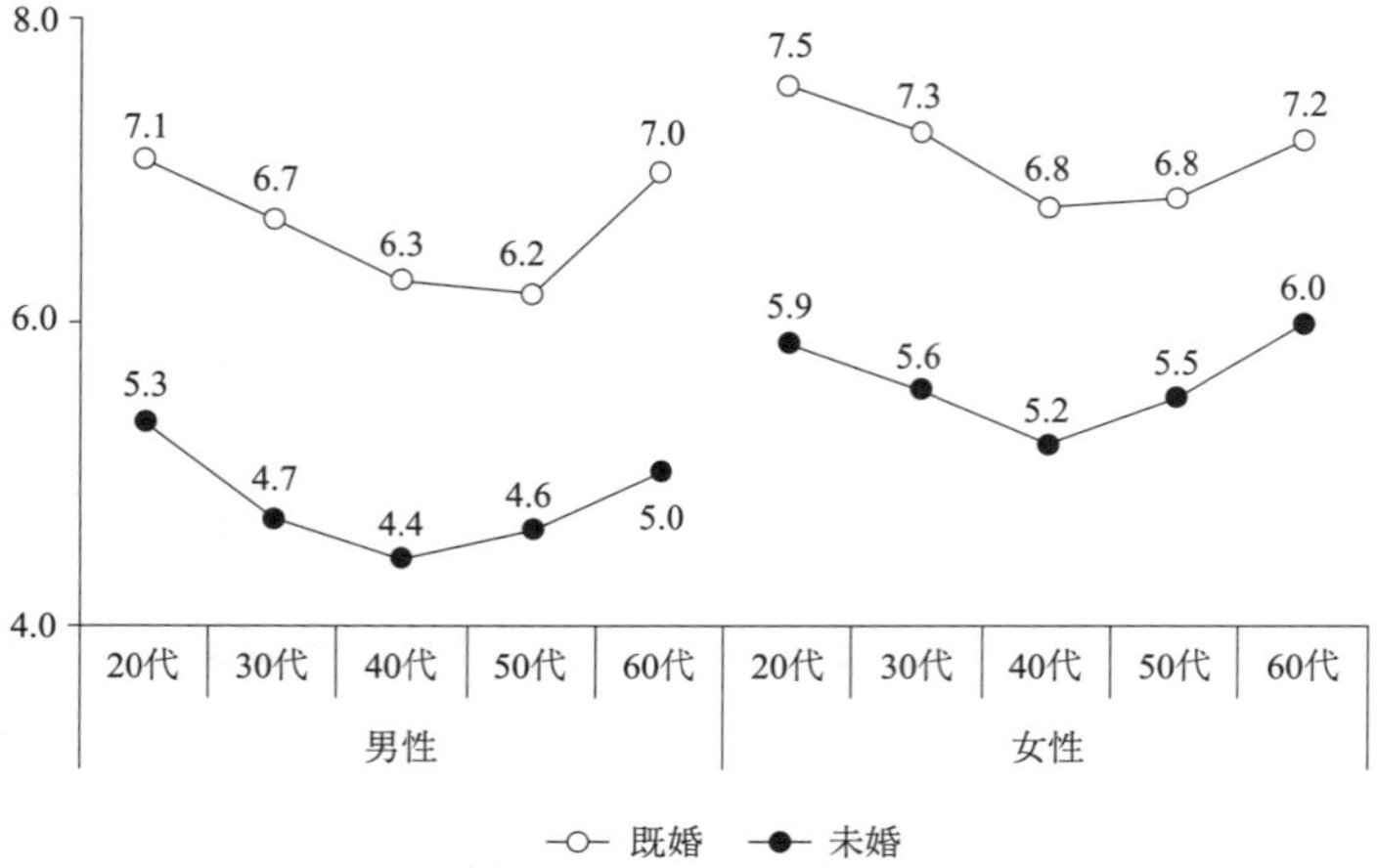

（注）20 ～ 60 代の合計（離婚、死別を除く）、N = 1 万 1133。分散分析で、男女どちらも婚姻状態および年齢によって有意な差があった。

とも言える。おそらくこの差は、結婚にあたってなにを投資せねばならず、結婚からなにを受け取るかという、費用対効果計算の違いに起因しているのではないだろうか。

しかし、男性よりも小さいとは言え、女性たちの全体としての幸福感を見る限りでは、彼女たちもまた結婚から恩恵を受けているようである。もちろん、こういった類の結果は統計上の平均に対してのみ言えることで、現実には常に外れ値が存在する。つまり、とても幸せな未婚者もいれば、とても不幸せな既婚者もいる。それでも、ここに提示された経験的なパターンは、社会規範や社会的期待といったものが、どのように個々人の生活や行動に関連し影響を与えているかということを理解する上で、役に立つものであると言えよう。

生涯未婚者の幸福をかたち作るもの

確かに、日本社会では結婚しない人が増えるに伴い、ライフスタイルにも変化が生じてきている。とはいえ、自分の家族を作るということが物事の「自然な流れ」であるとする期待は根強く残っている。これは、とくに今の50歳以上（1965年以前生まれ）の世代によく当てはまると言えるだろう。彼らはちょうど1980年代のバブル景気期に成人を迎え、（大体は終身雇用で）会社に入り、その後間もなく結婚という標準化されたライフコースがまだ重視されていた時代に育ってきた。未婚に留まることによって、上記のような標準化されたライフコースに準拠しないことは、この世代のメンバーたち（統計上、生涯未婚として数えられている人たち）にとって、どのような意味を持っているだろうか？　彼らの幸福感は、どのような要因によって向上し、あるいは低下させられるのか？　またそれは、同世代の既婚者たちと異なるのか？

そこで筆者は、回帰分析を用いて、50歳から69歳までの既婚者（N＝3561）と未婚者（N＝467）のそれぞれについて、幸福感の規定要因の比較を行なった。これは、他のすべての要素を一定とした上で、各規定要因の純粋な効果を検討しようというものである。ここでは考え得る規定要因として、性別、教育、収入、雇用形態、社会的サポートのネットワーク、主観的健康、孤立感をとりあげる。以下では主に2グループ間の違いに焦点をあてて結果を報告していく。

50歳以上の既婚者において、幸福感に最も大きく寄与していたのは、子どもや友人を持つこと、そして結婚相手からの精神的および身体的なサポートであった。友人を持つことは、50歳以上の未婚者においても同様に、強い有意な影響を有している。他方で、恋人がいるか、病気の時に頼れる人がいるか、相談できる人がいるかといった点は、彼らの幸福感に有意な影響を及ぼさないようである。

さて、未婚グループの幸福感は教育レベルによって大きく異なり、その効果は既婚グループにおけるそれを大きく上回る。50歳以上の未婚グループでは、大卒者は高校卒業してから教育を継続しなかった人びとよりも、0から10までの尺度で0・7ポイント幸福感が高かった。この効果は、(他の要因の中でもとりわけ) 収入や雇用形態といった変数で統制した上でも有意であった。つまり、これは経済的状況や生活の安定の問題というよりも、学歴に応じて社会的価値観に違いがあるのかも知れず、おそらくはそういった価値観と関わる話なのではないかと思われる。高等教育を経ることによって、標準的ライフコースに対するオルタナティブな人生モデルに、幾分か寛容になるということは考え得るだろう。

孤立感の負の効果

今回とりあげた諸要因の中でも最も決定的と言えるのは、未婚者にとっての「社会から取り残されている」という感覚である。このような、ついて行けない、なにやら取り残されているといった感覚(以後それを「孤立感」と称する)は、未婚者たちの幸福感を最も大きく低下させる効果を示した。この「孤立感」は、対象者に「社会から取り残されている、という不安がある」という文に対して、「1そう思わない」から「5そう思う」までの5段階で回答してもらうことで測定を行なっているものだ。既婚者の場合も、社会から取り残されているという感覚は負の効果を有しているが、これは他の家族メンバー(配偶者や子ども)の幸福感に対する正の効果によって相殺される。

さらに、こうした「孤立感」の規定要因について見てみるならば、そこに未婚であることが大きく関連していることは明らかである。結婚していない人は、社会から取り残されていると感じがちである。図2に、婚姻状態、男女、ライフコースの段階別に、孤立を感じている人の割合を示した。そして、そのことは彼らの幸福感にネガティブな影響を及ぼしている。

しかしながら、未婚であることが取り残されているという感覚に与える効果と、その感覚が幸福感に与える効果は（とくに女性において）人生の後半ではそれほど強くない。一つの理由として、それぐらいの歳になると、結婚を押し付ける外的な圧力や、個人的な期待というものが弱まってきているというのがあるだろう。また、これもとくに人生の後半においてそうなのだが、女性は男性と比べて未婚による幸福感が減少していない。この結果は、女性の幸福が結婚と子育てによってのみ規定されるものではないことを含意していると言えよう。

図2　孤立を感じている人の割合の、男女別・婚姻状態別・年齢層別比較

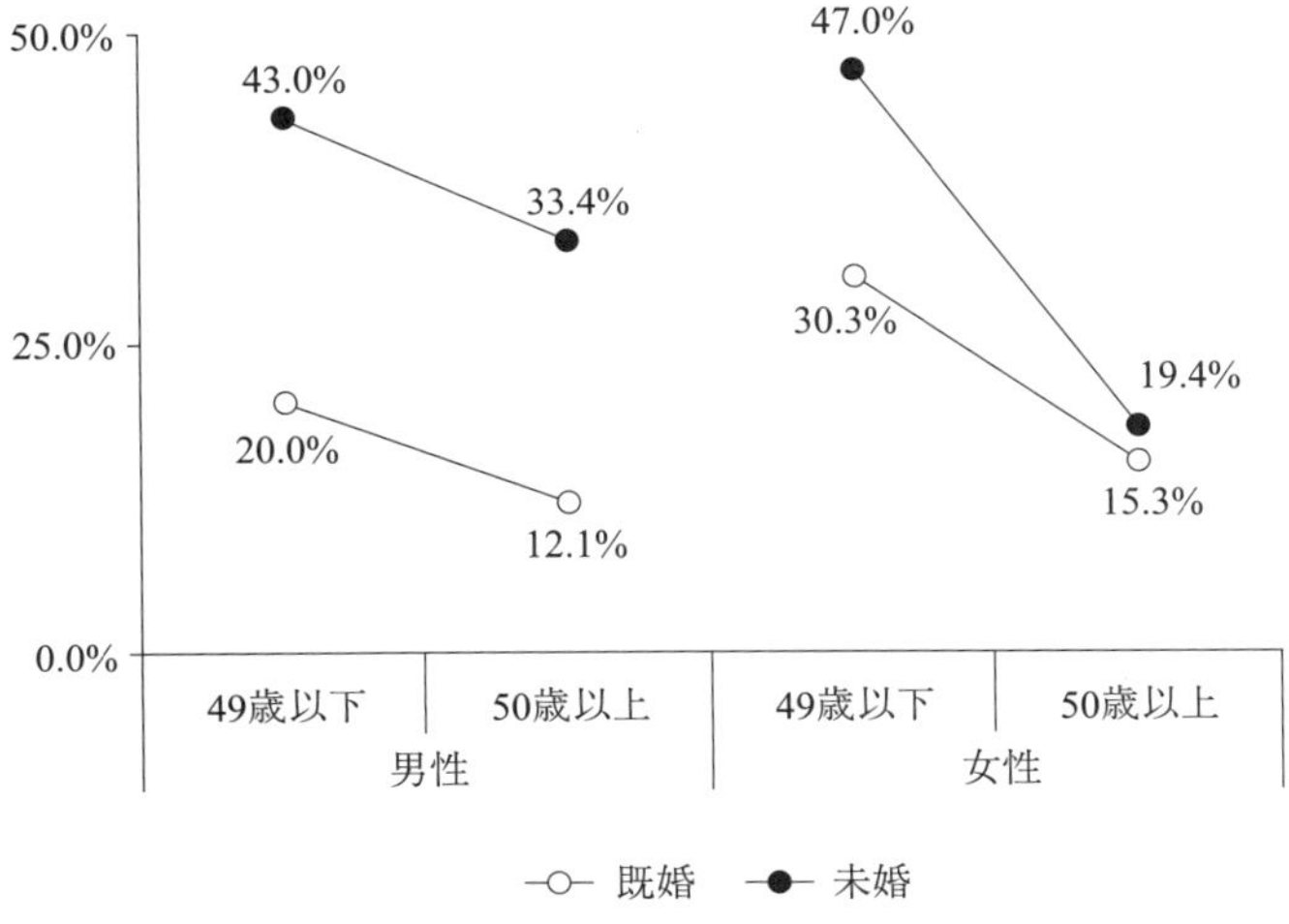

（注）N = 1万1133。カイ二乗検定の結果、各グループで孤立を感じている人の割合が、有意に異なった。

付記

本研究はＪＳＰＳ科研費ＪＰ２４３３０１６０、成蹊大学アジア太平洋研究センターの助成を受けたものです（科研は基盤研究Ｂ「少子化社会における家族形成格差の調査研究――ソーシャル・キャピタル論アプローチ」２０１２～４年度、成蹊大学は共同プロジェクト「ライフコースの国際比較研究――多様性と不平等への社会学的アプローチ」２０１４～６年度、どちらも研究代表小林盾）。

第9章　結婚と再婚
——再婚という生き方がしめす家族の未来

金井　雅之

1　問題

1・1　「皆婚社会」の崩壊とライフコースの多様化

この章では、人生において2回以上の結婚を経験するのはどのような人たちなのかを検討する。結婚するかどうかが多様化した現代社会において、結婚するかしないかは、その人の人生を大きく左右するだろう。結婚という選択をあえて2回以上おこなおうとする人たちは、そうでない人と比べて、社会の中で不利な立場におかれるのだろうか。それとも豊かな人生を送れるのだろうか。

第二次世界大戦後の日本社会は、戦後の混乱期から高度経済成長を経て物質的に豊かになった後に、バブル経済とその崩壊後の長期にわたる経済的停滞という激しい変化を体験した。この過程で、結婚による家族形成のあり方も、大きく変わっていった。

人口動態統計によれば、1950年に1・16%だった夫の初婚率（15歳以上人口百人に対する初婚数）[1]は、1970年に2・10%のピークに達した後いっかんして減り続け、2016年には0・77%に落ち込んでいる。一方、1950年に0・20%だった夫の離婚率は、1960年に0・12%に一旦下がったものの、1980年から90年にかけて再び0・20%程度に上昇した後、2000年には0・37%に急増し、その後やや下がりつつある（図1）。

1960年代から20年程度にわたって実現していたのは、結婚が多くて離婚が少ない状態、いわゆる「皆婚社会」[2]であった。[3]皆婚社会は、誰でも結婚しようと思えばそのチャンスをつかめる平等な社会だった反面、結婚していない人にとっては肩身が狭かったかもしれない。これに対して、皆婚状態が揺らぎ始めた1990年代以降の日本社会では、結婚するかどうか、そして一度選んだ結婚を維持し続けるかどうかは、自発的であれ非自発的であれ、個人のさまざまな事情に応じて多様化しつつある。その中でこれまで主に着目されてきたのは、結婚という生き方を選ばない（選べない）人たち、すなわち晩婚・非婚化や離婚の増加にともなう単身者の増加、言い換えると「無配偶期間の長期化」[4]であった。

1・2　再婚という生き方

単身という生き方を自発的もしくは非自発的に選択する人が結婚という制度から撤

（1）図1では夫の初婚率および離婚率のみを表示するが、妻の初婚率および離婚率も、変化のパターンは夫と同様である。数値は初婚率・離婚率のいずれも、妻が夫よりいっかんしわずかに少ない。

（2）正岡寛司、1994、「結婚のかたちと意味」『家族社会学研究』。

（3）歴史人口学の成果を踏まえた近年の家族社会学によれば、1690年代から80年代に実現していた皆婚状態の方が、江戸時代以降の日本社会の歴史においては特異な状態だったとされる（たとえば、黒須里美編、2012、『歴史人口学からみた結婚・離婚・再婚』麗澤大学出版会）。

（4）余田翔平、2014、「再婚からみるライフコースの変容」『家族社会学研究』。

図1　初婚率（上)、離婚率（上)、再婚率（下）の推移

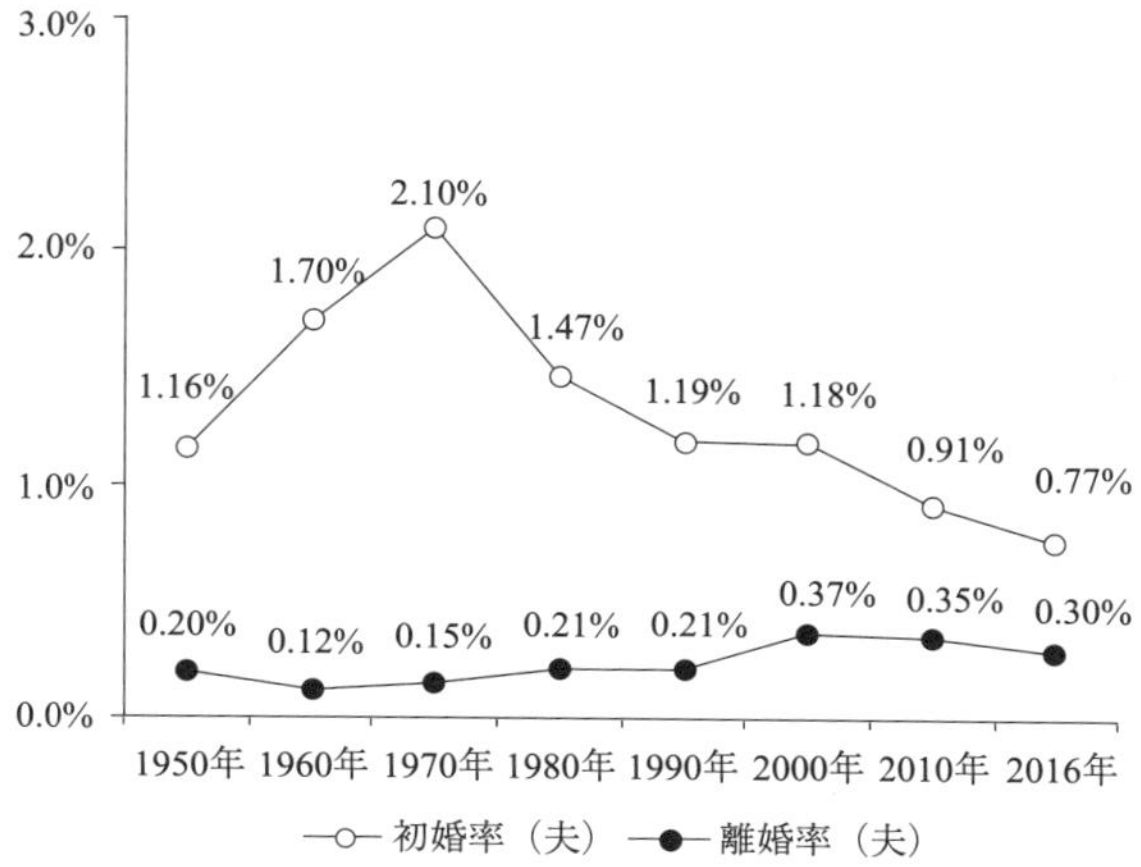

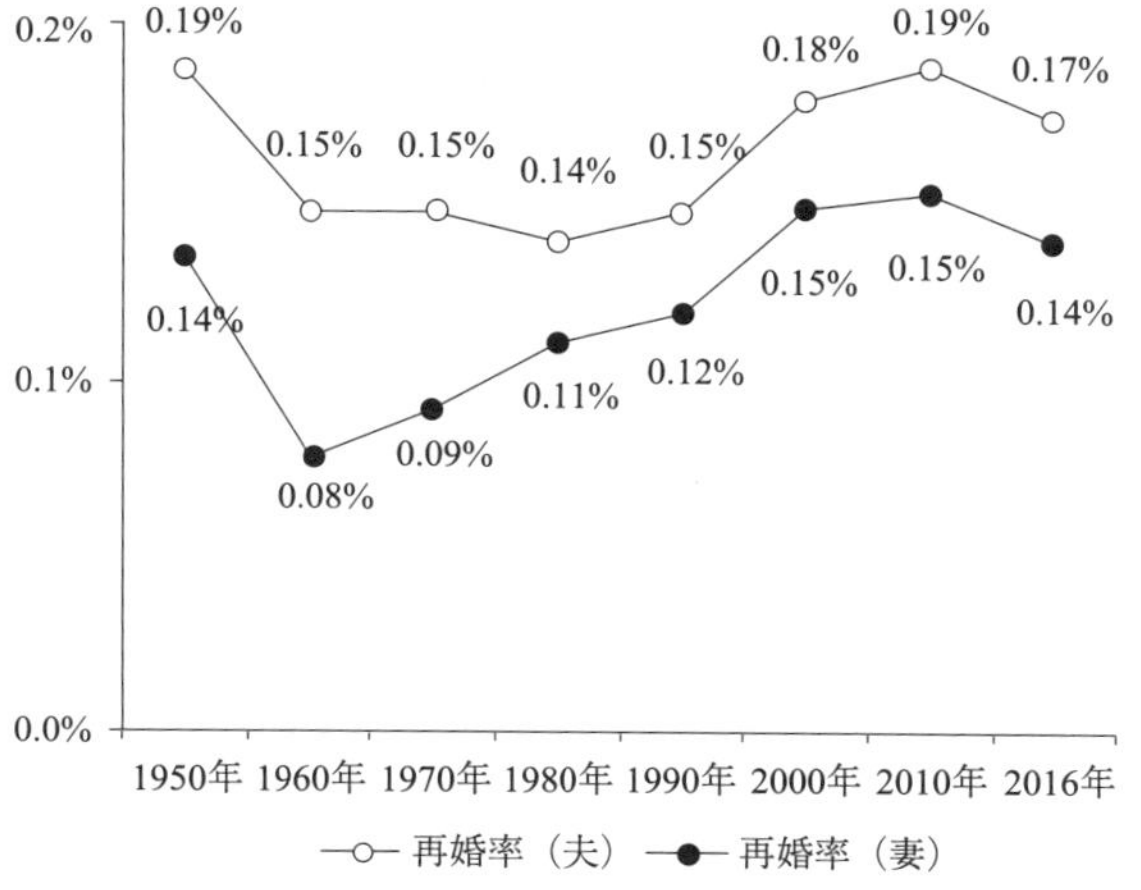

（注）出典：人口統計資料集 2018（国立社会保障・人口問題研究所）をもとに著者作成。15 歳以上人口百人に対する人数。

退しようとしているのに対し、結婚に依然として価値を見出そうとしている人たちも存在する。初めて結婚した相手とそのまま寄り添い続けている人たち（つまり1回のみ結婚を経験した人たち）は、もちろんそうである。しかし、離死別を経験した後に別のパートナーと結婚する人、つまり再婚を経験する人たちもまた、結婚という制度に留まり続けようとする人たちである。

戦後日本社会において、再婚率、すなわち15歳以上人口百人に対する再婚数は、離婚率と同じような変化を経験してきた。つまり、１９５０年には夫で０・19％とそこそこ高かったのが、１９６０年代から90年代にかけて０・15％程度まで低下し、２０００年代以降は再び１９５０年代と同じ０・19％程度の水準に達している（図1）。[5]

家族のあり方が多様化する中で、再婚という生き方を選ぶ人とは、どのような人たちなのだろうか。

晩婚化・非婚化による少子化の進行という問題意識のもとで、どういう人が最初の結婚をしやすいかの研究が盛んに進められてきたのに対して、離婚率が上昇し始めるのが遅かった日本では、離婚や再婚についての研究が欧米に比べて少ないとされている。[6] とはいえ、離婚についてはいくつかの実証研究が存在する。たとえば離婚のもたらす帰結として、女性において年収が著しく減少することが知られている。[7]

これに対して、再婚についての研究はさらに少ない。かろうじて確認されているの

（5）図1に数値を示したように、妻からみた再婚率も夫とほぼ同様の推移を経ている。

（6）ジェームズ・レイモ、２００８、「アメリカにおける離婚の要因と結果」『家族社会学研究』。

（7）村上あかね、２０１１、「離婚による女性の社会経済的状況の変化」『社会学評論』。

は、死別や離別を経験した人のうちどのような人が再婚しやすいかと、それが時代とともにどのように変わってきたかである。「日本版総合的社会調査（ＪＧＳＳ）」の２０００年から２００２年までの3時点累積データを用いて、個人のライフコースの軌跡をイベント・ヒストリー分析という手法で解析した研究によると、[8]男性は女性よりも、学歴の高い人は低い人よりも、再婚しやすいという。ただし、こうした性別や教育による再婚しやすさの違いは時代とともに縮小傾向にあり、そもそも若い世代ほど離死別経験者が再婚をしない傾向自体が強まってきていることも指摘されている。[9]

１・３　2回以上結婚をするのはどのような人たちか

右の先行研究は再婚者の特徴について重要な示唆を与えるものではあるが、離死別を経験した人のうちで再び結婚しようとする人が、そのまま単身という生き方を選ぶ人と比較して、どのような特徴をもつかに着目している。

しかし、そもそも離死別を経験するのは、結婚した人の一部に過ぎない。とくに、平均寿命の伸長にともない、死別という別れ方が起こりにくくなった若年・中年層では、多くの場合、自発的・非自発的な離婚が大半を占める。逆に言うと、結婚した人たちの多くは、高齢期に入ってからの死別を除けば、1人のパートナーとのみ婚姻関係を継続している。こうした「人生に1回だけ結婚を経験する人」（1回のみ結婚者）と「再婚により人生に2回以上結婚を経験する人」（再婚経験者）との違いは、これ

（8）　余田（２０１４）。

（9）　この知見は、長期的な趨勢としての「離死別者の非再婚化」を示唆するものではあるが、もちろん再婚という生き方が近い将来に消滅するわけではないだろう。

まで十分に研究されてこなかった。

そこで本章では、「再婚経験者」は「1回のみ結婚者」と比べてどのような特徴をもつのかを分析する。注目する特徴としては、教育・職業・収入などの社会階層、人間関係や恋愛関係、そして恋愛や家族についての意識の3つを検討する。

第一の社会階層については、離死別経験者のうち階層的地位が高い人ほど再婚しやすい、という右の先行研究の知見を参考に、「再婚経験者は1回のみ結婚者と比べて、学歴が高く、安定した職業に就いており、所得が高いだろう」（仮説1）という仮説を立てよう。

第二の人間関係や恋愛経験については、「再婚経験者は1回のみ結婚者と比べて、人間関係や恋愛経験が豊富だろう」（仮説2）という仮説を立てる。結婚した後は配偶者以外との恋愛関係はもちにくいだろうし、人間関係に恵まれていない人は自分に適した再婚相手を見つけにくいだろうからである。

第三の恋愛や家族観については、「再婚経験者は1回のみ結婚者と比べて、恋愛について肯定的だが、家族についてはやや冷めた見方をもっているだろう」（仮説3）と予測する。恋愛観については、再婚経験者が再婚相手との結婚を決断するときに、恋愛感情が大きな役割を果たす可能性があるからである。一方家族観については、1人のパートナーとの関係を一生続けるという「皆婚社会」における家族観から比較的自由であるために、再婚という生き方を選ぶと考えられるからである。

なお、いずれの仮説についても、これまでの人生において1回も結婚を経験していない人、つまり「結婚未経験者」との比較も、参考としておこなう。

2 データと方法

2・1 2015年社会階層とライフコース全国調査

「2015年社会階層とライフコース全国調査」のデータを用いる。2015年3月6日から10日にかけて、ウェブ調査で実施した。母集団は、調査を委託したマクロミル社に登録していた、全国・男女・20〜69歳の個人モニター91万967人である。性別・年齢・地域ごとに、2010年国勢調査の人口比に基づいて対象者を割り当てた。有効回収数は1万2007人、有効回収率は11・0%だった。

本章の分析では、参考までに結果を提示する「結婚未経験者」も含めて、有効回収数の全体、すなわち1万2007人を対象とする。

2・2 再婚経験者

回答者1万2007人のうち「再婚経験者」は552人、割合にして4・6%である（図2）。「1回のみ結婚者」の65・0%、「結婚未経験者」の30・4%と比べると、割合はいっけん低いように見える。しかし、2015年国勢調査による日本の

20～69歳の総人口は約8000万人だから、その4・6％にあたる約370万人、つまり日本で最も人口の多い市である横浜の総人口と同じくらいの人が、2回以上結婚を経験している計算になる。

再婚経験者552人のうち、2人と結婚したことのある人は90・0％、3人と結婚した人は8・3％であり、4人以上の人はきわめて例外的である。つまり、再婚経験者の大部分は、2人のパートナーとのみ結婚生活を送った経験をもつ。

現在も結婚している人の割合は、1回のみ結婚者が90・1％なのに対して、再婚経験者は81・0％とやや低い。再婚経験者のうちの大半が2人と結婚した経験をもつ人であることを勘案すると、2回の婚姻解消を経験してもうパートナーはもちたくない、あるいはもたなくてもよいと考える人の割合は、1回だけ結婚を解消した人に対するその割合よりも多いことを意味している。

再婚経験者は過去に結婚の解消を経験したことのある人たちであり、それは離別か死別のいずれかである。再婚経験者のうち最初の結婚で死別を経験した人は4・3％、2回目の結婚で死別を経験した人は2・7％である。つまり、死別によって2回以上の

図2　結婚人数の分布

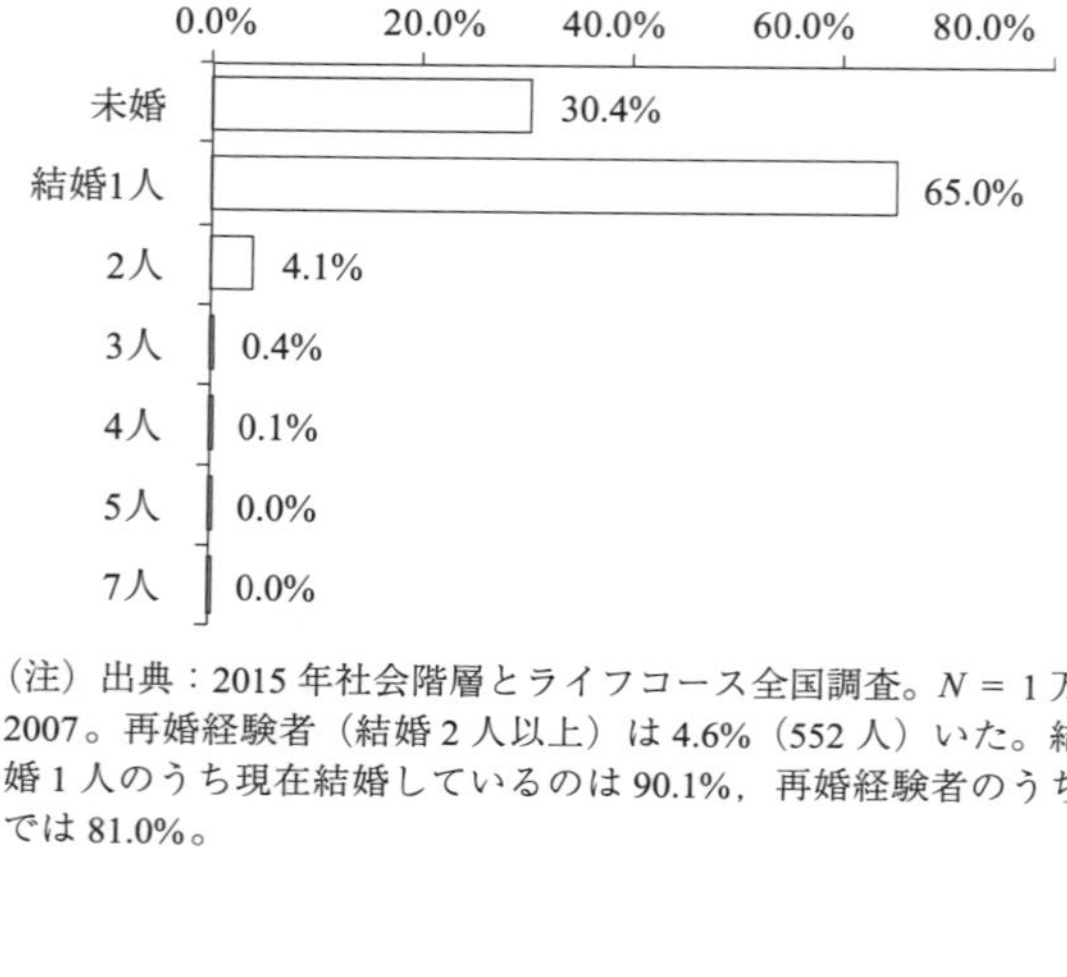

（注）出典：2015年社会階層とライフコース全国調査。N = 1万2007。再婚経験者（結婚2人以上）は4.6%（552人）いた。結婚1人のうち現在結婚しているのは90.1%，再婚経験者のうちでは81.0%。

結婚を経験する人は、若年・中年層ではきわめて少数であり、大半は離別によるものと考えてよい。

こうした再婚経験者は、1回のみ結婚者や結婚未経験者と比べて、性別や年齢にどのような特徴があるだろうか（表1）。まず性別については、再婚経験者の男性割合は53・1%であり、再婚経験者は男性が女性よりも若干多い。一方、1回のみ結婚者の男性割合は45・2%（つまり女性の方が多い）、結婚未経験者の男性割合は59・8%である。つまり、男性割合という点で再婚経験者は、結婚未経験者と1回のみ結婚者の中間に位置することになる。

年齢については、再婚経験者の平均年齢は52・0歳であり、1回のみ結婚者の50・0歳とあまり違わない。10歳刻みの年代別にみると、40代以上で1回のみ結婚者よりも割合が高くなっている。つまり、再婚経験は40代以上で起こりやすいことがわかる。一方、結婚未経験者の平均年齢は34・8歳だから、年齢構成という面では、再婚経験者と1回のみ結婚者との違いは、結婚未経験者との違いと比べると、それほど大きくないと言えるだろう。

2・3　着目する特徴と分析方法

再婚経験者の社会階層や人間関係、恋愛・家族観を検討するために用いる質問項目は、つぎの通りである。

表1　性別・年齢の割合の結婚経験別比較

	性別	年齢					
	男性	20代	30代	40代	50代	60代	平均
結婚未経験者	59.8%	42.3%	27.9%	17.0%	9.1%	3.7%	34.8歳
1回のみ結婚者	45.2%	5.3%	19.1%	21.5%	24.2%	29.9%	50.0歳
再婚経験者	53.1%	1.8%	12.3%	25.7%	29.0%	31.2%	52.0歳

（注）出典：2015年社会階層とライフコース全国調査。N = 1万2007。年齢の割合は、それぞれのグループの中での割合。

まず仮説1の社会階層との関係では、学歴として教育年数、職業として従業上の地位（正規雇用、非正規雇用、自営、無職の4分類）、収入として等価所得[10]を用いる。

仮説2の人間関係や恋愛経験では、「15歳時の知り合いの多さ」、「最初の恋人ができたときの知り合いの多さ」、「初婚直前の知り合いの多さ」、および「これまでのすべての恋人数」、「初婚までの恋人数」を用いる。知り合いの多さは「1　かなり少ない、いない」、「2　少ない」、「3　やや少ない」、「4　どちらともいえない」、「5　やや多い」、「6　多い」、「7　かなり多い」の7段階の数値の平均で比較する。[11]恋人数は「0人」を含めて人数をそのまま用いるが、「15人以上」は15として扱う。

仮説3の恋愛観や家族観については、「これまでの恋愛経験の満足度」、「浮気や不倫は絶対にするべきでない」と思うかどうか、「男性（女性）が充実した人生を送るには恋愛が不可欠」と思うかどうか、「今後、家族の重要性が減っていくと思う」かどうかなどの変数を用いる。

すべての分析において、変数の値の平均や割合が「再婚経験者」と「1回のみ結婚者」とで、統計的に異なると言えるかどうかを検討する。[12]

(10)　世帯所得を世帯人数の平方根で割ったものを等価所得という。世帯所得が同じでも、1人で暮らすのと2人や4人で暮らすのとでは、1人あたりが使える生活費は異なるだろう。とはいえ、2人以上で同じ家で暮らす場合は、家賃や水道光熱費などは人数に比例して増えるわけではないので、世帯人数自体ではなく世帯人数の平方根で割る。

(11)　オリジナル調査票の回答を逆転して分析した。

(12)　仮説2と仮説3の分析では、性別、年齢、教育年数、従業上の地位、現在結婚ダミーを統制した分散分析において、「再婚経験者」と「1回のみ結婚者」との間に有意な差を得た変数のみをとりあげる。3節の図に示した数値は、これらの変数を統制しない単純な平均や比率。「結婚未経験者」の数値は参考に記しているのみで、この3つのカテゴリーすべてを含む分散分析をおこなったわけではない。

3 分析結果

3・1 再婚経験者の社会階層

仮説1「再婚経験者は1回のみ結婚者と比べて、学歴が高く、安定した職業に就いており、所得が高いだろう」を検証する（図3）。

まず学歴については、再婚経験者（図では「2回以上」）の教育年数の平均は13・7年であり、1回のみ結婚者（図では「結婚1回」）の平均14・1年よりも低い。

つぎに職業（従業上の地位）については、再婚経験者は1回のみ結婚者に比べて、「正規雇用」、「非正規雇用」、「自営」の割合が高く、逆に「無職」の割合が低い。つまり、再婚経験者は1回のみ結婚者に比べて、現在働いている人が多い。

最後に所得については、等価所得の平均を比べたところ、再婚経験者と1回のみ結婚者との間で、統計的に違いがあるとは言えなかった。つまり、再婚経験者と1回のみ結婚者が自由に使えるお金は、同じくらいとみてよいだろう。

以上をまとめると、再婚経験者は1回のみ結婚者と比べて、学歴が

図3　教育年数、従業上の地位の割合の結婚経験別比較

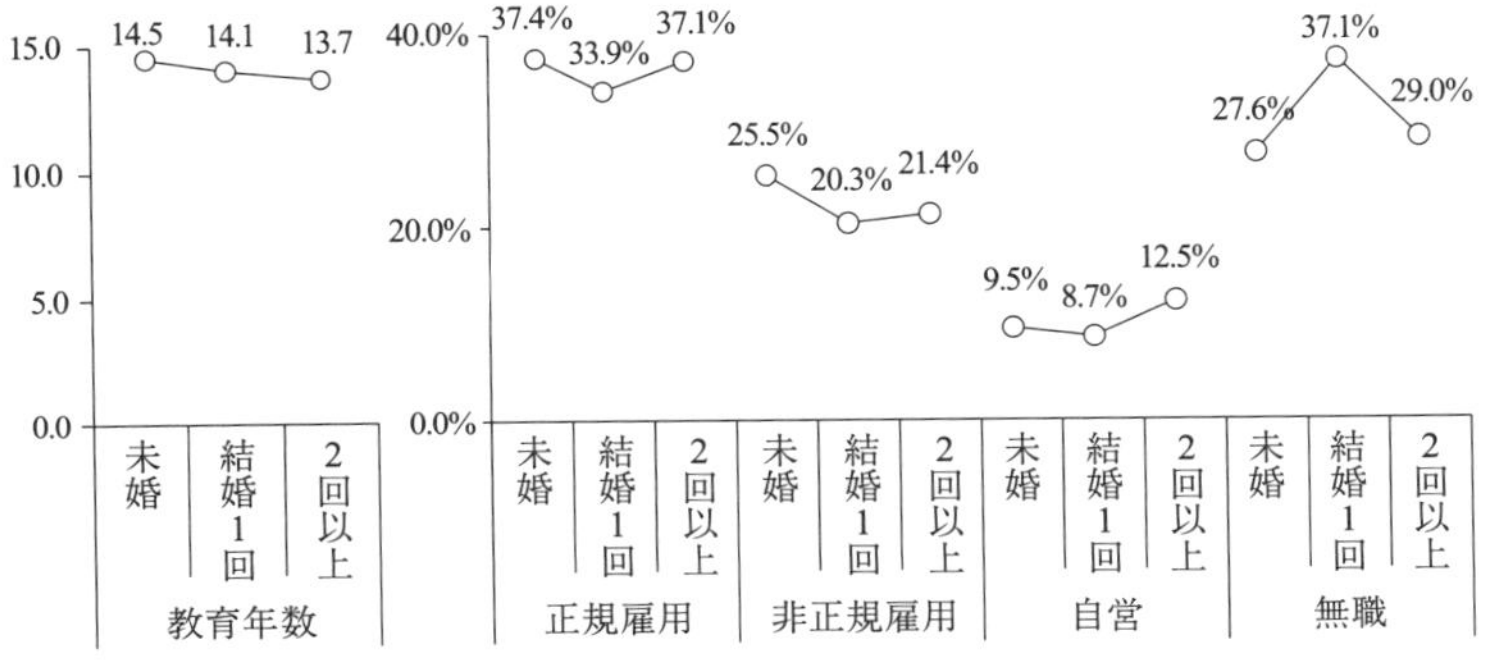

（注）出典：2015年社会階層とライフコース全国調査。N = 1万2007。2回以上とは再婚経験者。教育年数の単位は年。

低く、働いている割合が高いが、所得には違いがないことがわかった。つまり、仮説の予想とは異なり、再婚経験者は1回のみ結婚者よりも社会階層が高い、と単純にいうことはできない。この理由については4節で考察する。

なお、参考までに結婚未経験者との違いも確認する。学歴は、結婚未経験者は1回のみ結婚者よりもさらに高く、再婚経験者、1回のみ結婚者、結婚未経験者の順に高くなっていた。職業は、再婚経験者は結婚未経験者と比べて、「正規雇用」と「無職」の割合はほぼ同じだが、「非正規雇用」は低く、「自営」は高かった。全体として、結婚未経験者の特徴は「非正規雇用」の多さ、1回のみ結婚者の特徴は「無職」の多さ、そして再婚経験者の特徴は「自営」の多さにあると言えるだろう。

3・2　再婚経験者の人間関係や恋愛経験

仮説2「再婚経験者は1回のみ結婚者と比べて、人間関係や恋愛経験が豊富だろう」を検証する（図4）。

まず人間関係については、知り合いの多さを7段階で自己評価してもらった質問の回答を分析した。「15歳時」、「最初の恋人ができ

図4　人間関係、恋愛経験の結婚経験別比較

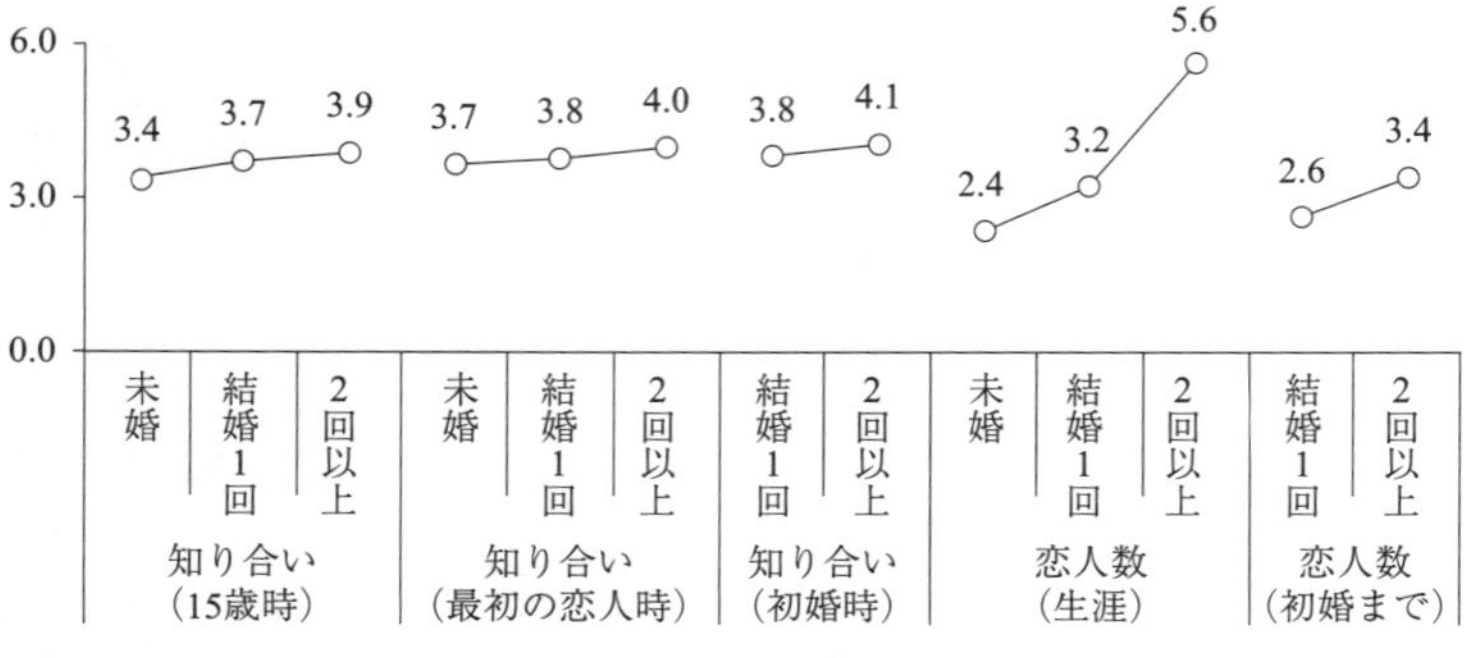

（注）出典：2015年社会階層とライフコース全国調査。N = 1万2007。2回以上とは再婚経験者。知り合いは1かなり少ない、いないから7かなり多いまで。恋人数は人数（15人以上は15として計算）。

たとき」、「初婚時」のいずれにおいても、再婚経験者は1回のみ結婚者と比べて、知り合いが多かったと答える人が多かった。

一方恋愛経験については、「これまでのすべて」と「初婚まで」につきあった恋人の数を比較した。「これまでのすべて」の恋人数の平均は、1回のみ結婚者の3・2人に対して再婚経験者は5・6人であり、2倍近い差があった。再婚経験者は最低2回の結婚を経験しているので、結婚の前に恋人としてつきあうことが必要だとすれば、この差はもしかすると結婚回数の違いを反映したものにすぎないかもしれない。そこで「初婚まで」の恋人数に限って平均を比較すると、1回のみ結婚者の2・6人に対して再婚経験者は3・4人であり、やはり統計的にみても恋愛経験が豊富であると言える。

以上をまとめると、再婚経験者は1回のみ結婚者と比べて、人間関係一般についても、恋愛経験についても、恵まれた人たちであることがわかった。しかもこれは、再婚経験を経ることによって人生の後半で獲得されたものではなく、15歳時や最初の恋人ができたときといった思春期の段階からすでにそのような特性をもつ人たちであったことがうかがえる。

なお、結婚未経験者は、「15歳時の知り合い」、「最初の恋人ができたときの知り合い」、「これまでのすべての恋人数」のいずれにおいても、再婚経験者はもちろん、1回のみ結婚者よりも平均が低かった。結婚未経験者の中には、まだ年齢が若く、今後結婚する可能性がある人も多数含まれているから一概には言えないが、全体としてみると人間関係や恋愛経験に恵まれていない人が多い可能性がある。

3・3　再婚経験者の恋愛・家族観

仮説3「再婚経験者は1回のみ結婚者と比べて、恋愛について肯定的だが、家族についてはやや冷めた見方をもっているだろう」を検証する。

まず恋愛観を確認しよう（図5）。調査でたずねた恋愛観に関連する質問のうち、再婚経験者と1回のみ結婚者との間で違いがみられたものは5つあった。

「あなたは現在、これまでの恋愛経験についてどれくらい満足していますか」を1とても不満から10とても満足までの10段階でたずねた質問では、再婚経験者の平均スコアは6・2であり、1回のみ結婚者の5・9よりも高かった。「男性が充実した人生を送るには、恋愛は不可欠である」、および「女性が充実した人生を送るには、恋愛は不可欠である」という意見に賛成か反対かを、1反対から6賛成までの6段階

図5　恋愛観の結婚経験別比較

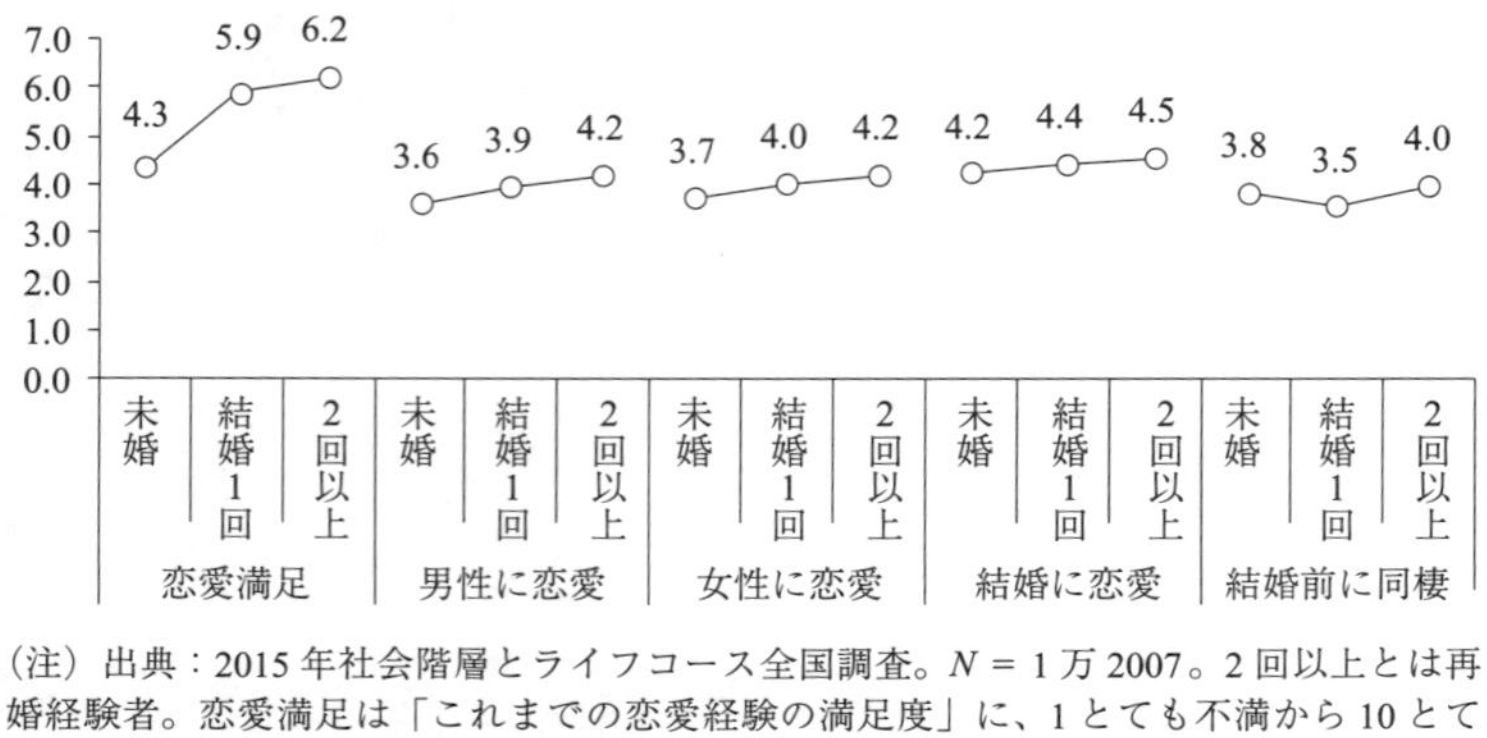

（注）出典：2015年社会階層とライフコース全国調査。N = 1万2007。2回以上とは再婚経験者。恋愛満足は「これまでの恋愛経験の満足度」に、1とても不満から10とても満足。男性に恋愛は「男性が充実した人生を送るには恋愛が不可欠」、女性に恋愛は「女性が充実した人生を送るには恋愛が不可欠」、結婚に恋愛は「結婚するには恋愛感情がなくてはいけない」、結婚前に同棲は「結婚前には同棲したほうがよい」に，1反対から6賛成。

でたずねた質問では、再婚経験者は1回のみ結婚者よりも、どちらの質問でも賛成率が高かった。つまり、再婚経験者は1回のみ結婚者と比べて、これまでの恋愛経験に満足しているし、恋愛が人生に不可欠だと思っている。

「結婚するには、恋愛感情がなくてはいけない」、および「結婚前には、同棲したほうがよい」という意見に賛成か反対かを、同じく1から6までの6段階でたずねた質問でも、再婚経験者は1回のみ結婚者よりも、どちらの質問でも賛成率が高かった。つまり、再婚経験者は1回のみ結婚者と比べて、結婚の前提として恋愛が必要であり、恋愛から結婚生活に直接移行するよりも、同棲という中間的な生活形態を経た方がよいと考えている。

なお、結婚未経験者は、これまでの恋愛経験への満足度、恋愛が人生に不可欠と思うかどうか、結婚に恋愛感情が必要と思うかどうかについて、再婚経験者はもちろん1回のみ結婚者よりも、低いか否定的である。つまり、恋愛について全体的に冷めた見方をしており、結婚と恋愛とをやや切り離して考えている。

つぎに、家族観を確認しよう（図6）。調査でたずねた恋愛観に関連する質問のうち、再婚経験者と1回のみ結婚者との間で違いがみられたものは4つあった。すべて1反対から6賛成までの6段階でたずねた。

「浮気や不倫は、絶対にするべきではない」という意見に、再婚経験者は1回のみ結婚者よりも、賛成率が低かった。つまり、再婚経験者は、浮気や不倫について、比較的寛容な考えをもっている。

「男性が充実した人生を送るには、子どもを持つことは不可欠である」、および「女性が充実した人生を送るには、子どもを持つことは不可欠である」という意見には、再婚経験者は1回のみ結婚者よりも、賛成率が低かった。つまり、再婚経験者は子どもをもつことをあまり重視していない。

「今後、家族の重要性が減っていくと思う」という意見には、再婚経験者は1回のみ結婚者よりも、賛成率が高かった。つまり、再婚経験者は家族の重要性が今後減っていくと考えている。

なお、結婚未経験者を含めた3つのグループの家族観を比較してみると、この3つのグループの複雑な相互関係が浮かび上がってくる。まず、浮気や不倫といった伝統的な[13]家族関係を損ないかねない行為に対する許容度は、再婚経験者のみが高く、1回のみ結婚者と結婚未経験者は同じくらいに低い。つぎに、子どもをもつことの価値については、結婚未経験者のみが低く、再婚経験者と1回のみ結婚者はそれよりも相対的に高い。最後に家族の重要性については、1回のみ結

図6 家族観の結婚経験別比較

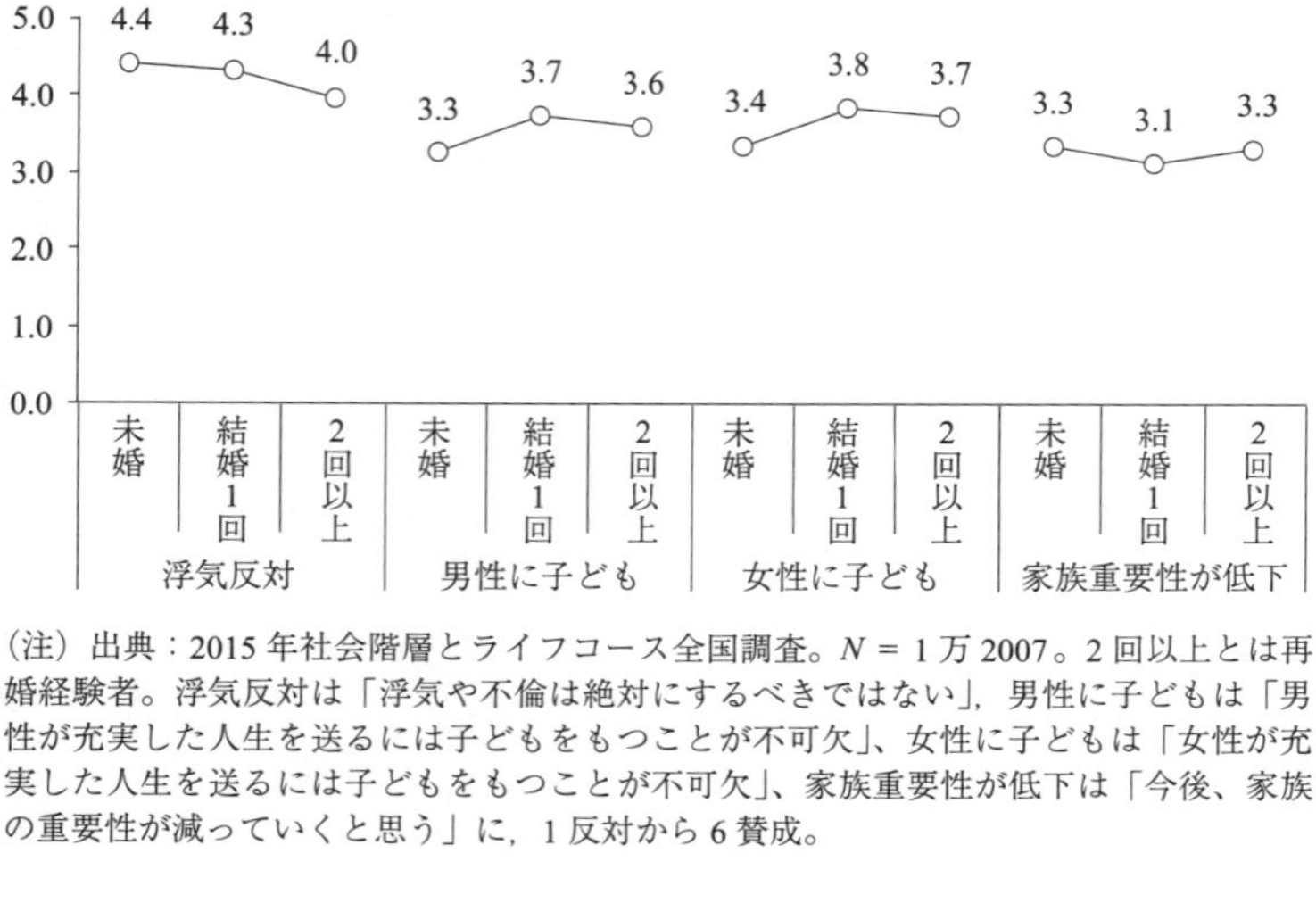

（注）出典：2015年社会階層とライフコース全国調査。N = 1万2007。2回以上とは再婚経験者。浮気反対は「浮気や不倫は絶対にするべきではない」，男性に子どもは「男性が充実した人生を送るには子どもをもつことが不可欠」、女性に子どもは「女性が充実した人生を送るには子どもをもつことが不可欠」、家族重要性が低下は「今後、家族の重要性が減っていくと思う」に，1反対から6賛成。

婚者が重要性を認めているのに対し、再婚経験者と結婚未経験者は同じくらい重要性を疑問視している。

以上をまとめると、再婚経験者は1回のみ結婚者と比べて、恋愛について満足するとともに肯定的な価値観をもっているが、「皆婚社会」に前提とされていた伝統的な家族の形態（子どもの存在）や家族の重要性そのものには、やや冷めた見方をもっていることがわかる。さらに、結婚未経験者も含めて比較すると、伝統的な家族規範を継承しているように見える1回のみ結婚者と、恋愛にも家族にも背を向け始めているように見える結婚未経験者との狭間にあって、伝統的な家族規範からは適当な距離をとりつつ、恋愛感情にもとづく親密な関係性を結婚という制度の中で柔軟に築いている再婚経験者の姿が浮かび上がってくる。

（13）正確には、武勇のような男性の個人的身体能力が重視される社会における、家父長制的な家族規範。筒井淳也、２０１６、『結婚と家族のこれから——共働き社会の限界』光文社を参照。

4　まとめ

4・1　再婚経験者は自由で純粋な関係性を大切にし、結婚制度をうまく利用できる人

この章では、「再婚経験者は1回のみ結婚者と比べてどのような特徴をもつのか」を検討してきた。着目する特徴として、社会階層、人間関係や恋愛経験、恋愛観・家族観の3つをとりあげた。それぞれに対応する仮説として、「再婚経験者は1回のみ結婚者と比べて、学歴が高く、安定した職業に就いており、所得が高いだろう」（仮

説1）、「再婚経験者は1回のみ結婚者と比べて、人間関係や恋愛経験が豊富だろう」（仮説2）、「再婚経験者は1回のみ結婚者と比べて、恋愛について肯定的だが、家族についてはやや冷めた見方をもっているだろう」（仮説3）を設定した。分析の結果、以下のことが明らかになった。

再婚経験者は1回のみ結婚者と比べて、学歴が低く、働いている人の割合が高かった。

再婚経験者は1回のみ結婚者と比べて、人間関係一般についても、恋愛経験についても、小さい頃から恵まれた人たちであった。

再婚経験者は1回のみ結婚者と比べて、恋愛について肯定的な価値観をもっているが、伝統的な家族形態や家族の重要性そのものにはやや冷めた見方をもっていた。

仮説1の検証結果が予想に反した理由としては、仮説の参考にした先行研究との着目点の違いが考えられる。先行研究では、離死別を経験した人の中で、再婚しやすい人とそうでない人とを比較していた。しかし、本章の分析では、結果的に再婚した人を、1回しか結婚していない人全体と比較した。表2に示したように、1回のみ結婚者は全体の65％であり、そのうちの90％、すなわち全体の6割弱は、現在も初婚を維持している。これに対して、全体の4・6％に過ぎない再婚経験者は全員離死別を経験しており、そのうち95％は死別ではなく離別である。つまり、本章の分析で対象とした再婚経験者と1回のみ結婚者との比較は、「再婚できた人とそうでない人との比較」というよりは、「離婚を経験した人とそうでない人との比較」に近い。一般に離婚を経験する人は、階層的地位が低い人が多い[14]。「再婚経験者の階層的地位が1回のみ結婚者のそれよりも低い」という本章の分析結果は、再婚経験者は少なくとも1回は結婚生活の破綻を経験しているという事実を反映したものと考えられる。

一方、仮説のうち2と3は支持された。

以上の分析結果から浮かび上がってくる再婚経験者のイメージは、「階層的地位はやや低いものの、友人であれ恋人であれ、他者と良好な人間関係を築く能力に恵まれ、従来の硬直的な家族や結婚の規範にとらわれず、結婚という制度をうまく利用することにより、恋愛感情にもとづく純粋で親密な関係性を柔軟に築くことができる人」とまとめられるだろう。

4・2　多様性の中の平等

再婚という生き方は、「皆婚社会」の崩壊によるライフコースの多様化の中で、少数派とはいえ、一定の割合を占め続けている。しかし、この生き方が社会の中でどのような位置づけをもっているのかについては、これまでまとまった研究がなかった。再婚経験者が「恵まれている」と言えるかどうかは、それ自体が多様な基準によって、いろいろな見方が可能である。

社会階層という面から見ると、彼らは多数派である1回のみ結婚者と比較して、相

(14)　レイモ（2008）など。

対的に不利な立場にいる。学歴の影響力が強まっている日本社会において、学歴の低さはライフコースにおけるハンディキャップとなるだろう。しかし彼らは、無業者(専業主婦や退職など)が多い1回のみ結婚者と比べて現役で働いていることが多く、正規雇用や自営の割合も1回のみ結婚者よりも多い。そして、結果的には1回のみ結婚者と同程度の収入を稼げている。つまり、学歴の低さという人生の出発点における不利さを、さまざまな立場で一生懸命に働くことによって挽回しているとみることができよう。

一方、人間関係や恋愛経験においては、再婚経験者は、結婚未経験者はもちろんのこと、1回のみ結婚者よりも豊かな関係性を築く能力を持ち、実際の経験にも恵まれ、そのことに満足もしている。また、恋愛観や家族観においては、恋愛感情にもとづく親密な関係性を、堅苦しい家族規範に過度に拘束されることなく、かといって家族制度そのものから撤退するのでもなく、柔軟に築き上げてきた。このような関係のあり方を理想とする立場からみれば、彼らは社会の多数派である1回のみ結婚者や結婚未経験者と比べて、それを実現できているという意味で「恵まれている」とみることができるだろう。

4・3　家族の行く末(15)

「皆婚社会」の崩壊にともなうライフコースの多様化は、人生における「家族」の

(15) 前節後半および本節の議論は、筒井(2016)に示唆を受けている。

意味の問い直しを求めている。「皆婚社会」は人口構造や産業構造上の特殊な条件の下で偶然実現したものであり、今後その状態に戻ることはおそらく不可能である。

家族のあり方の多様化における基本的な方向性は、家族の解体と個人化である。グローバル化にともなう競争原理や、ワーク・ライフ・バランスをはじめとする仕事と家族を両立させるための社会制度の不備により、本来リスクに備えるためのセーフティ・ネットの1つであるはずの家族を、逆に重荷と感じる人が増えている。一方で、家族がもつセーフティ・ネット機能を社会が代替する北欧型の福祉国家モデルの構築が国民国家の力の衰退によりむずかしくなる中、家族からも社会からも守られない人びとのリスクが深刻な問題となりつつある。

本章で分析した「結婚未経験者」、「再婚経験者」、「1回のみ結婚者」の3グループは、結婚未経験者を筆頭にこの順序で、伝統的な家族制度から離脱しつつある人びととみることができる。「1回のみ結婚者」に象徴される一夫一婦制の伝統的家族規範は、現代社会のとくに若い人たちにとっては重すぎる。逆に、「結婚未経験者」に象徴される家族からの撤退は、新自由主義に対抗できる魅力的で実現可能な社会構想が示されない限り、個人にとっても社会にとってもリスクが大きすぎる。

「再婚経験者」の生き方は、これら両極端の生き方の硬直性をうまく回避し、調停しているように見える。婚外子や同性婚に対する意識や制度的対応がすぐには変わらないと思われる日本社会において、結婚という公式制度が保証する家族のセーフティ・ネット機能は、（少なくとも異性愛規範をもつ人たちにとっては）魅力的だろう。逆に、結婚や家族という制度をそのような目的のための手段として割り切ることができれば、個人の自由な感情を過度に束縛するような「重い」制度として感じる必然性もなくなるだろう。

ライフコースの多様化の中で、再婚という生き方は、家族のあり方のひとつの明るい可能性を示唆しているのかもしれない。

付記

本研究はＪＳＰＳ科研費ＪＰ２４３３０１６０、成蹊大学アジア太平洋研究センターの助成を受けたものです（科研は基盤研究Ｂ「少子化社会における家族形成格差の調査研究——ソーシャル・キャピタル論アプローチ」２０１２～４年度，成蹊大学は共同プロジェクト「ライフコースの国際比較研究——多様性と不平等への社会学的アプローチ」２０１４～６年度、どちらも研究代表小林盾）。

第10章　出産
――子どもを持つことについての格差

筒井　淳也

1　問題

1・1　家族は多様化した？

よく、家族は多様化したといわれる。たしかに、いわゆる核家族が一般化し、多くの人が結婚し、子ども持つことが「当たり前」の時代になった矢先に、すでに「多様化」への兆しは見え始めていた。未婚化とそれによる少子化がはじまったのは1970年代後半からであり、そこからすでに50年近く経過する中で、生涯未婚者やシングルペアレントが増加し続けた。これはたしかにライフコースの多様化ではあるが、それはかならずしも人びとが自由にライフコース上の選択を行うことができるようになった、ということを意味しているわけではない。むしろそこで見られるのは、一定のひとたちが希望する選択肢を実現できないという問題であり、選択における格差の問題であった。

ライフコースと格差の関係を考えるにあたって、家族と格差の関係が占める位置は極めて大きい。家族形成、すなわち結婚（事実婚含む）と親なり（子どもをもつこと）は、進学や就業と並んでライフコースの要素を構成する重要な契機であるからだ。

ライフコース上で、人が（自分の）家族と関わる局面には大きく分けて二つのものがある。ひとつは出自となる家族であり、もうひとつは自らが形成する家族である。それに応じて、家族と格差の関係には、主に二つの方向性がある。[1] ひとつは家族による格差であり、もうひとつは家族形成における格差である。前者は「どの家族に生まれるかがライフコースに影響する」ということであり、後者は「家族をつくる（結婚する、子どもを持つ）機会の不平等」を意味している。

（1）筒井淳也、2015a、「家族——家族形成にはどのような格差があるのか」山田昌弘・小林盾編『ライフスタイルとライフコース——データで読む現代社会』新曜社。

1・2 家族と格差の関係とは

社会学、とくに階層研究の基本的な問題枠組みは、出身の属性（身分、家庭環境、時代、国・地域など）によってライフチャンスに格差が生まれることを望ましくない状態として考え、そういった状態が実際の社会でどの程度観察されるのかについて、主に量的な調査観察データを用いた分析をする、というものだ。ライフチャンスとは、ライフコース上の特定の分岐・選択にどの程度の可能性があるのか、ということを示す概念である。

階層の社会学において注目されていたのは、主に父親の職業とその子どもの職業との関連性の有無であった。この関連性が強ければ（たとえば父親が大企業のホワイトカラー職であれば子どもも同等の高い職業的地位に就く傾向が強いのであれば）、子どもの努力だけではなく生まれたときに決まっている環境にライフチャンス、ここでは良い職業につく可能性が左右されることになる。

このような理論枠組みは、近代社会をかたちづくるひとつの局面においてはとくに有効である。その局面とは、「近代家族」が支配的となる局面である。近代家族とは、家族社会学においてしばしば言及される概念であり、その主な特徴は「男性稼ぎ手＋専業主婦」とその子どもからなる核家族である。近代化を経験した国では、ほとんど例外なく近代家族の形成が支配的ライフコースとなる時代があった。日本では、1970年代がそのピークである。この時代は、家族社会学者の落合恵美子の言葉でいえば「再生産平等」体制[(2)]の成熟期でもあった。再生産平等体制とは、多くの人が一定数（日本の戦後では2人）の子どもを持ち、それが標準的なライフコースになった、という意味である。「再生産」とは、もともとは労働力を再生産することを指し、「メイン」となる生産力を支える活動を意味する。ただ、ここでは単純に子どもを持つことだと理解しておいてよいだろう。

そして、社会全体としては同じ出生率でも、子どもを作らない人とたくさんの子どもを作る人が同じ社会のなかで混在することもあれば、誰もが一定数の子どもを持つ

（2） 落合自身は「再生産平等主義」という言葉を使っているが（落合恵美子、2004、『21世紀家族へ――家族の戦後体制の見かた・超えかた（第3版）』有斐閣の70～76ページ参照）、ここでは「子どもが二人」というのが強い標準となった、という意味を込めて、「体制」と呼んでおく。

こともある。社会全体として高い出生率でも、誰もが子どもを持つことができず、一部の人がそれを独占することもあるだろう。逆に、社会全体として低い出生率でも、誰もが一定数の子どもを持つような時代もある。

1・3　誰もが家族を持つ時代

第二次世界大戦後から１９７０年前半にかけての日本は、再生産平等体制の時代だった。戦後から１９７０年代前半までは、ほとんどの人は結婚し、子どもを持つことができた。このことを示すために、夫婦出生力の推移をみてみよう。

図1は、夫婦の子ども数について、妻の出生コーホート別に示したものである。１９４５～１９４９年コーホートに向けて、子ども数が2人の夫婦の割合が多くなっていることがわかる。実に6割近くの夫婦が、「子ども二人」を持つチャンスを実現した、ともいえる。

その背景にあったのは、戦後の復興と高度経済成長である。終戦後すぐに、上述のコーホートが生まれた「ベビーブーム」が到来し、このなかでも１９４７～49年に生まれた世代は、とくにその数の多さから、「団塊の世代」と呼ばれている。１９４７～49年生まれであれば、このグループが20歳台となるのは１９７０年代前後であり、この時期に日本では専業主婦化が最

図1　夫婦の子ども数の割合の、妻の出生年別推移

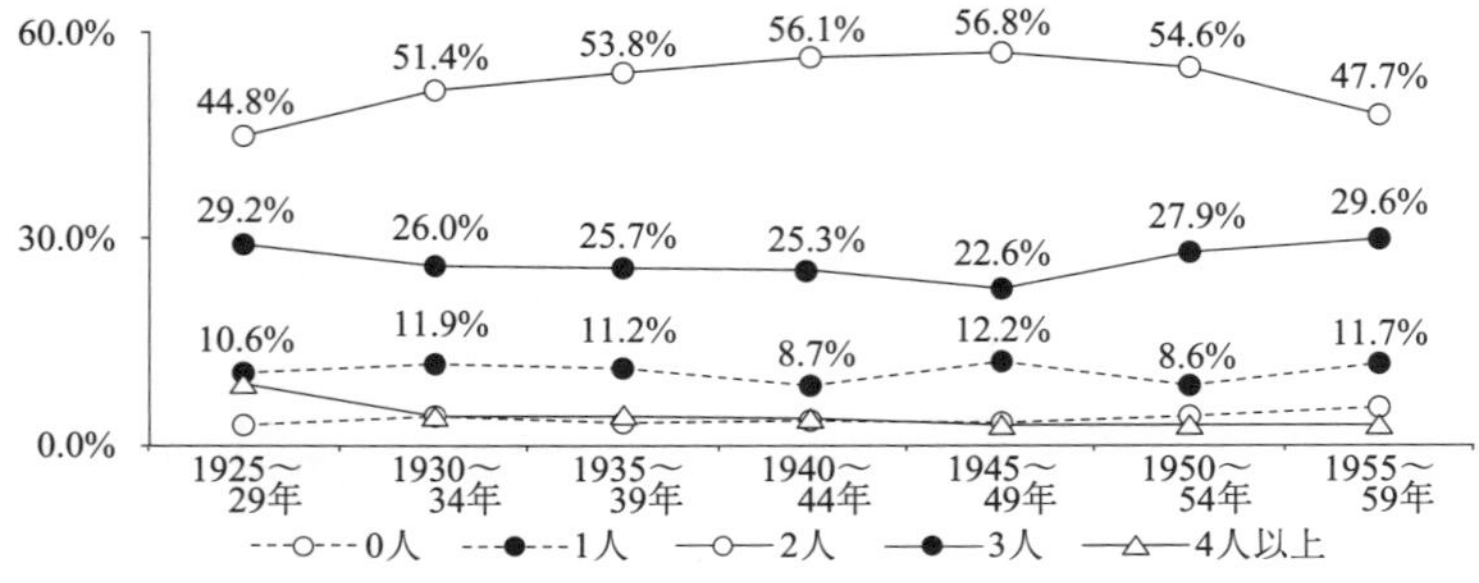

（注）出生動向基本調査より筆者作成。

も進んだ。すなわち、この団塊の世代がまさに、戦後復興の次にやってきた高度経済成長期（1950年代後半から1970年代初頭まで）において就業、結婚、親なりを経験し、性別分業体制、再生産平等体制を成熟させた世代なのである。

1・4　結婚しない人の増加が少子化をもたらした

しかし、その後はどうなったのだろうか？　1970年代後半から生じた変化は、婚姻率の低下、すなわち未婚化であった。図1は夫婦の子ども数の推移であり、結婚していない女性については考慮されていない。ただ、1970年代前半までは、結婚についても比較的「平等」な時代であったため、未婚の女性を含めても数値は大きく変わらない。しかし、団塊の世代より若い世代になると、結婚していない人が増えていく。このことが子ども数にも影響する。というのは、日本では婚外子の比率が極めて低く、出生率と夫婦出生率は非常に近い値になるからだ。したがって結婚しない人の増加は、直接に出生率の低下につながる[3]。

未婚率の推移を簡単に見ておこう。「国勢調査」によれば、20歳台後半の女性の未婚率は、1970年時点では20%を下回っていたが、1985年の時点では30%を超え、2015年時点では61・3%にも達している。このような未婚化の背景に何があったのかについては、本章の課題からは外れるためにここでは詳細に論じることはしない[4]。ただ、家族形成のうち、結婚について格差が生じているのは明らかであ

（3）筒井淳也、2015b、『仕事と家族——日本はなぜ働きづらく、産みにくいのか』中公新書、35〜36ページ参照。

（4）未婚化の背景についての社会学的考察については、筒井（2015b）のほか、松田茂樹、2013、『少子化論——なぜまだ結婚・出産しやすい国にならないのか』勁草書房など参照。また、ライフコースにおける結婚の様子については、この本の第9章も参照。

る。結婚できた人と、できなかった人の格差である。他方で、子どもを持つことについては、どのような格差が生じてきたのだろうか。

1・5　子どもを持つチャンスの格差

出生率の低下に関しては、一般的には女性にとっての仕事との家庭の両立の困難、結婚におけるミスマッチ、多様なライフコースを許容する価値観の広がりなどが指摘されることが多い。両立困難については、待機児童の解消、育児休業の充実、保育負担の軽減などの育児支援政策がその対応として論じられる。ミスマッチは結婚を阻害する要因にかんする理論枠組みであり、女性の高学歴化や男性雇用の不安定化といった要因が議論される。子どもを持つことに関する格差も、こういった議論と無関係ではない。たとえば、第二次安倍政権においては、2019年度に予定されている消費税増税にあわせて、保育や高等教育といった、子育て・教育にかかる費用のうち、公的な負担を増やし、家計の負担を減らすという方針を打ち出している。日本における家族関係の公的支出や教育費の公費負担はきわめて小さく[5]、このことが少子化の一つの要因であることが指摘されている。要するに日本は、子育てや教育にかかる私費（家計）負担が、他の先進国と比べて大きいのである。私費負担が大きいということは、それを負担できなければ子どもを持てない、ということでもある。

一方で、個人水準での格差と出生行動の関係については、これまで比較的あまり注

(5)　出生率と家族支出の分析については、柴田悠、2016、『子育て支援が日本を救う——政策効果の統計分析』勁草書房など、公教育費については、中澤渉、2014、『なぜ日本の公教育費は少ないのか——教育の公的役割を問いなおす』勁草書房の考察などを参照。

目されてこなかった。本章では、出生に注目して、「1970年代以降のライフコース格差」のひとつの側面に光を当てていこう。具体的には、ポスト近代家族の時代において、どういった格差がそこにみられるかを明らかにしていく。戦後のベビーブームから1970年代前半までの出生率の低下は、すでに言及した「平等体制」の成熟過程であった[6]。しかし1970年代後半からの出生率の低下は、格差を伴ったものだ、という指摘がある[7]。このことの詳細を、個人レベルのマイクロデータを使った分析によって詳しく見ていくことにしよう。

2　データと方法

2・1　第3回全国家族調査

本章では、量的な調査観察データを用いた分析を採用する。利用するのは、「第3回全国家族調査（NFRJ08）」および「2015年社会階層とライフコース全国調査（SSL-2015）」のデータである。いずれも一時点の調査観察データである。

NFRJ08は、2009年1月から2月にかけて行われた、1936〜1980年生まれの全国9400人の男女を母集団として行われたサンプリング調査である。抽出方法は層化2段無作為抽出法であり、訪問留置法によって実査が行われた。有効回収数は5203人、回収率は55・35%であった[8]。本章では、1960年以降に出

(6)　筒井（2015a）、122ページ。

(7)　山田昌弘、2007、『少子社会日本──もうひとつの格差のゆくえ』岩波書店。

(8)　調査の詳細については、NFRJ08のウェブサイト（http://nfrj.org/nfrj08_profile.htm）も参照してほしい。

生した女性のその後の出生動向について、出発点となる分析をするために、NFRJデータを用いている。

2・2 2015年社会階層とライフコース全国調査

SSL-2015は、全国男女20～69歳の個人モニター91万967人を母集団としたウェブ調査である。サンプリングは、性別（男女）・10歳ごと5年齢階級、6地域（北海道東北、関東、中部、近畿、中四国、九州沖縄）を層とし、2010年国勢調査による人口比例で割りあてを行った。計画標本は11万131人、有効回収数は1万2007人、有効回収率は11・0%であった。上記の層ごとに回収し、割りあてに達したら打ち切りというかたちで実査が行われた。本章では、個人属性、主に学歴や就業状態と、子ども数との関連を示すために、SSL-2015のデータを用いている。

SSL-2015データは、NFRJ08データと異なり、代表性のあるサンプリング調査ではない。母集団も日本に居住する人口の代表ではなく登録モニターであり、そこからの抽出も完全にランダムなものではない。しかしSSL-2015データは、ライフコースに関する豊富な回顧データと、同類の調査に比して大きなサンプルサイズを有しており、ライフコースの詳細な分析において有用な分析を可能にするといえる。

3 分析結果

3・1 「再生産平等体制」の終焉

まずは、再生産平等体制の「その後」を検証するために、出生年ごとの子ども数の推移を見てみよう。図2は、NFRJデータを用いて、女性（無配偶者含む）の出生年コーホートごとの子ども数の内訳を見たものである。

1965～69年出生コーホートでは「2人」の割合がまだ高いが、その割合はより若いコーホートにおいて急激に低下している。1975～79年出生コーホートは、たしかに調査年である2009年においてはまだ30歳台前半であり、子どもを生み終えていない人も多いだろう。しかし1970～74年コーホートはすでに調査時点で30歳台後半であり、かなりの女性はすでに産み終えていると考えることができる。このコーホートにおいて、すでに「再生産平等体制」が大きく崩れ始めていることがわかる。子ども数が「2人」「3人」の女性は減少し、代わりに増えたのは「0人」と「1人」である。もちろん調査時点でまだ産み終えていない人びとの分は割り引いて考えるべきだが、それを差し引いても、「0人」の増加傾向は無視できないだろう。これは、急激に進んだ未婚化を反映している数値であると

図2　子ども数の割合の、女性の出生年別推移

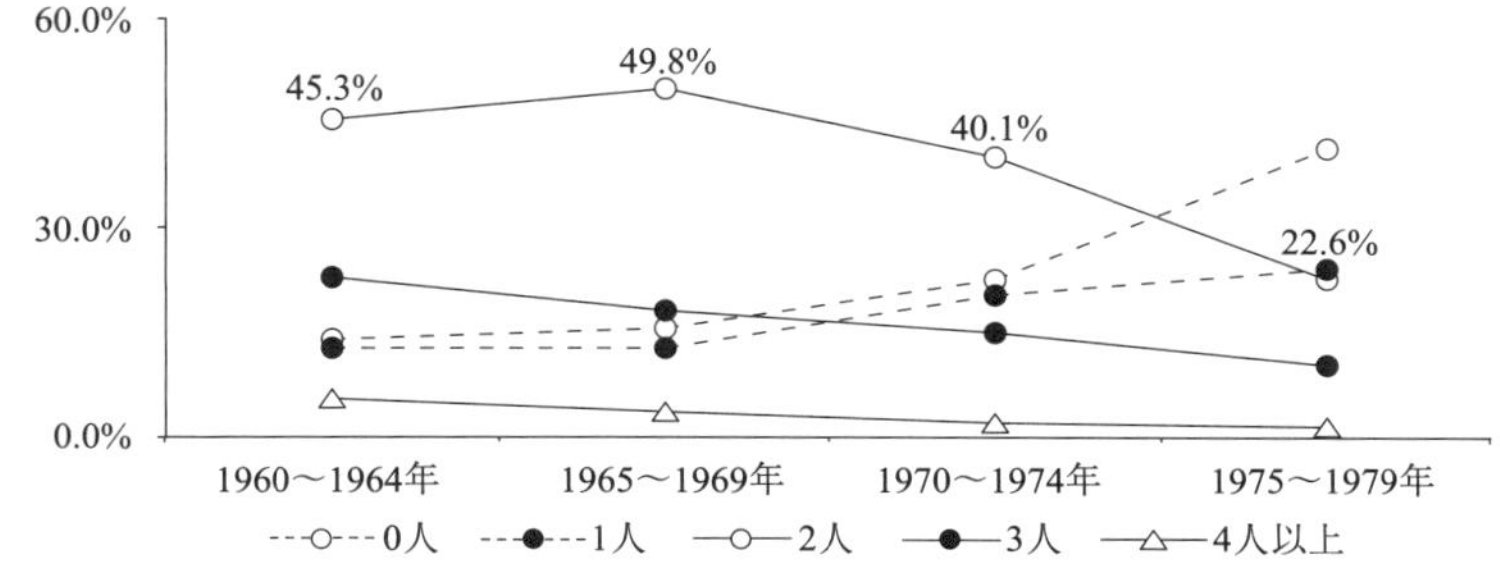

（注）第3回全国家族調査より筆者作成。$N = 1207$。結婚していない人を含む。

いえる。

３・２　学歴ごとの子ども数――男性の場合

では、この「再生産不平等」の内実はいかなるものなのだろうか。そこで次に、調査対象者の学歴や就業上の地位などを考慮した子ども数の分析を、ＳＳＬ－２０１５データを利用して行ってみよう。

図3は、男女別に、年齢による子ども数の予測の推移を、学歴ごとに示したものである。詳しくは説明しないが、これは調査対象者を学歴（中学卒から大学院卒までの5グループ）と年齢（5歳階級で8グループ）で40グループに分割し、グループごとの子ども数を回帰分析によって予測したものである。ここでの年齢は、調査年における年齢ではなく、回顧データ上の年齢であることに留意されたい。つまり、同一個人において、20歳台前半では0人だが、40歳台後半では2人、といったデータの集積である。さらに、予測値の算出においては、出生年の影響を除去してある。[9]

まずは男性から見てみよう。20歳台においては、高校卒のグループの方が、大卒グループよりも平均子ども数が多い。これは、統計的に有意な差である。しかし、ほぼ子どもを作り終えていると考えられる40歳台についてみてみると、異なった傾向がみてとれる。40歳台前半の子ども数の予測値は高校卒で1・20、大学卒で1・34と、大学卒のほうが高くなっており、これも（差は逆転しているが）統計的に有意な差であ

（９）詳しくは、ＳＳＬ－２０１５データを、就業状態、配偶状態、子どもの出生といった回顧情報を用いて、パーソン・イヤーデータに変換したデータを作成し、その上で、子ども数を反応変数としたランダム効果モデルを推定した。したがって分析の単位は個人ではなく、特定の個人の特定の年であり、そこにおいて子どもを何人持っているか、が説明される。独立変数は、学歴・年齢階層のダミー変数39個である。図3のグラフのデータは、出生コーホート（１９４０年代生まれから１９９０年代生まれまで、6グループ）を統制変数として推定した分析の予測値を、グループごとに表示したものである。

図 3　子ども数（予測値）の学歴別・年齢別推移（上は男性、下は女性）

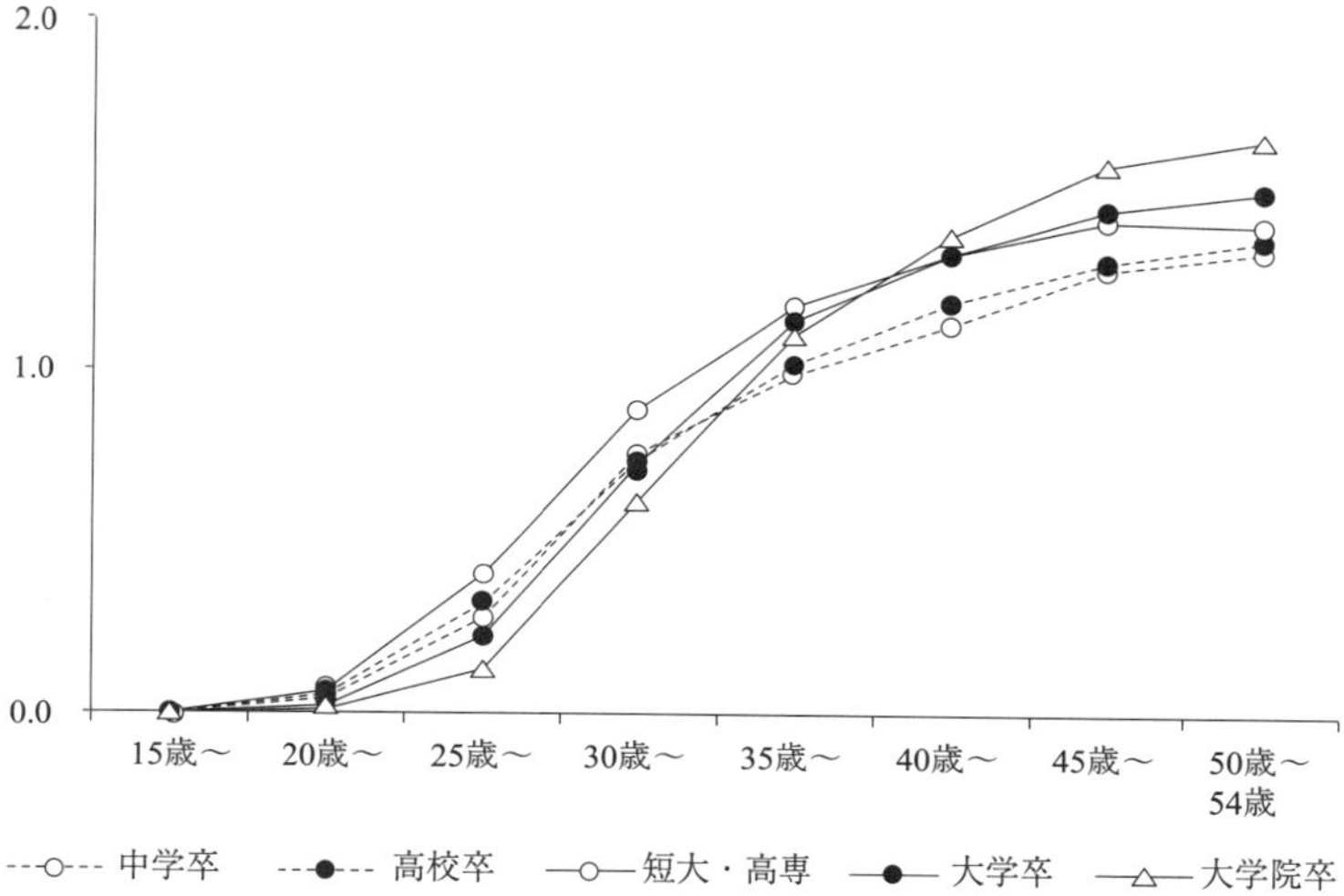

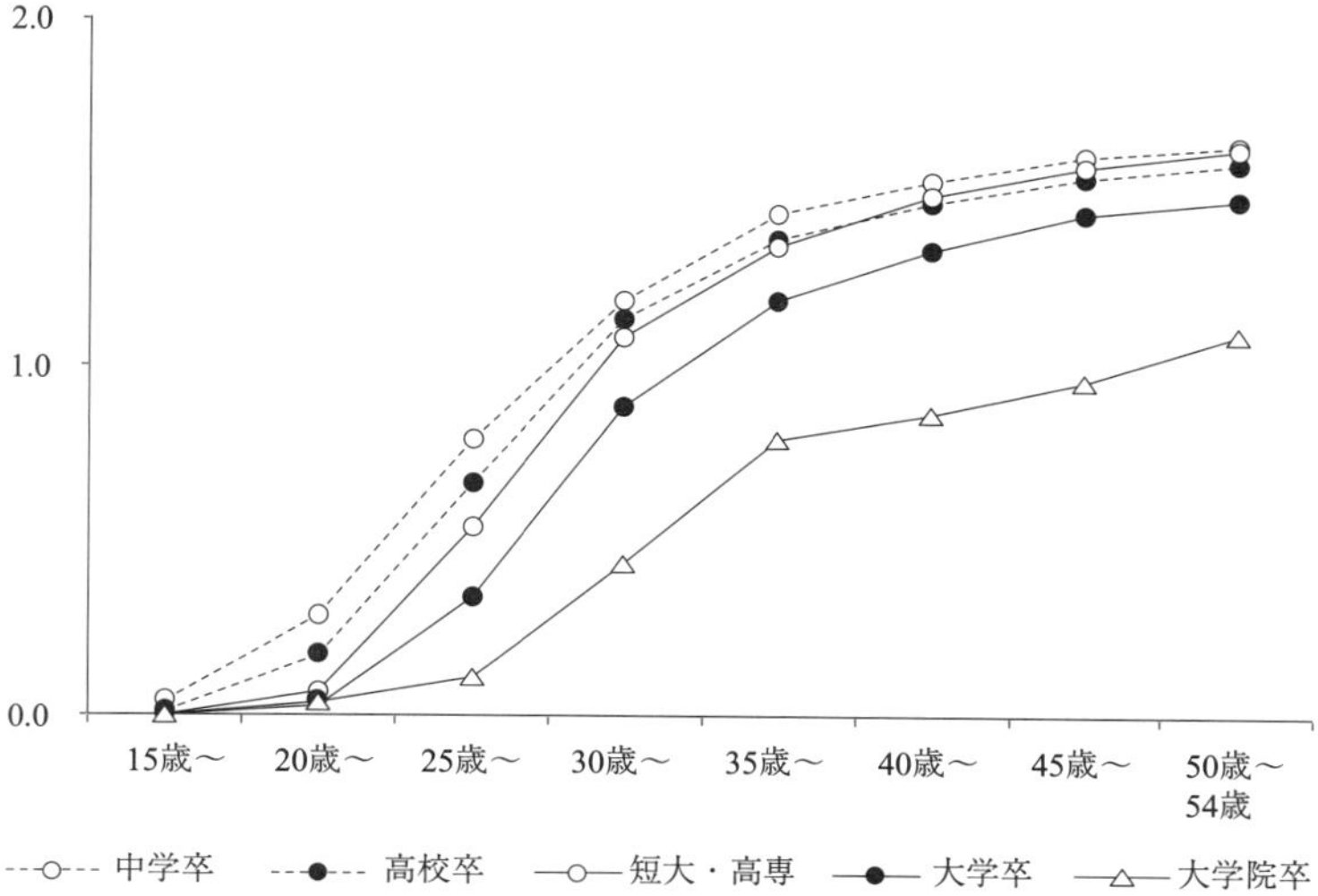

（注）2015 年社会階層とライフコース全国調査より筆者推計。男性 $N = 6004$、女性 $N = 6003$。

る。40歳台後半においても同様の傾向が見いだせる。

これらの傾向は、各年齢における個々人の就業状態（正規雇用、非正規雇用、自営業、その他）の影響を加味した、すなわちその影響を除去した分析を追加的に行ったとしても、まだ残る差である。ただし、20歳台の子ども数の差は、結婚しているかどうかの影響を考慮すると有意な差ではなくなる。他方で40歳台の子ども数の差は、結婚を考慮するとかなり小さくなると同時に、結婚の影響だけでは説明できない。つまり、若いうちは結婚が早いグループ（高校卒に多い）において子ども数が先に増える。しかし、年齢を経て多くの人が結婚していくと、高学歴層が子ども数でキャッチアップする。そして少なくともこのデータにおいては、大学卒グループが高校卒グループを追い抜いている。また、大学院卒男性の子ども数が40歳台以上において大学卒男性よりも多く、これも統計的に有意な差である。

3・3　学歴ごとの子ども数——女性の場合

次に女性である。女性については、男性とは異なり、学歴グループごとの差が継続する傾向が見て取れる。20歳台においては、高校卒と大学卒では、前者のほうが平均子ども数が多く、この差は統計的に有意である。そして40歳台においても同じで、その差は統計的に有意である。とくに大学院卒の女性については、平均子ども数が極めて少ないという結果になっている。ただし、高校卒と大学卒については、その差は小さくなっている。20歳台後半では、差は0・33であるが、40歳台後半だとその差は0・11となり、男性の場合と同じく、ある程度のキャッチアップがみられる。

引き続き女性の子ども数についてだが、20歳台における高校卒と大学卒の子ども数の差は、男性の場合と同様に、各年齢における個々人の就業状態の影響を除去した分析を追加的に行ったとしても、まだ残る。ただ、やはり配偶状態を考慮に入れると消えてしまう。これは男性のケースと同様、高校卒女性の方が早く結婚し、そのために子ども数で先行するということを示している。そして、やはり男性の場合と同様に、40歳台においては結婚の影響を取り除いても、子ども数の差は残る。ただし女性の場合、高学歴層において子ども数が少ない[10]。

3・4　子どもを持つパターンは男女で違う

以上の結果から、「子どもを持つ」ということに関するライフコース格差について、どういったことが推察されるだろうか。

ひとつは、男女での傾向の違いについてである。男性では、若い年齢層においては高校卒グループにおいて子ども数が先行して増えているが、この差は年齢が上がると小さくなり、さらには逆転している可能性もある。これに対して女性においては、高学歴層において子ども数が少なく、そしてその傾向は年齢が経っても残っていた。このようなジェンダーにおける違いは、戦後日本社会において形成された性別分業体制

(10)　以上の結果は、「社会階層と社会移動全国調査（ＳＳＭ）」データを分析したものと整合的である（余田翔平、２０１８、「出生力と学歴再生産──前向きアプローチによる検討」『２０１５年ＳＳＭ調査報告書２──人口・家族』２０１５年ＳＳＭ調査研究会、とくに17～18ページを参照）。ただし余田の研究では（子ども数ではなく）有子割合についての学歴差が示されている。

の反映であろう。高学歴男性は平均的に稼ぐ力が強く、結婚・親なりというライフチャンスに恵まれている。しかし女性については、潜在的な稼得力がライフコースに差をもたらす度合いが、男性よりも小さいのである。

3・5　子どもを持つチャンスは高学歴に有利（ねじれ）

次に、学歴による子ども数の差が、男女ともに、年齢が上がるにつれて小さくなる（男性では差が逆転する）ことである。すでに追加的分析においてみてきたように、若年期（20歳台）においては子ども数の差は結婚のタイミングの差によって説明される。が、壮年期（40歳台）になると、結婚の有無を統制した場合でも差が残る。ここからは、学歴に左右される潜在的な稼得力が出生行動に影響を与えていることが推察される。すなわち、子どもにかかる費用を負担できる余裕がある者が子どもを多く持っている可能性がある。[11]

以上のような分析を前提とすれば、家族形成におけるライフチャンスと社会的な地位とのあいだには、一種のねじれのようなものが存在している可能性がある。すくなくとも学歴についていえば、低学歴グループにおいて結婚が早く、このことが若年段階における同グループの子ども数の多さを説明している。すなわち、若年段階においては、学歴の高さは子どもを持つことについてマイナスの働きを持っている。ところが、長い目で見ると学歴の高さがプラスに働いている可能性があるのだ。このこと

(11)　子育てにおける経済的負担感が子どもを持つことを抑制している可能性については、福田亘孝、2011、「子育ての経済的負担感と子ども数」阿藤誠・西岡八郎・津谷典子・福田亘孝編『少子化時代の家族変容——パートナーシップと出生行動』東京大学出版会など参照。

は、最終的に学歴ごとの子ども数の差が埋まらなかった女性についても、その差が縮小するという点においては同じくあてはまる。

男性については、このねじれにはある程度未婚の影響もある。すなわち、高校卒グループは、平均的には早く結婚するが、最終的には大卒グループの方が婚姻率が高くなる。低学歴層が未婚にとどまることが、子ども数の差のキャッチアップ、そして逆転に寄与していることが示唆される。

4 まとめ

4・1 経済力があれば子どもを持てる

子どもの数と経済力との関係は単純ではない。日本には、(不適切な表現かもしれないが)「貧乏人の子沢山」という言い回しもあり、所得水準が低い家庭においてこそ子どもが多数生まれる、という見方も強かった。これは、低所得の家庭においては子どもに将来的に求める学歴や地位を高く設定しないことで、子どもを多数持つことへの抵抗感が小さいという考え方があるからだろう。他方で、子どもの経済負担を考えたとき、経済力が大きな家庭においてこそ子どもを多数持つことができる、という傾向も考えることができる。

この章の分析結果を見る限り、男性については、教育水準の高さが夫婦の出生力を補完するように働いている可能性が示唆された。

4・2　女性にとっても学歴は子どもを持つチャンスにプラスに作用する

他方で女性についてはどうだろうか。いわゆる「男女平等」が進んだ国においても、いまだに育児等のケアワークは女性が多くを担っている。そのため、経済力と子ども数との関係は、男性におけるよりも複雑になりがちである。

女性の稼得力が日本よりも高いアメリカでは、女性の教育年数と子ども数には「U字型」の関係があると指摘されている[12]。まず教育年数が短い女性は、稼ぐ力が相対的に小さく、そのため家庭外での有償労働と家庭内での育児とのトレード・オフの関係が深刻ではない。他方で、高い教育水準を持つ女性は、高収入によってドメスティック・ワーカーなどの家庭内サービスを市場から購入し、仕事と育児を「両立」させている、というのである。

U字型の底には、ある程度の稼得力を持ちながらも、外部サービスをふんだんに購入できず、自らがケアワークを担いつつ外部の有償労働をして、両立の難しさに直面している女性がいる。日本の女性の多くは、この「底」のグループに近い。ただし、本章の分析からは、女性の教育水準の高さが、年齢が上がるにつれて、低学歴グループとの子ども数の差を埋める傾向も見出すことができた。

(12) Hazan, M. and H. Zoabi, 2015, "Do Highly Educated Women Choose Smaller Families?," *Economic Journal*.

4・3　子育てへの経済支援を

戦後から1970年代まで続いた「再生産平等体制」のその後を検証することが、本章の課題であった。結果的に、子どもを持つということについての格差が広がっていることが示唆された。稼ぐ力が子どもを持つというライフチャンスに不平等をもたらすのならば、必要なのは両立支援だけ、ということにはならない。というのは、両立支援のメリットが高いのは、それによって仕事を継続し、高い所得を維持できる女性、あるいはその女性の稼ぎによって高い世帯所得を得ることができる家族にとってであるからだ。所得の低い女性のいる家庭では、女性が仕事を続けることで得られる世帯所得の増加はそれほどにはならない。そのため、両立支援は世帯所得の格差をもたらす可能性があるのだ。したがって、忘れてはならないのは、稼ぐ力が弱いグループに対する経済的支援である。保育や高等教育費への公的支援を厚くするという2018年時点での政府の方針は、この点において高く評価できる。

最後に本章の課題について触れておく。まずはデータの限界である。すでに述べたように、SSL‐2015データは、きわめて豊富な回顧情報を含み、個人内におけるライフコースの変化の詳細を捉えることが可能であるが、代表性という点においては他の調査に及ばない。個人のライフコースを長期的にとらえ、かつ代表性も高いデータというのは少ないが、今後は本章の結論をさらに別データで検証する作業も必要になる。

次に、本章の分析は、まだデータの潜在的な豊かさを利用しきれていない。就業状態や配偶状態など、個人のライフコースで変化する要素はダイナミックに分析に組み込むことができたものの、より精緻なモデルを用いた分析は今後の課題である。

付記

ＮＦＲＪ08を利用した二次分析にあたり、東京大学社会科学研究附属社会調査・データアーカイブ研究センター（ＳＳＪＤＡ）ＳＳＪデータアーカイブから、第3回全国家族調査（全国家族調査委員会）の個票データの提供を受けました。本研究はＪＳＰＳ科研費ＪＰ２４３３０１６０、成蹊大学アジア太平洋研究センターの助成を受けたものです（科研は基盤研究Ｂ「少子化社会における家族形成格差の調査研究――ソーシャル・キャピタル論アプローチ」２０１２～4年度、成蹊大学は共同プロジェクト「ライフコースの国際比較研究――多様性と不平等への社会学的アプローチ」２０１４～6年度、どちらも研究代表小林盾）。また、本研究を遂行するにあたり、立命館大学研究推進プログラム（２０１８年度、研究代表：筒井淳也）からも援助を受けました。

コラム　家族と階層意識
――家族をもつことは地位なのか

数土　直紀

階層帰属意識とは

社会学者が実施する社会調査では、しばしば階層帰属意識と呼ばれる質問が注目される。しかし、そこで問題にされている階層帰属意識とは、いったい何なのだろうか。たとえば、２０１５年社会階層とライフコース全国調査では、次のような質問文に対して得られた回答が、ここでいうところの階層帰属意識に相当している。

かりに現在の日本社会を上から下まで5つの層に分けるとすれば、あなた自身はどれに入ると思いますか。

上、中の上、中、中の下、下。

ここからわかるように、階層帰属意識とは、その社会において自身が占めるポジション（地位）に対するその人自身の主観的な評価を意味している。このとき問題になるのは、それはあくまでもその人の主観的な評価に過ぎず、かならずしもその人の客観的な社会経済的地位（職業、所得、学歴など）と対応している必要はないということである。

では、実際には主観的な社会的地位である階層帰属意識と、その人の客観的な社会経済的地位との関係は、どうなっているのだろうか。容易に想像できるように、階層帰属意識と客観的な社会的地位の間にはそれでも一定の関連は存在する。たとえば、その人自身の所得が高い（あるいは、世帯の所得が高い）場合、その人の階層帰属意識は高くなる傾向がある。あるいは、その人が高い学歴を保有している場合も、その人の階層帰属意識は高くなる傾向がある。このように、階層帰属意識は、人びとの主観的な判断にしかすぎないけれども、その人の実際の社会経済的地位を反映した意識にもなっている。そして興味深いことに、このような階層帰属意識と客観的な社会経済的地位との関連は、過去数十年の間、日本社会で次第に強まってきていることもわかっている（数土直紀編、２０１５、『社会意識からみた日本――階層意識の新次元』有斐閣）。

階層帰属意識と結婚

階層帰属意識が社会経済的地位と強い関連をもっていることはわかったが、ではそれ以外の要因についてはどうだろうか。実は、階層帰属意識は社会経済的地位と関連しているだけでなく、性別や年齢といった個人の特性とも関連している。そして性別や年齢に加えて、「結婚している／いない」といった家族形成にかかわるイベントとも関連がある。

図1は、調査回答者を結婚している人と結婚していない人とにわけたうえで、階層帰属意識の回答分布を比較したグラフである。図1をみると、結婚している人の20％以上の人が「上」ないし「中の上」と回答しているのに対して、結婚していない人で「上」ないし「中の上」と回答した人は10％程度しかいないことがわかる。

図１　階層帰属意識の婚姻状態別分布

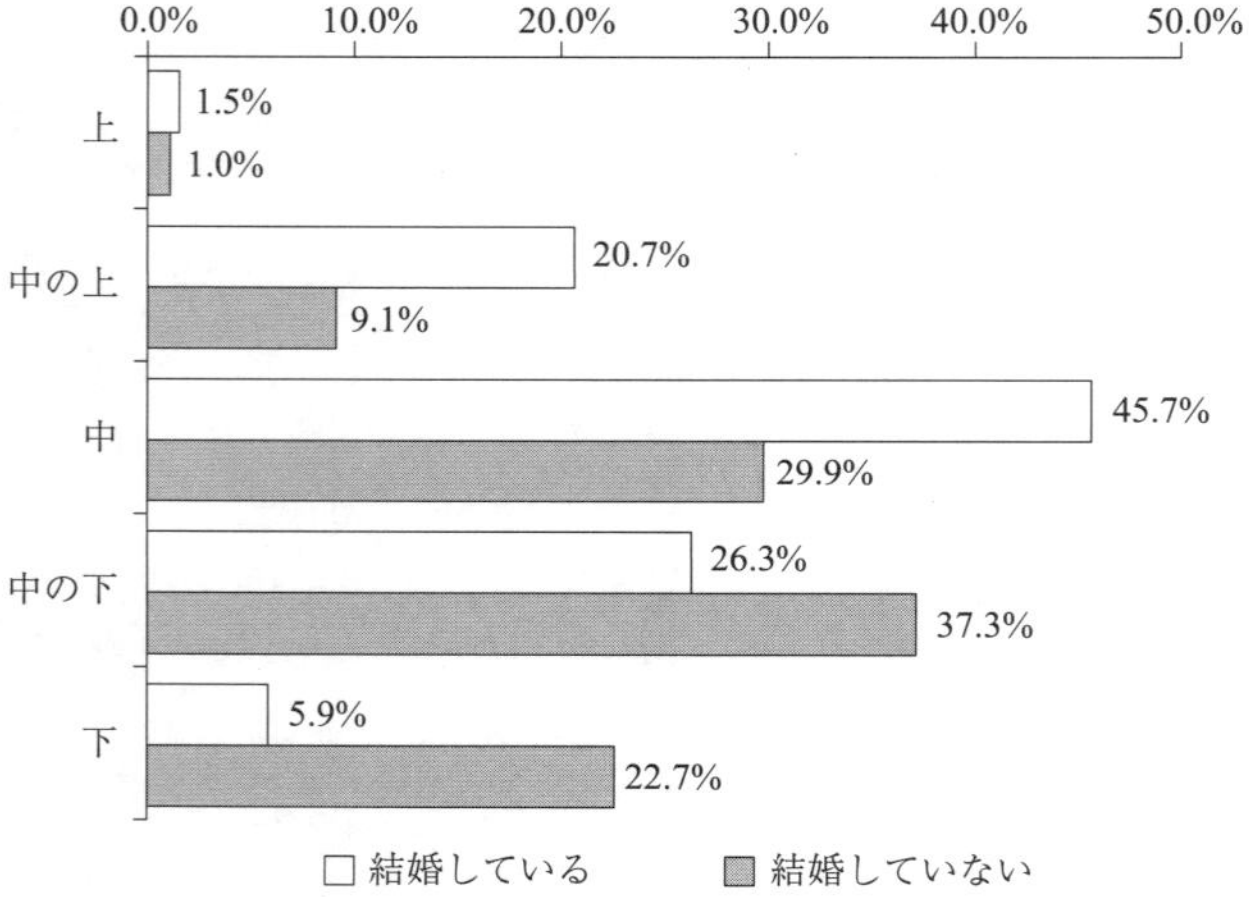

（注）出典：2015年社会階層とライフコース全国調査。N = 1万2007。「結婚していない」は未婚と離死別の合計。

その一方で、結婚している人の6%未満しか「下」と回答していないのに対して、結婚していない人の20%以上が「下」と回答している。

結婚していることと階層帰属意識の間に何の関連もないにもかかわらず、単なる偶然によって結婚している人と結婚していない人の回答分布がこれほど大きくずれる可能性は、0・1%未満しかない（カイ二乗検定）。もっともこれだけ両者の回答分布がおおきくずれていたら、わざわざ統計学の知識をもちだすまでもなく、結婚している人と結婚していない人との間に階層帰属意識について大きな差があることは自明といえるだろう。だが問題は、結婚している人と結婚していない人とで、なぜこれほど階層帰属意識の回答分布が異なってしまうのか、その理由である。

結婚している人の方が一般的に自分の階層的地位を高く判断する傾向があるということは、人びとは結婚をある種の社会的な地位だとみなしている証拠のようにみえる。理屈からいえば、結婚しているから偉いとか、結婚していないから偉くないとか、そういったことはいえない。しかし、結婚している人は自分の地位を高く評価し、結婚していない人が自分の地位を低く評価しているとするならば、人びとは無意識のうちに結婚を地位（ステータス）だとみなしているといえる。

階層帰属意識と子ども

結婚しているかいないかで階層帰属意識が変わってくることがわかったので、今度は子どもがいるかいないかで階層帰属意識が変わってくるかどうかを確認してみよう。図2は、既婚者に対象を限定したうえで、子どもがいる人と子どもがいない人の階層帰属意識の回答分布がどのように異なっているかを比較したグラフである。ちなみに、日本では婚外子の割合が他の先進諸国と比較してきわめて低いことが分かっている（厚生労働省、2015、『平成27年度版厚生労働白書　人口減少社会を考える』）ので、未婚者を含めてしまうと子どものいない人の大半が未婚者になってしまう。それだと、既婚者と未婚者を比較しているのと結果があまり変わらなくなってしまうので、ここではあえて対象を既婚者に限定している。

　結果は、結婚している人と結婚してない人を比較したときの結果と比べると、きわめて対照的となっている。階層帰属意識の回答分布について、子どもをもっている人と子どもをもっていない人ではほとんど差がない。「中の上」ないし「上」と回答した人はそれぞれ20%程度と2%未満程度になっており、「下」と回答した人はいずれも10%未満となっている。

　もちろん、両者の回答分布は完全に一致しているわけではないが、しかしこの程度のずれは偶然によっても生じる小さな差でしかない（カイ二乗検定）。したがって、とりあえずは無視することができる。ちなみに、図2では子どもの人数の違いは考慮せず、子どもがいるかいないかだけで比較している。しかし、紙幅の関係からここでその結果は示さないものの、かりに子どもの人数の違いを考慮しても、子どもの人数が増えるほど、主観的な階層的地位が高くなる（あるいは、低くなる）といった傾向は観察されなかった。この結果を素直に受け入れるならば、人びとは無意識のうちに「結婚」を地位（ス

図2　子どもの有無別、階層帰属意識（既婚者のみ）

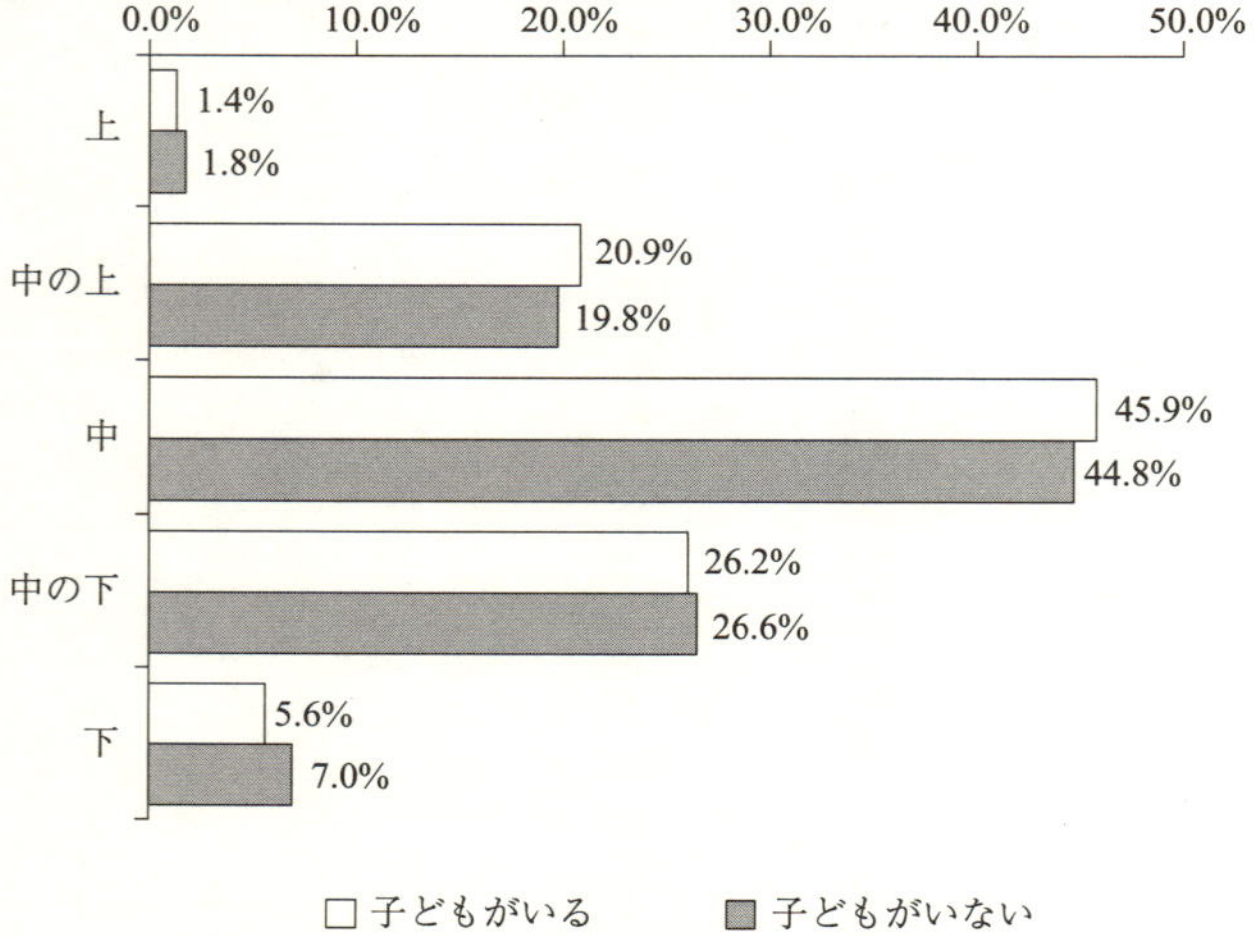

（注）出典：2015年社会階層とライフコース全国調査。N = 7479。

テータス）だとみなしている一方で、「子どもをもつ」ことはかならずしも地位（ステータス）だとは考えていないことになる。配偶者をもつことも、子どもをもつことも、家族形成するという観点からは等しく重要なイベントであるはずなのに、それぞれが階層帰属意識に対してもっている影響はまったく異なったものになっているのだ。

階層帰属意識と家族形成

どうやら家族形成は階層帰属意識と無関係ではないようだが、その関係のしかたは社会経済的地位と階層帰属意識の間の関係と比較するとかなり複雑なものになっている。

ちなみに、結婚も昔から人びとによって地位（ステータス）だと意識されていたわけではない（数土直紀、２０１２、「未婚者の階層意識」『理論と方法』）。かつては生涯未婚率が男女ともに５％未満しかなく、多くの人がいずれは結婚するものと期待されていた（総務省統計局、２０１５、『平成27年国勢調査結果』）。そして、結婚することが当たり前だと考えられていた時期では、結婚しているかいないかで階層帰属意識が変わるといった傾向をみいだすことはできなかった。しかし、生涯未婚率が男性で20％を上回り、女性でも10％を上回るようになると、言い換えれば結婚する人と結婚しない人にわかれるようになると、人びとは結婚を地位だと意識するようになった。いわば、結婚することが当たり前でなくなったことが、結婚が人びとによって地位（ステータス）だとみなされるようになった理由だと考えられる。

しかし、同じ理屈が子どもをもつことに対してはあてはまらない。よく知られているように、日本社会では、出生数も、合計特殊出生率も、長期的にみると大きく低下している（国立社会保障問題研究所、２０１８、『人口統計資料集　２０１８年版』）。言い換えれば、私たちにとって子どもをもつことはかつてよりも当たり前でなくなってきている。にもかかわらず、そのことによって子どもをもつことが地位（ステータス）としてみなされるようになったかといえば、かならずしもそうではない。もちろん、このとき気を付けなければいけないことは、日本社会では結婚していることが子どもをもつための条件であるかのようにみなされていることである。そのような社会では、結婚しない人が増えると、子どもをもたない人も増えることになる。したがって、「結婚した人にとっては、子どもをもつことは依然として当たり前なのだ」という理屈はありうるだろう。しかし現実には、夫婦の完結出生児数も少しずつ低下しており（余田翔平、２０１７、「夫婦の出生力」『現代日本の結婚と出産――第15回出生動向基本調査（独身者調査ならびに夫婦調査）報告書』国立社会保障・人口問題研究所）、この理屈が成り立つかどうかは怪しい。

いずれにしても、結婚することが階層帰属意識に与える影響と子どもをもつことが階層帰属意識に与える影響との違いは、家族形成をめぐる日本人の微妙な意識を反映しており、私たちにひとつの解きがたい謎を提示しているようにみえる。

付記

本研究はＪＳＰＳ科研費ＪＰ２４３３０１６０、成蹊大学アジア太平洋研究センターの助成を受けたものです（科研は基盤研究Ｂ「少子化社会における家族形成格差の調査研究――ソーシャル・キャピタル論アプローチ」２０１２～４年度、成蹊大学は共同プロジェクト「ライフコースの国際比較研究――多様性と不平等への社会学的アプローチ」２０１４～６年度、どちらも研究代表小林盾）。

第11章　親子関係
——縁が切れることで、かえって家族の絆は強まるのか

川端　健嗣

1　問題

1・1　実の親子の縁は切れるのか

「実の親子の縁は切っても切れないと思いますか」。あなたなら、この問いにどう答えるだろうか。

一方で、日本社会は血縁に基づく実の親子関係へのこだわりが強いことが指摘されている[(1)]。他方で、現代社会では「家族の本質的な個人化」が進んでいると主張されている[(2)]。「家族の本質的個人化」とは「『家族であること』を解消する自由」であり、「親子で言えば、子どもが親を選んだり、親が子どもを選んだり、親子関係を解消するという（中略）選択が個人の意志に委ねられること」[(3)]を意味する。

では実際に、現代の日本の人びとの意識において、実の親子の関係は解消ができる選択的関係としてとらえられているのであろうか。あるいは解消できない絶対的関係

（1）　松木洋人、2016、「『育児の社会化』を再構想する——実子主義と『ハイブリッドな親子関係』」野辺陽子・松木洋人他『〈ハイブリッドな親子〉の社会学——血縁・家族へのこだわりを解きほぐす』青弓社。

（2）　山田昌弘、2004、「家族の個人化」『社会学評論』。

（3）　山田（2004）、346ページを参照。

としてとらえられているのだろうか。

1・2 世代、都市度、年収の効果

かりに、実の親子関係が、現代の日本では絶対的ではなくなってきているとしよう。言い換えると「家族の本質的個人化」が、現代の日本社会で進んでいると仮定する。

その場合、全体として高齢者よりも若年者の方が、実の親子関係を解消可能な関係としてとらえている違いがあらわれるだろう。また、現代的な都市に住む人の方が、町村に住む人よりも実の親子関係を解消可能な関係としてとらえる違いもあらわれるかもしれない。

これらの予想に加えて、ゲオルグ・ジンメルの個人化論も参考にして予想を立ててみよう。ジンメルは、貨幣の介在が、従来の人間関係からの解放と新たな人間関係への統合をもたらすことを論じている。(4) つまり、個人が所得をえることは、個人の自立の要件となる。したがって、個人の所得があがるほどに、人間関係から自由になり、親子関係さえも解消可能な関係としてとらえるようになるかもしれない。

以上の考えを、次の3つの仮説に設定して、変化を判断する指標にしよう。第一の仮説として、若い世代ほど、実の親子の関係は解消可能であると考えるだろうということ。第二の仮説は、居住地域の都市度が高いほど、実の親子の関係は解消可能であ

(4) Simmel, G., 1922[1900], *Philosophie des Geldes*, Verlag Duncker & Humblot (=1999、居安正訳『貨幣の哲学』白水社)。

ると考えるだろうということ。第三の仮説は、個人の年収が多くなるほど、実の親子の関係は解消可能であると考えるだろうということである。

2　データと方法

2・1　2018年社会階層とライフコースの全国調査

上記の仮説を検証するために、質問紙調査のデータを分析に用いる。

調査は「2018年社会階層とライフコースの全国調査」である。調査期間は2018年の2月～5月であった。調査対象は日本全国20～79歳の個人で、調査方法は層化2段無作為抽出（6地域ブロックと4都市規模で層化）による200地点の訪問面接で行われた。計画標本は2800ケース、有効回収数が1126ケース、有効回収率は40・2％である。この調査のデータのうち、本章で使用する質問においても欠測のない1011ケースを分析の対象とする。

2・2　実の親子の関係は切っても切れないのか

実の親子関係の意識について「実の子との関係は、切っても切れないものだ」という質問と、「実の親との関係は、切っても切れないものだ」の質問を用いる。回答方法は「そう思わない」、「ややそう思わない」、「どちらともいえない」、「ややそう思う」、「そう思う」の5つである。

この2つの質問への回答に「そう思う」を1点、「そう思わない」を5点として順番に1～5点を割り当てて足し合わせ、「実の親子の縁に対する意識」という1つの変数としてあつかう。つまり、最小値が2で最大値が10となり、値が低いほど実の親子の関係は切っても切れないと考え、高いほど解消可能であると考える意識をあらわす。

ただし実の親と子の意識を合算した場合、それぞれ自分に子どもがいるかどうかと、親が存命かどうかによって、大きな違いが生じることが考えられる。したがって、それらの影響を統制した分析を3・5の回帰分析でおこなう。

3 分析結果

3・1 実の親子の縁についての意識

まず「実の子との関係は、切っても切れないものだ」という質問と、「実の親との関係は、切っても切れないものだ」に、人びとがどう答えたのかを見てみよう。それぞれの結果は、図1のグラフが示している。いずれの質問に対しても「そう思う」が最も多い結果となっている。

図1 実の親子意識の回答結果

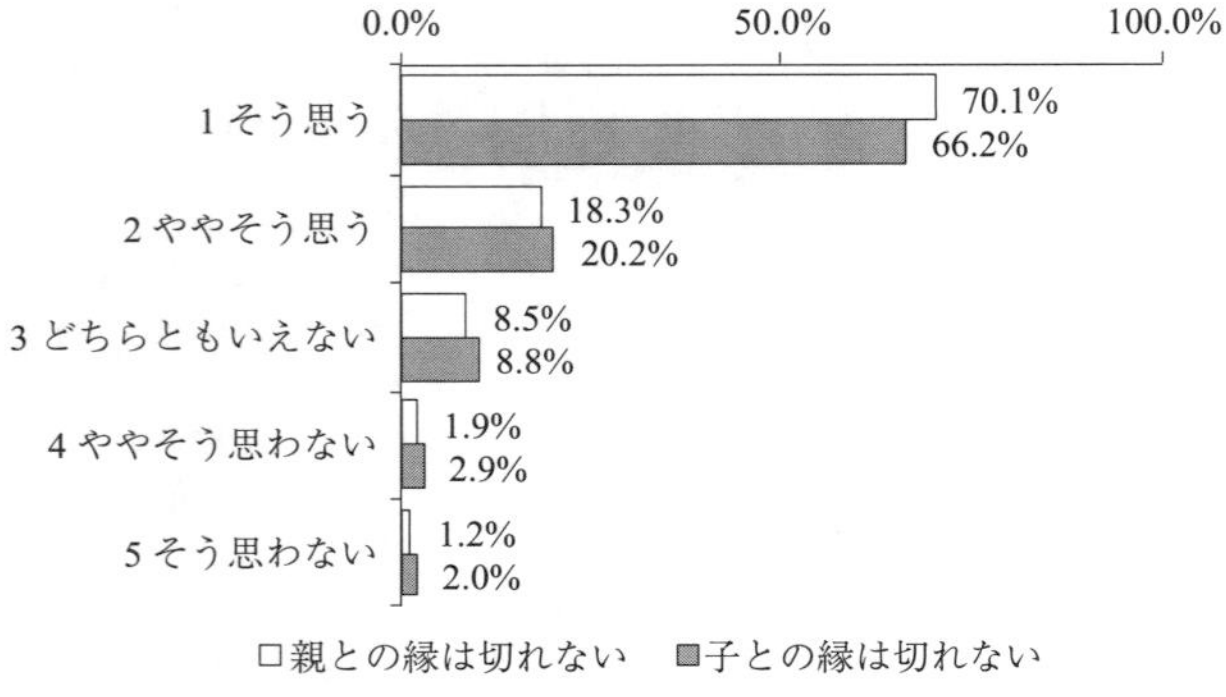

（注）N = 1011。

反対に「そう思わない」が最も少ない回答であり、「そう思う」に大きく偏りのある結果となった。

割合は、「実の子との関係は、切っても切れないものだ」という質問に対して「そう思う」が66・2%、「ややそう思う」が20・2%で、肯定的な意見が全体の86・4%を占めている。

また「実の親との関係は、切っても切れないものだ」という質問に対しては、「そう思う」が70・1%、「ややそう思う」が18・3%で、肯定的な意見が全体の88・4%を占めていた。

なおこれらの2つの質問の関係の強さを測るべく、相関係数を計算すると0・724と高い相関があることが分かった。また2つの質問を合計して1つの変数として扱うために、尺度の一貫性を測る信頼性係数のクロンバックのαを計算すると0・837の値となり、合計変数として使用する参考基準の0・8を超える値を示した。

3・2　年齢による意識の違い

ここからは「実の子との関係は、切っても切れないものだ」という質問と、「実の親との関係は、切っても切れないものだ」を合計した変数である「実の親子の縁に対する意識」を使って分析してみよう。

合計変数の「実の親子の縁に対する意識」は値が低くなるほど、実の親子の関係は切っても切れないと考える立場を表し、高くなるほど切っても切れないとは思わないという立場を表す。この「実の親子の縁に対する意識」は、年代、都市度、個人所得に応じて、どのように変わるのだろうか。

まず、年代によって「実の親子の縁に対する意識」に違いがあるのかどうかを分析した。結果は、図2の左側が示している。年齢を20代、30代、40代、50代、60代、70代までの10年ごとに区切り、それぞれの「実の親子関係の意識」の平均値の差を測った。

その結果、20~30代、40~50代、60~70代が近い値を示し、20歳ごとに階段上に値が低くなっている。つまり、年齢が低いほど、比較的実の親子の関係は切れないとは思わないという考えを持ち、反対に年齢が高いほど、切れないという考えをもつことが、20歳の年代ごとに顕著にあらわれることが分かった。そして、これらの年代ごとの差は、分散分析の結果有意だった。

図2　年代、都市規模、個人所得の違いによる実の親子の意識の平均値の比較

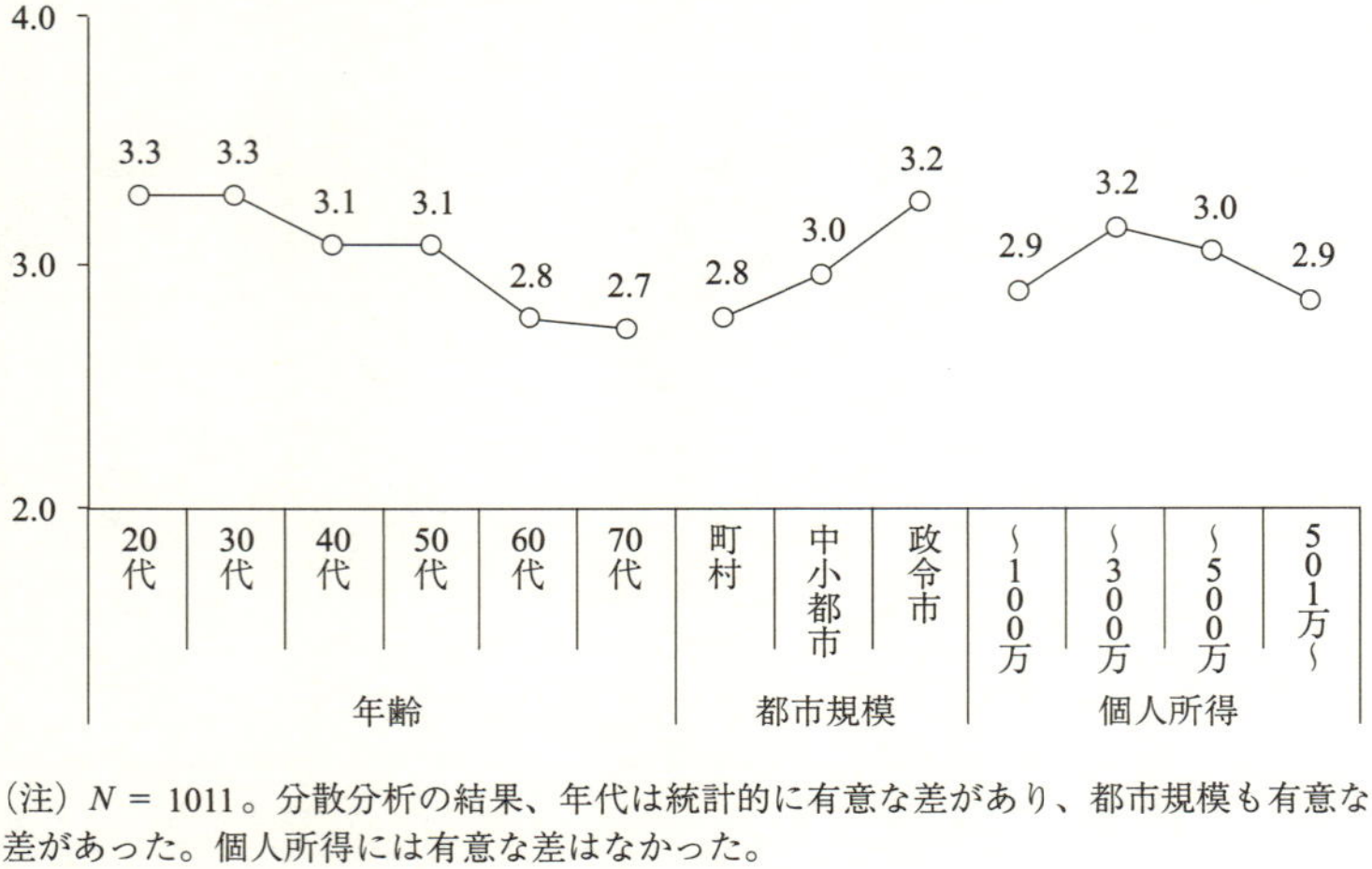

（注）$N = 1011$。分散分析の結果、年代は統計的に有意な差があり、都市規模も有意な差があった。個人所得には有意な差はなかった。

3・3　都市の度合いによる違い

では居住地域の都市の度合いによる違いは、実の親子関係の意識と、どのような関係にあるのだろうか。居住地域を「政令市」、「中小都市」、「町村」の3つに区分し、順番に都市の度合いがより高いものとして解釈しよう。そのうえで、それぞれの「実の親子の縁に対する意識」の平均値を比較した結果が図2の真ん中の部分が表している。

都市度が高いほど実の親子の縁に対する意識の値が高く、比較的解消可能であると、とらえていることが読み取れる。これらの都市の度合いによる意識の差は、分散分析の結果有意であった。

3・4　所得による違い

最後に個人の所得による違いを見てみよう。個人が所得をえることは自立をうながし、個人の所得が高くなるほど、人間関係に縛られない自由をえることができるかもしれない。このような考えは、親子関係にも当てはまるだろうか。

図2の右側に、所得と実の親子の意識の関係を比較したグラフを示している。個人の所得は四分位に基づく4つのグループに分類し、それぞれグループの「実の親子の縁に対する意識」の平均値を表している。「実の親子の縁に対する意識」が最も高いのは101万円～300万円以内のグループであり、次に高かったのは301～

500万円以内であった。反対に、個人所得が最も高いグループの501万円以上の意識が最も低く、次に低い値を示したのは個人所得が最も低い100万円以内のグループであった。

ここから個人の所得の多寡と実の親子の意識についての明確な影響関係は読み取れない。他にも、より細かく所得の違いを6段階や8段階にして分析もしてみたが、明確な関係は読み取れなかった。個人所得が最も高いグループと最も低いグループがともに実の親子の関係は切っても切れないという考えに近い立場にある通り、個人所得の多寡は実の親子関係の意識を一定方向に導くものではないと判断できる。

3・5 まとめて分析すると

ここまでの結果は、2つの変数間の関係のみに基づく分析であった。そこで、それぞれの変数の影響を統制するために、回帰分析を行った。統制変数には、その他に性別、教育年数、子供がいるかどうか、実の両親のいずれかが存命かどうかという変数を投入した。

結果として、分散分析の結果と同じく、年齢と政令都市のダミー変数が統計的に有意な効果を示し、個人所得は有意な効果を示さなかった。

4　まとめ

4・1　若いほど、また都市度が高いほど縁が切れる

以上の分析を踏まえた、検証の結果、仮説に対して次のことが分かった。

第一に、平均値の比較の分散分析と回帰分析の結果、年齢が低くなるほど実の親子の関係は切っても切れないという意見に、否定的な回答の割合が増えることが分かった。

第二に、都市度においても、平均値の比較と回帰分析の結果、都市になるほど実の親子の関係は切っても切れないという意見に、否定的な回答の割合が増えることが分かった。

第三に所得については、平均値の比較においても、また回帰分析においても統計的に有意な違いはなかった。

したがって、1つ目の「若い世代ほど、実の親子の関係は解消可能であると考えるだろう」という仮説は支持された。また2つ目の「居住地域の都市度が高いほど、実の親子の関係は解消可能であると考えるだろう」という仮説も支持された。

しかし3つ目の「個人の年収が多くなるほど、実の親子の関係は解消可能であると考えるだろう」という仮説は支持されなかった。

4・2　親子の縁の強さとその変貌

まず本章のデータ分析の結果は、実の親子関係の強さを示している。実の親と子との関係は「切っても切れない」に対して肯定的に答えた割合はいずれも85％を越えており、「どちらともいえない」を除く否定的回答はいずれも5％以内だった。

この結果から、大多数の人が実の親子の関係を解消不可能な絶対的関係としてとらえていることが分かった。

ただし実の親子の縁に対する意識の強さは、どの年代でも同じというわけではなかった。統計的に有意な差として、年代が低くなるほど、高い年代に比べて値が高くなっていた。つまり、年代によって意識には違いがあり、低い年代になるほど比較的否定的になることが分かった。

また都市度によっても、統計的に有意な差があった。すなわち、都市であるほどに、実の親子の関係を切っても切れないとする考え方に、比較的否定的な意見が増えることが分かった。

これらの結果をあわせて考えると、都市に住み、かつ低い年代であるほど、親子関係が切っても切れないとは考えない人が増えると言える。この結果は子どもを持っているのかどうかや、親が存命かどうかというライフステージによる違いを統制しても結果は変わらなかった。したがって、年齢によって変わるというよりは、世代や時代によって実の親子の関係に対する意識に差が生じていることが考えられる。ただし、この点を明らかにするためにはコーホート分析など更なる分析が必要である。

ここまでが、データを通じて分かったことである。では、このような実の親子関係の人びとの意識を知ることには、どのような意味があるのだろうか。最後に、視野を広げてこの設問の意味を考えてみよう。

4・3 家族の絆は強まるのか

日本においては、高齢化と共働き家庭の増加が進むなかで、家族成員のケアの社会化が活発に議論されている。ケアの社会化とは、子育てや介護などの家族が担ってきた仕事を、家族以外の人びとやサービスにゆだねていくことを意味する。

現代の日本には、児童虐待[5]や介護殺人・心中[6]など、家族によって担いきれない子育てや介護というケアの問題の存在が示されている。これらの問題をかえりみる場合、子育てや介護などのケアを家族成員のみならず広く社会に開いていくことが重要であるに違いない。

しかし、これまで日本の福祉の特徴は、「家族主義」と評されてきた[7]。つまり、家族成員のケアは、家族が担うべきという規範意識が強かった。その意識が、子育てや介護などの仕事を家族以外の人びとと共有する社会化の障壁となってきた。

くわえて、実の親子という血縁主義が養子縁組のような「子どもにケアを提供する」社会化の障壁となっていることも指摘されている[8]。たとえば松木は「何が『育児

(5) 「社会福祉行政業務報告(福祉行政報告例)」(厚生労働省)によると「全国の児童相談所における児童虐待に関する相談対応件数」は2017年に相談対応件数は13万3778件であり、20年前の1997年「社会福祉行政業務報告(厚生省報告例)」による集計値5352件と比べて20倍以上の報告の増加が続いている。
(6) 羽根文、2006、「介護殺人・心中事件にみる家族介護の困難とジェンダー要因」『家族社会学研究』。
(7) 新川敏光編、2011、『福祉レジームの収斂と分岐――脱商品化と脱家族化の多様性』ミネルヴァ書房。また落合恵美子、2013、「アジア近代における親密圏と公共圏の再編成――『圧縮された近代』と『家族主義』」落合恵美子編『親密圏と公共圏の再編成――アジア近代からの問い』京都大学学術出版会など。

の社会化』を阻むのか[9]」を問うなかで、血縁関係にある子どもを血縁のない子どもよりも優位におく規範を「実子主義」と呼ぶ。そして「日本社会は家族主義が強いと指摘されてきたが、これは実子主義にもあてはまるように思われる[10]」と述べている。つまり、子育てを家族のみで担うべきという規範に加えて、血縁のある家族のみが担うべきという規範も社会化を阻んできたと指摘している。

　児童虐待や介護殺人など、家族によって担いきれない子育てや家族成員のケアについて考えるとき、家族のために実の親子や家族だけでなんとかしようとする考えが、反対に家族を逃げ場なく苦しめていることが見えてくる。

　実の親子の関係を絶対的関係としてとらえないことは、家族の人間関係の希薄化による家族の解体を意味するだけではない。血縁や家族関係を絶対視する意識に風穴があくことは、家族関係の風通しを良くして、むしろ家族の絆を強めたり家族を無理なく続けていくことにつながる可能性がある。

「実の親子の縁は切っても切れないと思いますか」。この人びとの意識の変化を問うことは、日本の家族福祉の行く末と共に、家族という集まりの新たな存続の可能性を見据えることにもつながっている。

付記

本研究はＪＳＰＳ科研費ＪＰ15Ｈ０１９６９の助成を受けたものである（基盤研究Ａ

（8）野辺陽子・松木洋人・日比谷由利・和泉広恵・土屋敦、２０１６、『〈ハイブリッドな親子〉の社会学——血縁・家族へのこだわりを解きほぐす』青弓社。

（9）松木（２０１６）、31ページ。

（10）松木（２０１６）、30ページ。

「少子化社会におけるライフコース変動の実証的解明——混合研究法アプローチ」、2015〜9年度、研究代表小林盾)。執筆に当たり、小林盾氏、渡邉大輔氏、内藤準氏、森田厚氏から有益なコメントをいただきました。記して感謝申し上げます。

コラム　家族の重要性
――モダニズム再考

今田　高俊

歴史の中の家族

私たちのほとんどは家族の重要性を疑っていないし、家族は存在して当たり前のように思っている。しかし、そう思う心と現実の間には乖離がある。実は、家族というのは自明の存在ではない。近代社会の趨勢には、家族を駆逐し崩壊させる力学が備わっているからである。

これまで長い人類の歴史の中で、家族はきわめて変化しにくい社会構造の単位であった。家族以外の構造は歴史とともに大きく変わってきたが、家族は長らく夫婦と子どもに他の親族が加わった拡大家族を基本とし、選択の自由度の少ない存在であった。それが近代化のインパクトによって、核家族を中心とする家族形態に変化した。

しかし、稼ぎ手としての男性が外に働きに出て、女性が家で家事や育児をするという核家族の在り方は、長い人類の歴史の中で、高だかここ一世紀ほどの現象でしかない。そして、核家族がもっとも近代社会に適合する家族形態だというのは、イデオロギーによって啓蒙された神話である可能性が高い。というのも、核家族化については、事実としてのそれよりも、ライフスタイルとしての核家族化が推奨された面があったからである。

核分裂家族の可能性

近代とは効率と合理性を重んじる機能優先の論理で、社会づくりをすることを特徴とする。ウェーバーの言葉を借りていえば、社会の合理化過程が近代の特徴である。この力学は個人化を帰結する。バウマンのいうように「液状化した近代」では「個人に選択の自由は許されても、個人化を逃れ、個人化ゲームに参加しない自由は許されない」（Z・バウマン、2001、『リキッド・モダニティ――液状化する社会』森田典正訳、大月書店)。

この近代の宿命は、家族が社会にとって適合的な存在ではなくなることを意味する。というのも、社会の合理化が要請するのは、市場経済に典型的にみられるように、転勤、出向、転職などいつでも、どこへでも移動できる労働力(個人)の可動性だからである。近代には単体(アトム)としての個人こそがふさわしい。一族郎党を引き連れての転職、転勤というのは効率的ではない。個人の可動性が高くて、いつでも、何処へでも移動できる状態が望ましい。したがって、社会の合理化が貫徹していったとき、これにもっとも適合的な状態は、個人を単位とした単独世帯にならざるをえない。近代化がさらに進んでいくとすれば、家族が個人化するのは必然である。極論すれば、家族は必要でなくなる。

今日、個人化が一段と進んで社会がアトム化しつつある。パーソンズは「核家族が近代の理想的な家族だ」と述べたが、核家族が崩壊するほかないくらい、個人化の力学が近代によって進んでいる。今後、モダニズムの論理が貫徹してゆけば、核家族の機能である性愛、出産、社会化、親密性などすべてが外部化される可能性がある。そうなれば「核分裂家族」と形容するほかない状態が登場しよう。その兆候は、結婚をしない単独世帯の増加やDINKSと呼ばれる子どもなし共働き夫婦の増加に現れている。

核分裂家族という表現は、原子核の分裂を家族に当てはめ、従来の典型的な家族形態である核家族が崩壊していく様を形容したものである。その現象として、離婚の増大、晩婚化や非婚化などが考えられるが、ここではとくに家族が消滅して単独世帯が主流になる傾向を表すことにする。

データで検証する

図1には家族類型別世帯数の総世帯に占める割合の趨勢を掲げてある。典型的な核家族を表す夫婦と子どもからなる世帯は、1970～80年まで全世帯の40%強を占めていたが、直近の2015年には27%弱にまで減少している。これに代わって、夫婦のみの世帯が9・8%から20・1%へと倍増するとともに、単独世帯も

20・３%から約34・55%へと大きく増えている。

　単独世帯には配偶者を亡くした高齢者も含まれるため、個人化の趨勢の直接的な証拠とはならないが、生涯未婚率が１９７０年以来高まる傾向にあることはその傍証となるだろう。国勢調査によれば、50歳時の未婚割合である生涯未婚率（生涯未婚率とは50歳時の未婚率であり、45～49歳の未婚率と50～54歳の未婚率の平均をいう）は、１９７０年には、男性１・７%、女性３・３%であったが、２０１５年には男性23・４%、女性14・１%にまで急増している。『平成30年版 少子化社会対策白書』（第１－１－10図）（https://www8.cao.go.jp/shoushi/shoushika/whitepaper/measures/w-2018/30webhonpen/html/b1_s1-1-3.html、２０１９年１月23日閲覧）によれば、生涯未婚率はこれまでの未婚化、晩婚化の流れを前提とすれば、２０４０年には男性29・５%、女性18・７%になると推定している。以上の事実を踏まえれば、核分裂家族へ向けた個人化の圧力は一段と高まっていくと考えられよう。

　図２は「２０１５年社会階層とライフコース全国調

図１　家族類型別世帯数の割合の推移（1970 ～ 2015 年）

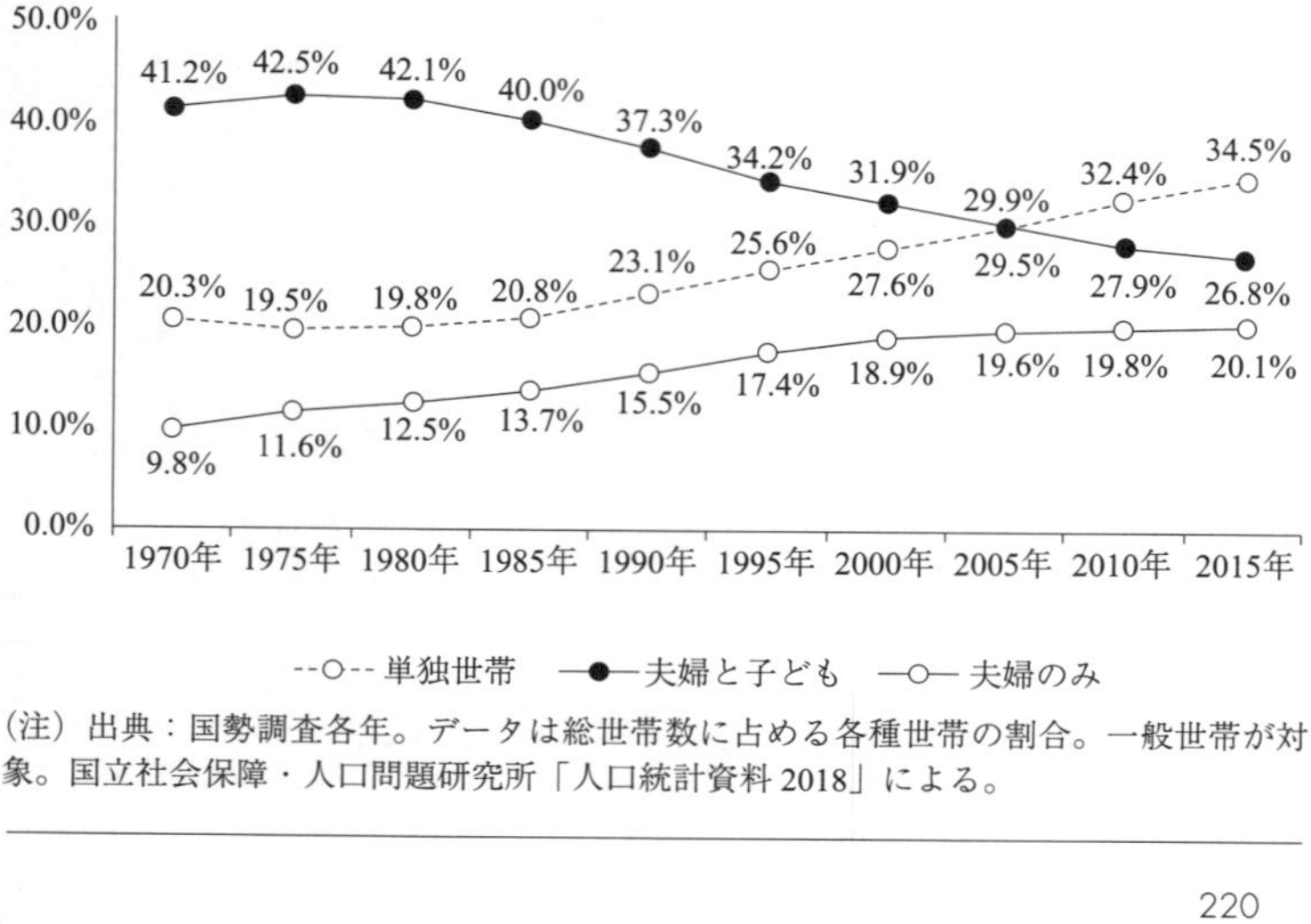

（注）出典：国勢調査各年。データは総世帯数に占める各種世帯の割合。一般世帯が対象。国立社会保障・人口問題研究所「人口統計資料 2018」による。

査」で設けられた質問項目「次の意見について、あなたは賛成ですか、反対ですか」のうち「今後、家族の重要性が減っていくと思う」について年齢別に集計したものである（この質問の回答選択肢は、反対（1）から賛成（6）まで6段階である。図の作成に際しては、反対を表す1と2を「重要でなくならない」、賛成を表す5と6を「重要でなくなる」、それ以外の3と4を「どちらでもない」と類別化した）。図によれば、今後家族の重要性が減っていくと答えた対象者の割合は、20代で15％強ともっとも多く、残る世代はおよそ13〜14％であり、全体として有意な差はない。

問題は全世代にわたって13〜15％強が「家族は重要でなくなる」と答えたことをどう考えるかである。少数であるとみるか、今後増えていく兆しとみるか、意見が分かれるところだが、私は、モダニズムの原理に変容が起きないかぎり、後者の意見に妥当性があると考える。というのも、今後、家族は「重要でなくならない」と回答した者が30％前後にすぎず、全体としてみれば世論は確信をもって家族の重要性を不動のものと考えていないか

図2　家族の重要性の割合の年齢別比較

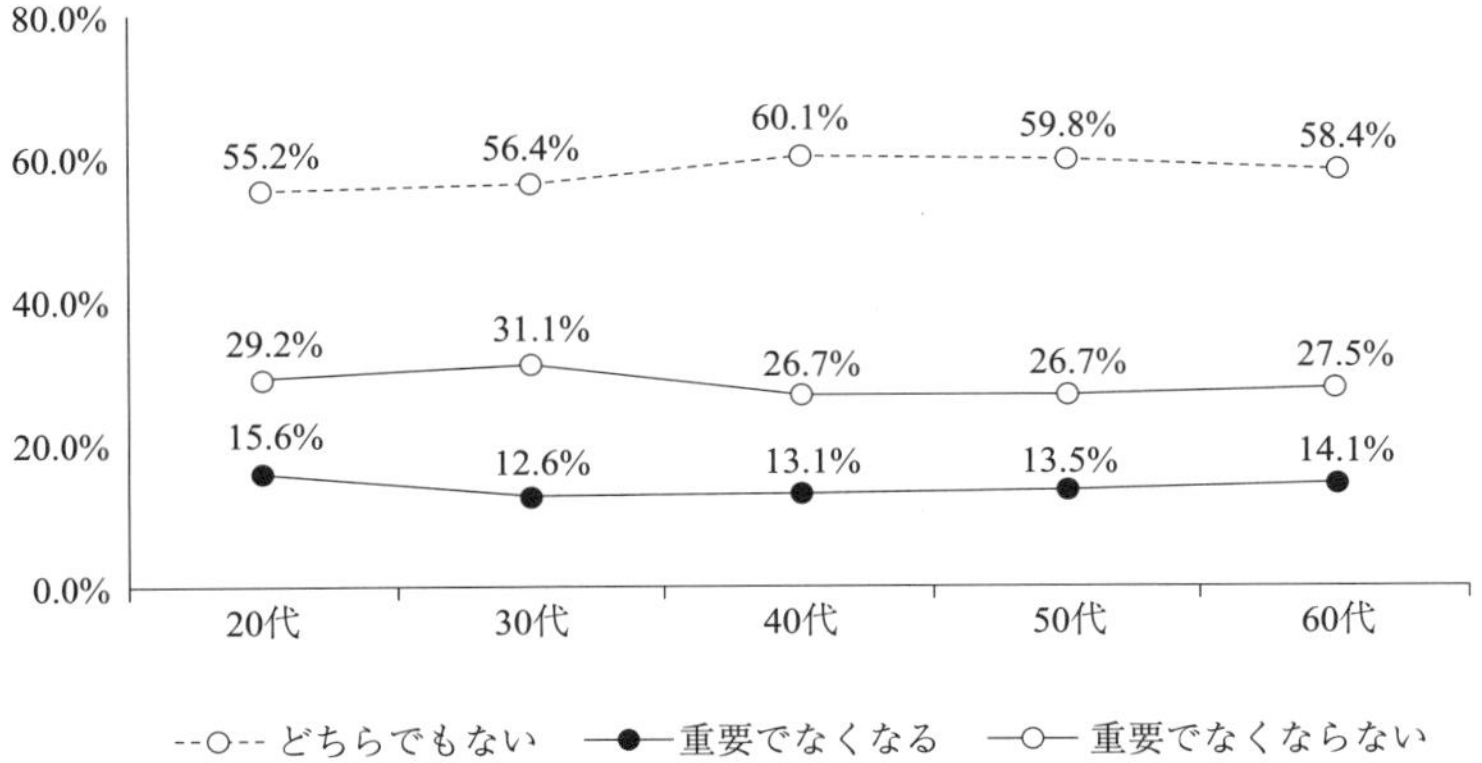

（注）出典：2015年社会階層とライフコース全国調査。N = 1万2007。

らである。全世代でおよそ60％程度の者が「どちらでもない」という不安定な意見を示して（ゆらいで）いる。

いずれにせよ、現状を放置すれば、モダニズムは個人化の力学により核分裂家族を帰結させる可能性が高い。

家族の再定位のために

ということで、家族のゆくえとしてありうる道は次の二つである（今田高俊、１９９６、「核分裂家族」（平成の時代考22）『総合社会保障』を参照）。第一は、家族に残された機能である「子どもの再生産と社会化」および「情緒的な人間関係の充足」を社会に外部化して、家族の実質的な消滅を受け入れること（＝家族の死）。第二は、可能なかぎりこれらの機能を残して家族の存続をはかるために、近代の打算的なゲゼルシャフト（利益社会）化に汚染されない人間関係の在り方を模索すること（＝家族の再生）。家族の死か再生かが、遠からず大きな社会問題になるはずである。いや、すでにそうなっているといってよい。

前者のケース、つまり家族なしで社会を運営する可能性は皆無ではないが、それは無謀な賭となるであろう。というのもこのばあい国家解体の危機を迎えることになるからである。国家は家族を基礎に形成するほかない。家族が担っている子どもの出産と育児、躾けと人格形成（社会化）などを国家が引き受けることは、人材面およびコスト面で不可能であるといってよい。また、家族に国家が直接的に介入することに対しては、国民の拒否反応が起きるであろうことはいうまでもない。

さらに、共産制を指向し、私有財産を禁止したイスラエルのキブツ共同体ですら、子どもが親から離れて共同生活し続けることを断念せざるを得なかった。キブツでは家族は経済的単位も生活単位をもなさず、極端に集団化された社会構造を理想としている。共同体への献身が親族義務にまさっており、コミュニティやその成員に対する心理的な結びつきは、家族へのそれよりも重視される。しかし、反家族主義を掲げてはいるが、親子の絆は明確に存在し、家族という実態は存在している。つまり、経済的単位としてではなく情緒的単位としての家族（共同体）へと変容を遂げたことである。夫と妻、親と子を結びつける情緒的な絆がキブツ共同体の成員との絆よりも強いことだ。家族の無条件の愛や親密性が、家族成員の絆を強め安心感を高めたのである。それはケアしケアされる関係としての家族がなり立つことを象徴していよう。経済的な利害に左右されない家族のあり方を示唆している。

ということで、今後、第二の選択肢である家族の再生を図るほかなくなる。そのためには手当が必要である。それはモダンの脱構築にまで及ぶと考えられるが、その最初の一歩としてなすべきことがある。これまで社会学をはじめとして社会科学は、モダニズムが内包する個人化の力学に無反省でありすぎた。なすべきことは、個人化のもとでの共同性の確保、他者と共に生きる術とは何かを問うことを通じて、家族を再定位することである。

私はかつての家族形態へ復帰することを主張したいのではない。共同体的な縛りの強い家族ではなく、家族関係に本来的に備わっている人間関係の原点、つまり他者へのケアを見直す必要性を主張したい。ケアしケアされる人間関係が確保され、これが安定的に維持される生活が営まれていれば、それを家族と呼んでよい。婚姻、恋愛、性別、血縁にかならずしもとらわれる必要はない。昨今のＬＧＢＴ（レズビアン、ゲイ、バイセクシュアル、トランスジェンダー）に代表される性的少数者も、家族を形成する権利が広く認知されるようになるであろう。この意味で、近代家族の理想像とされた核家族のゆらぎは家族の脱構築を迫っている。こうした時代が訪れるのはそう遠くないはずだ。

近代社会はケアの倫理を、道徳的な未熟さの段階として、その価値を貶めてきた。家族はその犠牲になりつつある。家族なくして社会が成り立たないことを考えれば、今こそケアの力を社会的に担保することが、家族の再定位のための必須条件になるだろう。

付記

本研究はＪＳＰＳ科研費ＪＰ２４３３０１６０、成蹊大学アジア太平洋研究センターの助成を受けたものです（科研は基盤研究Ｂ「少子化社会における家族形成格差の調査研究——ソーシャル・キャピタル論アプローチ」２０１２～４年度、成蹊大学は共同プロジェクト「ライフコースの国際比較研究——多様性と不平等への社会学的アプローチ」２０１４～６年度、どちらも研究代表小林盾）。

第12章　家族と自由
――交際・結婚・出産育児の社会経済的不平等

内藤　準

1　問題

1・1　自由と社会的資源

現代の日本社会では、人びとは自由に恋愛できる。結婚するもしないも、子どもを作るも作らないも、その人の自由である。私たちは普段そう考えている。実際、法律や制度によって禁じられていないという意味では、恋愛から家族形成にいたるまで、人びとは平等に自由であるといってもおかしくない。

しかし、たしかに誰も禁じられていないが、その行為を実際に行えるか、結婚・出産などの家族形成に踏みきれるかという意味で考えると、誰もが同じように自由であるかは分からない。このように、与えられた権利を実際に行使し、行為できるという意味での自由のことを、ここでは「実質的自由」と呼ぼう。社会学の社会階層研究では、この実質的自由の大きさを左右するさまざまなモノゴトを、「社会的資源」と呼ぶ。

具体例として、市場で商品を購入するための貨幣を考えると分かりやすい。私たちは、市場で商品を購入する権利を平等に与えられており、誰も禁じられていない。つまり、市場という制度を通じて、私たちはさまざまな商品を自由に購入できる。しかしそれは、十分な貨幣（資源）を持っているときだけだ。貨幣という資源を持たないなら、商品を買うという選択はできない。多くの貨幣を持っている人は多くの選択肢から選ぶことができる。貨幣を持たない人には、それらの選択肢は、禁じられてはいないが、実質的に閉ざされている。

こう考えると、法的・制度的に禁止されない権利としての自由と、社会的資源が規定する実質的自由の大きさとの関係を理解できる。社会階層研究がさまざまな社会的資源の不平等分配に着目するのは、法的・制度的な禁止の不在のみから人びとを平等に自由だと考えてしまうと、彼ら／彼女らの間にある実質的自由の不平等を見逃してしまうからである。

1・2　家族形成と経済的資源

それでは、恋愛・結婚・子どもを持つといった家族形成のプロセスには、どのような資源が関わってくると考えられるだろうか。まず、恋愛・結婚・子どもを持つことは相手を必要とする共同行為だから、個人的な魅力や能力が資源として関わるかもしれない。多くの人に人気がある外見や性格、話術や人当たりの良さなどは、その人が誰かと恋愛し、結婚し、子どもを持つという選択肢を選びやすくするだろう。

だがここでは、個人的な魅力や能力ではなく、恋愛・結婚・出産育児といった家族形成のプロセスにかかる経済的資源を考えたい。例えば、恋愛のためにデートに行くにも交通費はかかるし、映画を見るにも美術館に入るにも、気の利いたレストランで外食するにもお金がかかる。ヨレヨレの普段着で出かけるわけにもいかないし、自宅で共通の趣味を楽しもうにも、その趣味への投資にお金がかかる。同棲や結婚同居となれば、引っ越し費用も家具や日常雑貨を新調する費用もかかる。広い部屋にするには高い家賃もかかる。マイホームを持つつもりなら、数十年にわたって数千万円のお金が安定的に要求される。出産し育児をするにも、出産費用、長年にわたる子どもの衣食住や医療費、保育料や教育費がかかる。移動手段として必要なら自動車の資金も必要になる、などなど。

これらにどのくらいの金額が必要かは、社会によっても地域によっても、個人の好みによってもさまざまだ。だが求められる水準がどの程度であれ、市場を通じてそれを実現するにはお金がかかる。家族形成は自分とパートナーが共同でおこなうものだから、大きな経済力は自分の魅力を高め、パートナーを得やすくもなるだろう。これらの意味で、恋愛や結婚や出産育児を実現するためのさまざまな選択肢を、経済的資源が拡げると考えられる。

2　データと方法

2・1　家族形成における自由の程度をいかにして捉えるか

恋愛や結婚、出産育児という家族形成について、たしかに私たちは平等に禁じられていない。だがいま論じたように、それを実現する実質的自由の程度は、経済的資源に応じて不平等なのではないか[1]。そこで以下では、恋人との交際、結婚、子どもを持つという経験と、経済的資源（収入）との関連について、データ分析して調べてみよう。

ただし、家族形成に関して人びとの実質的自由の程度を分析するには、いくつか注意すべき点がある。例えば「収入が多いほど恋愛や結婚などを経験している」という関連があっても、それが資源による自由の大きさの不平等だと単純に解釈することはできない。

第一に、ある人の恋愛経験、結婚経験や子どもの有無が、そのまま選択肢の有無を表すわけではない。なぜなら、それらを経験していないのは、単に「実現したいと思わないから」かもしれないからだ。つまり、正確な分析のためには、恋愛・結婚・出産育児をしたくてもできないケースと、したくなくてしないケースを区別する必要がある。

（1）家族形成の自由にかかわるテーマには、従来「子ども数」に照準したアプローチもとられてきた（内藤準、2018、「出産の自由と主観的福祉――理想子ども数の実現と幸福感の社会経済的規定因」石田淳編『2015年SSM調査報告書8　意識Ⅰ』）。

第二に、家族形成のプロセス（出会いから結婚や出産を含む）には時間がかかる。また、恋愛や結婚といった経験の有無は、いったん「有り」になれば「無し」に戻ることはない。そのため、単純に年を経るほど、家族形成のプロセスで先へ進んでいることが多くなる。その一方、日本の雇用慣行では昇進や昇給に年功制が適用されることが多く、年少者よりも年長者の方が収入も高くなりやすい。そのため、もし「収入が多い方が家族形成を実現しやすい」という関連がみられても、それは単に年齢による擬似的関連である可能性がある。

第三に、日本では経済的資源と性別との間に複雑な関係があり、男性と女性を同じ枠組みで分析することが難しい。日本の雇用慣行には「男性は仕事、女性は家庭」という性別役割分業が根強く前提され、いまも男性を優遇する格差や差別が残っている。そのうえ、多くのフルタイム総合職は家事育児と両立できない無限定な働き方を課される。そのため、とくに結婚・出産にあたって女性の側がいったん離職することが多くなるが、離職した女性は収入やキャリアを失うから、「結婚・出産の結果として収入が減る」ことになる。多くの女性が該当するこうした経緯は、「経済的資源が多いと家族形成の実質的自由が大きくなる」という関係とは一見すると逆の関連をもたらすので、結婚・出産による一時離職がみられない男性と同じ枠組みで分析するのは難しくなるのである。

2・2 2015年社会階層とライフコース全国調査

このように、家族形成の自由と経済的資源との関連の分析では、いくつか工夫をする必要がある。以下でその方法を順に述べていこう。

第一の注意点は、恋愛や結婚、出産育児への「選好」を考慮しなければ、それらの経験の有無から「自由の大きさ」を推し量ることができないというものだった。[2] この点には、家族形成への選好として解釈できる変数を使って対処する。本書で用いられる「2015年社会階層とライフコース全国調査」には、「男性が充実した人生を送るには、恋愛〔結婚、子どもを持つこと〕は不可欠である」という文章に対し、賛成か反対かを問う3つの質問項目が含まれている。以下の分析では、これらの質問に「賛成」と答えた回答者のみを用いる。[3] これらの回答者は「人生が充実するためには恋愛〔結婚、子どもを持つこと〕必要だ」と述べているから、条件さえ整えば、自身も恋愛や結婚や出産育児を実現しようとするだろう。そのため、経済的資源とそれらの経験に関連があるならば、経済的資源が恋愛・結婚・出産育児を選択するための条件なのだと、素直に解釈できるようになる。

第二の注意点に対しては「年齢」の変数を使って対処する。具体的には、20代から60代まで、10歳ごとに対象者を区切って分析をおこなう。近い年齢層にわけて分析することで、年齢によって生ずる収入と家族形成の擬似的関連を、完全にではないが取り除くことができる。第三の注意点に対しては、分析対象者を男性に限定することで

（2） 社会階層研究で分析結果を解釈する際には、選好に関する仮定が重要な働きを担っている（内藤準、2014、「社会階層研究における機会の平等と完全移動――概念の分析に基づく方法論的検討」『社会学評論』）。

（3） 実際には、最も強い反対が1、最も強い賛成が6になる尺度が使われている。このうち賛成の側の4から6を答えたケースを分析に用いる。なお分析にあたっては、交際経験、結婚経験、子どもの有無にそれぞれ対応する項目で「賛成」のケースを用いたが、全部に「賛成」としたケースに限定しても分析結果に大きな違いはなかった。

対処する。現代の日本社会では、女性と男性を同じ枠組みで分析することは難しい。そのため今回は、結婚・出産による離職がほとんど生じない男性に対象を絞って分析する。(4)

3 分析結果

3・1 仮説

それでは、「2015年社会階層とライフコース全国調査データ」を使って、経済的資源と家族形成における実質的自由との関連を調べていこう。

分析では、経済的資源の指標として「個人収入」を用いる。また、家族形成における自由の指標としては、「交際、結婚、出産育児経験の有無」を用いる。

分析に先立って、いくつか仮説を立てておこう。第一に、経済的資源が多いほど家族形成の実質的自由が大きくなる、つまり、個人収入が多いほど交際、結婚、出産育児を経験する率が高くなる、と予想できる。ただし、収入はいま現在の経済的資源を表すので、「かつての」経済的資源と同じではない。また、恋愛・結婚・出産育児は若い年齢でおこなわれることが多いから、誰もが年を経るほど経験済みになりやすく、収入による格差が強く現れるのは若年層だと考えられる。そのため、第二に、個人収入とそれらの経験との関連は、若年者の方が明確に現れると予想できる。

(4) 選好や性別や年齢など、本題である「収入」以外の要因が交際経験、結婚経験、出産育児経験に与える影響を取り除く作業を「変数のコントロール」という。なお、以下の分析結果に見いだされる収入と交際・結婚・子ども持ちとの関連は、他の要因をコントロールしたうえでも確認してある。

第三に、恋愛、結婚、出産育児は、この順番で経験している率が高くなると予想される。現代の日本では、恋愛を経て結婚し、結婚後に出産育児すべきだという規範が根強く、結婚後の恋愛や独身での出産は非難の対象ともなる。また、必要とされる経済的資源も、恋愛、結婚、出産育児へと、順に高くなると考えられるからである。

3・2　経済的資源と家族形成の実質的自由

図1は、20代から60代の世代ごとに、交際、結婚、出産育児の経験率が、個人収入とどのように関連しているかを示している。

先に立てた仮説にそって確認しよう。まず、60代を除くすべての世代で、交際、結婚、子どもあり、の順に経験率が高くなっている。60代のみ結婚経験が交際経験を上回っているが、基本的には第三の仮説通りだと確認できる。60代で結婚経験が交際経験を上回るのは、かつて見合い結婚が盛

図1　交際、結婚、出産育児の経験者割合の個人収入別比較（男性、実現を選好する人のみ）

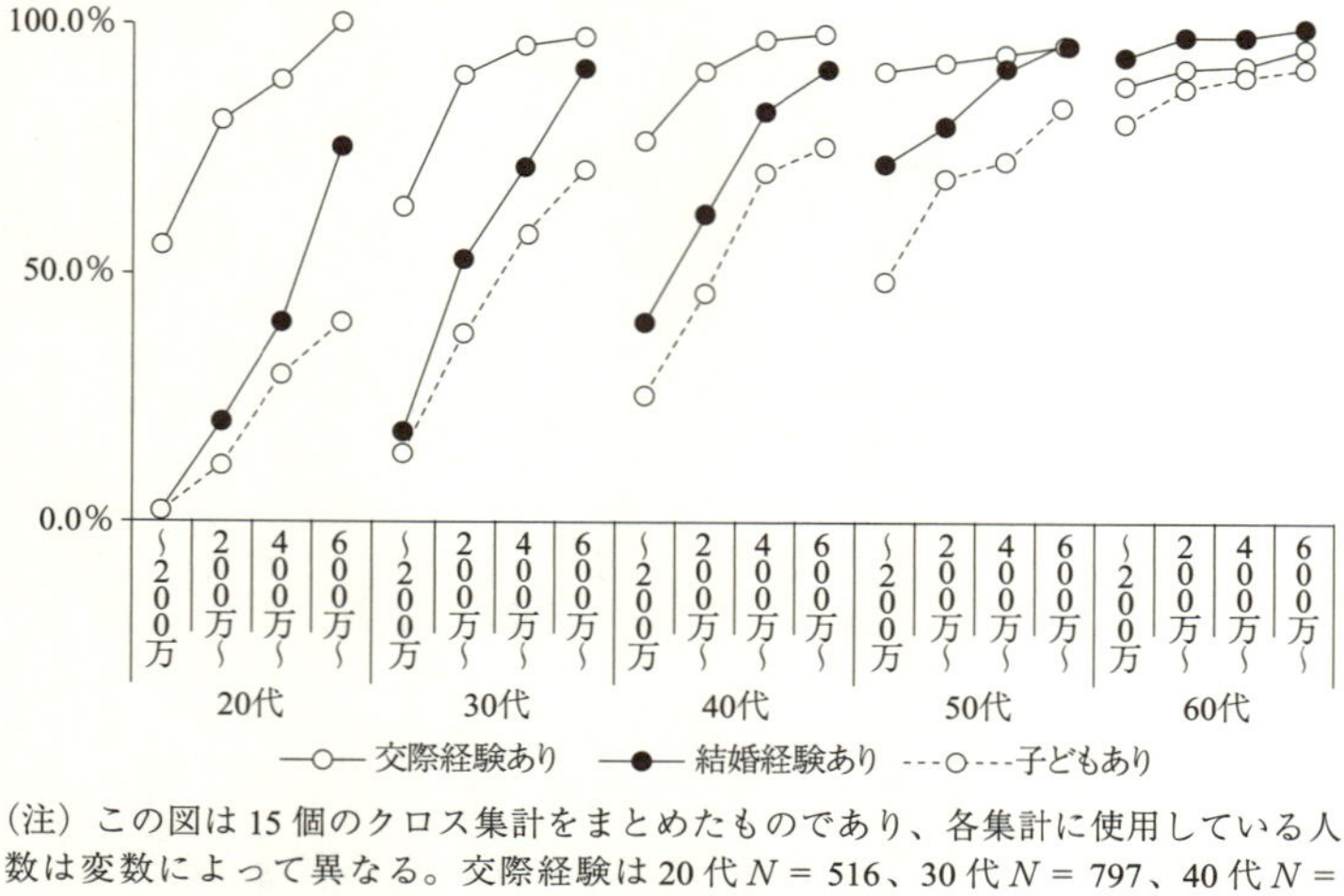

（注）この図は15個のクロス集計をまとめたものであり、各集計に使用している人数は変数によって異なる。交際経験は20代 $N=516$、30代 $N=797$、40代 $N=833$、50代 $N=800$、60代 $N=916$。結婚経験は20代 $N=417$、30代 $N=631$、40代 $N=650$、50代 $N=679$、60代 $N=837$。子ども有無は20代 $N=436$、30代 $N=644$、40代 $N=650$、50代 $N=663$、60代 $N=846$。

んであり、恋愛経験を経ずに結婚にいたっていたからなどの理由が考えられる(5)。

次に20代男性を詳しくみると、交際経験も、結婚経験も、子どもについても、右上がりの線になっている。このことは、高額の個人収入を得ている人ほど、交際や結婚や出産育児を実現できていることを意味しており、第一の仮説通りとなっている。具体的に見ると、交際については200万円未満の55・2%から、600万円以上では100%まで上昇する。結婚や出産育児についてはハードルが上がり、200万円未満ではわずか2%程度の人びとしか結婚や出産育児を実現できていないが、600万円以上になると75・0%が結婚を達成し、40・0%が子どもを持っていることが分かる。ここで分析の対象となっている人びとは、交際や結婚や出産育児が「人生には不可欠だ」と考えており、条件が満たされればそれらを実現したいはずである。それゆえこの分析結果は、収入の少ない人びとほど、それらを実現する実質的自由が小さいことを示すと解釈できる。

30代から60代をみると、このような個人収入と交際や結婚や出産育児との関連は、基本的にどの世代でも見出すことができ、やはり第一の仮説通りの結果だった。ただし、このような収入と交際、結婚、出産育児経験との関連は、年少世代ほど明確であり年長世代になるほど不明確になる。60代ではどの収入層でも9割以上に交際経験があり、約8割以上が子どもを持っており、ほとんど収入との関連は見られなくなっていた。これは第二の仮説通りの結果であった。

(5) 2017年現在の60代(1948~1957年生まれ)が20歳前後だった1965~69年の初婚の割合は、恋愛結婚48・7%、見合い結婚44・9%と拮抗していた。その後1970~74年には恋愛結婚61・5%、見合い結婚33・1%、2005~09年時点では恋愛結婚88・0%、見合い結婚5・3%へと変化した(厚生労働省、2015、『平成27年版厚生労働白書』72ページ)。

4 まとめ

4・1 最後はみんなが平等化?

以上をふまえて最後に、少子化や家族形成をめぐる日本社会のあり方について考えてみよう。現代の日本社会では、交際、結婚、出産育児による家族形成の権利が、基本的には誰にでも認められている。しかし今回の分析では、それらの行為に踏み切るという意味での実質的自由の大きさが、経済的資源(収入)によって不平等であることが分かった。交際、結婚、出産育児のどれについても、収入が多いほど実現率が高いという関連が見出された。

ところで、この経済的資源と交際・結婚・出産育児との関連は、年長世代になるほど弱くなる。そして60代になると、どの収入層でも8割から9割以上の人びとが、それらを実現できていた。このことをどう解釈すべきだろうか。一つの楽観的な可能性としては、今後もこのような傾向が続くと考えることができる。すなわち、低収入な若年層はいま交際、結婚、出産育児ができなくても、その後50代、60代に向けて交際、結婚、出産育児を経験し、最終的には経済的資源とさほど関係なく家族形成を実現できるかもしれない。もしそうなら、収入による家族形成の実質的自由の不平等は、深刻な問題ではないのかもしれない。

だがもう一つの可能性として、交際・結婚・出産育児を人びとがほぼ平等に経験できるのは、これまでの世代（時代）に特有の結果であり、これからの世代では経済的資源による家族形成の実質的自由の不平等が、年齢を重ねても残り続けることがありうる。そして筆者としては、この後者の解釈の方が、もっともらしいと考える。

4・2　家族形成の実質的自由の豊かさ

婚姻と出産育児をめぐる日本の状況は、ここ数十年の間に大きく様変わりしてきた。日本はかつて「皆婚社会」と言われるほど婚姻率の高い社会であり、１９８０年時点では50歳で未婚の割合は男性のわずか2・6％、女性の4・5％だった。しかしその後の急速な晩婚化・未婚化により、２０１５年時点では男性の23・4％、女性の14・1％にまで増大している。[6] このことは、今後の世代の人びとにとって、現在の60代のように「大抵は、望めば最後には結婚し、子どもを持てる」社会ではなくなっていることを示唆している。そしてこの家族形成の実質的不自由は、進行し続ける少子化にも繋がっていく。

少子化には経済的資源の不平等以外に、日本社会に今なお見られる婚外子差別や、独身での子育てが貧困に直結する日本型の社会保障・雇用システムの問題点も絡んでくる。そこには、結婚した男女夫婦による出産育児のみを承認し、それ以外の親や子どもを差別と貧困に追い込んでいくという形で、日本社会における家族形成の実質的

（6）　内閣府、２０１８、『平成30年版少子化社会対策白書』、14ページ。

不自由が示されている。

交際・結婚・子どもを持つといった家族形成は個人の自由（権利）であり、政府や社会が口を挟むべきではない。しかしだからといって、家族形成に関する事柄はすべて個人の自己責任であり、政府や社会が何もしなくても良いということにはならない。人びとがそれを望んだとき安心して家族形成できるように、低階層の人びとに社会的資源を再分配したり、保育園や介護施設や奨学金や社会保障を整えたり、長時間勤務を抑制してワークライフバランスを改善したり、婚外子差別をもたらす社会規範を改めたりしても、個人の自由や責任が破壊されることはない。人びとが家族形成を望んでも、お金も援助もなくて結婚や出産育児ができなかったり、貧しいなか子どもを産んでもバッシングされ、追い込まれていくような社会では、家族形成の実質的自由が豊かだとはいえない。たとえ貧しくても誰もが平等に、家族形成の実質的自由を享受できる社会。今回の分析からは、その方向へ舵を切ることができるかどうかが、少子化社会から脱却するための鍵になる可能性も示唆されている。

付記

本研究はＪＳＰＳ科研費ＪＰ２４３３０１６０、成蹊大学アジア太平洋研究センターの助成を受けたものです（科研は基盤研究Ｂ「少子化社会における家族形成格差の調査研究――ソーシャル・キャピタル論アプローチ」２０１２～４年度、成蹊大学は共同プロジェクト「ライフコースの国際比較研究――多様性と不平等への社会学的アプローチ」2014～6年度、どちらも研究代表小林盾)。また、JSPS科研費JP26780276の助成を受けた研究成果の一部です(研究代表内藤準)。

コラム　家族とリスク
——プライベートな領域にどのような不平等がひそんでいるのか

川端　健嗣

家族はリスクなのか

あなたは、家族を負担だと感じたことはあるだろうか。あるいはそれらがリスクだと言われたらどう感じるだろうか。

ここでは「リスク」を、「危険」と区別して理解しよう。「危険」とは、個人の外部からやってくる損害を表す。これにたいして「リスク」とは、個人の選択や決定によって生じる損害を表す。

たとえば、かつてのペストや干ばつや大飢饉は、人間の選択の及ばないものであり、自然や神のみぞ知る損害だった。したがって、それらの蔓延した近世以前は人びとが「危険」に直面していた時代だったといえる。

こうした自然や神に祈るしかなかった損害は、その後科学技術や社会制度の発展のおかげで人間がある程度コントロールができるようになった。ところが、現代では原子力発電所の事故や金融危機やテロなど、むしろ私たち人間がコントロールをするがために生じる損害に向き合っている。つまり、科学技術や社会制度の発展は、私たちに未来の選択を可能にしたが、かえってそれらの選択自体が未来の損害を新たに引き起こすようになった。

こうして私たちは、自然や神によってもたらされる危険社会ではなく、人間の選択や決定によって発生するリスク社会に生きている。

結婚や家族がリスクへと変貌する

では改めて、結婚また家族がリスクになるとはどういうことだろうか。区別するべきは、結婚や家族が、突如として損害や不利益をともなうようになった変化を表しているのではないということだ。そうではなくて、結婚や家族の関係にともなう損害や不利益が、各個人の選択によってもたらされていることを意味している。

たとえば１９６０年代半ばまでの日本で、婚姻に至る過程の大多数はお見合い結婚だった。つまり、人びとにとって結婚は、個人が選択する以前に、親や家長に決められて、いわば外部からやってくるものだった。したがって、結婚には「危険」がともなっていた。ところが、その後現代の日本で婚因関係の8割以上が恋愛結婚となっている。つまり、現代の人びとにとって結婚は、各自の関係性の選択による「リスク」となっている。

かつて子どもを持つことは、コウノトリが運んでくるという言い回しがあるように、自然に授かるものだった。しかし現代において生殖技術が発展し、生殖がコントロール可能になるほど、子どもを持つことは私たちの選択にともなうリスクに変貌していっている。

リスクと社会的不平等

ただし、選択に左右されるようになることは、けっして誰もが自由に選択できるということではない。選択ができる度合いは、各個人のおかれた立場によって変わる。自己決定論や自己責任論のように、「決定が可能であるならば、すべての結果がその人の決定のせいだ」と考えたくなるかもしれないが、損害を回避するために可能な決定の量もそれによって生じる帰結の責任の量にも不均等がある。

リスク社会論を提唱したドイツの社会学者ベックは、現代における社会的不平等を「リスクの分配」問題と呼んだ。個人が選択をする現代において、社会的不平等は、生まれながらの身分や階級によって外部からやってくる「危険」ではなくなった。そうではなくて、各個人の被る損害は、選択に伴うリスクとなった。しかし、誰がどれほど選択できるのかには差があり、それによってリスクの不均等な分配が不平等として存在している。

だれと、いつ、どのように結婚するのか、しないのか。あるいは子どもを持つのか持たないのか。結婚や家族は、個人のプライベートな選択の問題である。しかし結婚や家族をリスクとして考えることは、そのようなプライベートな選択に、リスクの不均等分配という社会問題がひそんでいることをとらえることになる。

第13章　ライフコース
——私たちの人生は多様化したのか

渡邉　大輔・香川　めい

1　問題

1・1　ギャンブルとしての人生か、当たり前の人生か

お正月などに「人生ゲーム」（タカラトミー）で遊んだことがある人は多いのではないだろうか。人生ゲームは、タカラ（現タカラトミー）がアメリカで発売されていたボードゲームを翻訳し、1968年に日本で発売した商品である。ボードゲームとしては類を見ないほどの人気を誇り、現在でも基本的なゲームだけで7度の改訂がなされている。他の企業との50以上のタイアップ商品を含めると、累計出荷数は1400万個を超えている。ルーレットをもちいた双六を基本としつつ、多様な職業への就業や結婚、子供の誕生、そして、金銭的要素を加えることによって、「人生の筋道」を体験できるゲームである。双六と違い一着になることよりも、財産を多くした人が勝つという点も独自性があるゲームだといえよう。

人生ゲームが発売されてしばらくした１９７６年には、人生ゲームが次のように紹介されている。「医師とか会社員などの職業を決めて、あとはスゴロク方式でゲームを進める。とまったところに、『保険をかける』『交通事故に遭う』などの人生の関所があって、最後に〝財産〟の多いほうが勝ち。なんとなく残酷なゲーム。サラリーマンにとっては、夢か幻かの財産を築けてハッピーエンド。『人生はギャンブルよ』を地で行くゲーム」[1]。

ここで考えてみたいことがある。もし人生がギャンブルであったら、私たちの社会はどうなるだろう。誰もが自分の人生をルーレットをまわすように生きたとしよう。その結果、個人個人の人生は確率的に異なり、社会全体は非常に多様になるだろう。生まれた家や土地に縛られず、自由に生きることができるようになった近代社会において、人々がその自由をギャンブルのように行使すれば、社会は非常に多様になるはずである。

先行研究において、高度経済成長期以降の日本社会では、どのような企業で働くか、誰と結婚しどのような場所に住み、どのような家庭をもつかというライフスタイル（生活様式）が多様になってきたと指摘されている[2]。確かに、職業や家族の選び方にかんするライフスタイルは、多様化したという点はあるだろう。

このような多様化していくライフスタイルという議論に対して、高度経済成長期はギャンブルな人生をだれもが送るようになった時代ではなく、むしろ逆に、画一的な

（1）『読売新聞』１９７６年５月16日朝刊、13面。

（2）たとえば、野々山久也・袖井孝子・篠崎正美編、１９９６、『いま家族に何が起こっているのか――家族社会学のパラダイム転換をめぐって』ミネルヴァ書房や、目黒依子、１９９０、『結婚・離婚・女の居場所――生き方の新しい選択』有斐閣など。

標準ライフコース（人生の軌跡）が確立してゆく時期でもあったという指摘もある。[3]このライフコースは、多くの人が高校または大学まで入ったのちに、就職し、さらに、誰もが結婚して子どもをもうけ、妻たる女性が専業主婦となる家族をつくるというものであった。就業を契機に生家を離れ、しばらくして結婚し、生まれた子どもが大きくなる前に家を買って一家を構える、それが当たり前の人生だとみなされたのである。誰もが当たり前の人生を送れるようになる社会を感じさせた時代が高度経済成長期であった。人生ゲームは、そのような画一的なライフコースが確立するなかで、より多様でギャンブルな人生を見せてくれる点に面白さがあったともいえる。

（3）家族については、落合恵美子、２００４、『21世紀家族へ――家族の戦後体制の見方・超え方』第3版、有斐閣、教育については、香川めい・児玉英靖・相澤真一、２０１４、『〈高卒当然社会〉の戦後史――誰でも高校に通える社会は維持できるのか』新曜社、働き方については、Dore, R., 1973, *British Factory: Japanese Factory*, University of California Press. などが参考となる。

1・2　標準的ライフコースの崩壊とその影響

しかし、この当たり前の人生として考えられる標準的なライフコースは安定的なものではなくなった。１９９１年のバブル崩壊、その後の不良債権問題に端を発した金融危機など、平成の30年間の変化を語るうえで、経済的な停滞と切っても切り離せない状況にある。このなかで、標準的ライフコースも変化を余儀なくされていく。そこではいくつかの大きな変化が見いだせる。

第一に、教育から労働への移動タイミングの変化である。１９９０年代以降、大学進学率は再び上昇しており、高卒が当然の時代から、大卒のほうが一般的となる時代になった。さらに男女の学歴差も縮小傾向にある。第二に、働き方の変化である。

女性の労働力率は上昇し、また、高齢期になっても働く人が多くいる状態となった。働き方の形態としてはパート労働を担ってきた主婦だけでなく、女性を中心としつつ男性についても多くの年齢層で非正規労働化がすすみ、多世代で不安定な働き方が強いられている現状にある。第三に、1995年以降の長引く経済の低迷と就労条件の悪化は、主たる稼ぎ手とされてきた男性の稼ぐ力を相対的に弱めていき、自由恋愛を経たうえでの結婚が一般的になるなかで家族形成ができない男性が多く発生し、生涯未婚率が上昇を見せている。(4) また結婚したとしても、夫婦共働きが前提となり、家事や子育ての負担をどう解消するかについて大きな社会問題になっている。

　これらの変化はそれまで自明とされてきた「標準的ライフコース」が危機に瀕していることを意味している。それでは、この標準的なライフコースは完全に崩壊したのだろうか。あるいは二分化するなどそのパターンが変化したのだろうか。ごく一部の人の問題に過ぎないのだろうか。本章では、現代におけるライフコースの変容という点に焦点をあてて分析したい。

　本章の問いは「日本社会において、高度経済成長期から現代に至るまでに、人生のパターンは多様化したのか、それとも均質化したのか」となる。

　本章ではこの問いを、経験の有無と経験の連なりという観点から考察していく。(5) 経験の有無や経験の連なりのパターンを分析するためには、個人がどのような経験を積み重ね、またさらには、何歳で何をしたのかという充実したミクロデータが必要とな

（4）山田昌弘、2004、『迷走する家族――戦後家族モデルの形成と解体』有斐閣

（5）本書と類似した問題設定は、正岡寛司・藤見純子・島崎尚子、1999、「戦後日本におけるライフコースの持続と変化――1914－58年出生コーホートの結婚と家族キャリア」目黒依子・渡邊秀樹編『講座社会学2 家族』東京大学出版会において、本調査対象よりも前の出生コーホートについて分析し、ライフコースの標準化が起きていることを指摘している。また、福田亘孝、2006、「ライフ・コースは多様化しているか?――最適マッチング法によるライフ・コース分析」西野理子・稲葉昭英・嶋崎尚子編『第2回家族についての全国調査（NFRJ03）第2次報告書No.1――夫婦、世帯、ライフコース』では1943～1969年に生まれた女性について本書と類似の手法で分析し、女性のライフコースが多様化していることを明らかにしている。

る。そこで、後述するように大規模な社会調査データの個票データをもちい、記述的な統計分析をおこなうことで検証する。

2 データと方法

2・1 2015年社会階層とライフコース全国調査

データとして、2015年社会階層とライフコース全国調査（SSL－2015）をもちいる。この調査は、2015年の3月にウェブ調査会社に登録されているモニターを対象としてウェブ調査法をもちいておこなわれた調査である。モニターのうち調査業、広告代理業を除く全国の20～69歳の男女91万967人を母集団として、男女別、10歳ごとの年齢階級5区分別、6地域別の計60区分について、2010年の国勢調査による人口比例でおこなわれた。アタックした標本は11万131人であり、セルごとに割り当てに達した場合に回収を止める形で、1万2007人から回答をえている。なお、調査にあたっては、成蹊大学研究倫理委員会にて承認を受けた。

本章に関連する本調査データの特徴は人生のさまざまなイベントの経験の有無とその経験した年齢や期間をカレンダー方式で聞いていることにある。これまでの研究の多くは、人生の重要な経験について、その経験の有無のみで質問することが多かった。この調査では、教育や就業、恋愛、結婚などについて15歳から50歳まで（50歳に達していない人は調査時点の年齢まで）の経験の有無について聞くことで、経験のタイミングや経験の持続を含めて分析できる。本章の後半では、この利点を生かした分析をおこなう。

2・2 コーホートごとのパターンの分析

分析の軸としては、年齢だけではなく、いつどの時点で生まれ、どの時代に何歳で経験するかという点が重要となるため、1946年生まれから1950年生まれの出生コーホート(6)（以下、46～50年出生コーホート）から、以降5年ごとに、1991年から1995年生まれまでの8つの出生コーホートを設定する。ただし、1986年から1990年、1991年から1995年生まれのコーホートは回答者が20代でありライフイベント経験の有無は累積的になるため、数値が小さくなるのは当然となる。そのため、参考値としてのみ掲載している。

本章では大きく3つの分析をおこなう。第一の分析として、ライフイベントの経験率と経験年齢の変化についての分析をおこなう。具体的にはライフイベントとして初めての恋人（以下、初恋）、初めての結婚（以下、初婚）、初めての子ども（以下、初子）、学業中のアルバイトを除く初めての就業（以下、入職）、初めて実家を離れる経験（以下、離家）、初めて不動産を購入し家をもつ経験（以下、持ち家取得）の6つ

（6）コーホートとは、同一の特性をもった特定の集団のことを意味するが、本研究の文脈では同じ時期に誕生することで社会システムに参入し、同じ時代状況のなかで経験を蓄積してゆく集団を意味する。この意味で、たとえ年齢が同じでもコーホートが異なるとその特性は異なる。しばしば世代という言葉も使われるが、本研究ではライフコース論の蓄積を踏まえコーホートと表現する。詳しくは、Elder, G. H. and Giele, J. Z. eds., *The Craft of Life Course Research*, Guilford Press.（＝2013、本田時雄・岡林秀樹監訳『ライフコース研究の技法——多様でダイナミックな人生を捉えるために』明石書店）。

の経験の有無と経験年齢について分析する。

第二の分析として、人生の経験として卒業から職業の経験のコース＝連なりのパターンを分析する。具体的には、15歳から50歳までの各年齢において、在学、正規職として就業、パートなどを含む非正規職として就業、自営業・家族従業として就業、その他の形で就業、無職の6つの状態のいずれにあるかを整理し、その連なり方をグラフ化した。さらに、最適マッチング法をもちいた系列分析(7)という手法によって可視化し、さらにクラスター分析をもちいてパターン化した。

第三の分析として、第二でもちいた教育および就業状態の連なりについて、その各出生コーホート内での多様性の程度について、エントロピーという複雑性を示す指標をもちいて分析し、コーホート内での多様性がどう変化しているのかを分析する。

以上の三種類の分析を組み合わせることで、高度経済成長期以降、現在に至るまでのライフコースのあり方や変容を分析し、人生のパターンが多様化したのか均質化したのかという問いを考察する。

3 分析結果

3・1 ライフイベント経験の有無とタイミング——初恋

まず人生において重要なライフイベントの経験率の変化を見てみたい。図1は、そ

(7) 系列分析は経験の順序、持続期間、タイミングなどを包括的に分析するための統計手法であり、クラスター分析と組み合わせることで経験の連なりのパターンを抽出して分析することができる。系列分析の詳細については、以下が参考となる。Cornwell, B., 2015, *Social Sequence Analysis: Methods and Applications*, Cambridge University Press. この手法をもちいた最新の研究事例としては、香川めい、2018、「若年期のライフコースのコーホート間比較——系列分析から見る脱標準化、差異化、多様化の様相」保田時男編『2015年SSM調査報告書1 調査方法・概要』2015年SSM調査研究会が参考になる。

れぞれの男女別の出生コーホートにおいて、初恋、初婚、子ども、離家、持ち家取得のそれぞれのイベントを経験した人が何パーセントいるかを示したグラフとなる。この値は一度でも経験したか否かを示しており、当然ながら経験は蓄積するものとなる。そのため、一番若い91～95年出生コーホートは調査時点で20～24歳、86～90年出生コーホートは25～29歳、81～85年出生コーホートは30～34歳であり、調査時点では経験していなくても、その後に経験する可能性は高く、現在の値は低くなっている。図を見る際には、この点に注意して数値を読み解く必要がある。図2は、初恋、離家、持ち家取得について、男女別に各出生コーホートが、各イベントを何歳で経験したかの平均を図示しており、調査時点で20代となる86年生まれ以降のコーホートは除外している。

図1を見ると、初恋については、男性で一貫して上昇がみられ、81～85年出生コーホートでは71・3％に達している。86～90年、91～95年出生コーホートでは経験率がやや落ちているが、これは前述したとおり今後経験する可能性があるといえる。また女性については、男性よりも早く66～70年出生コーホートにおいてすでに67・2％に達し、以降は6割強をキープしている。この意味で、とくに今回の調査対象が十代後半となる、高度経済成長期後期以降、一貫して恋愛経験をする人が高くなっていったことがわかる。

また、それをいつ経験したか図2を見ると、初めて恋人と付き合った経験年齢は男

図1　ライフイベント経験率の男女別・出生コーホート別比較

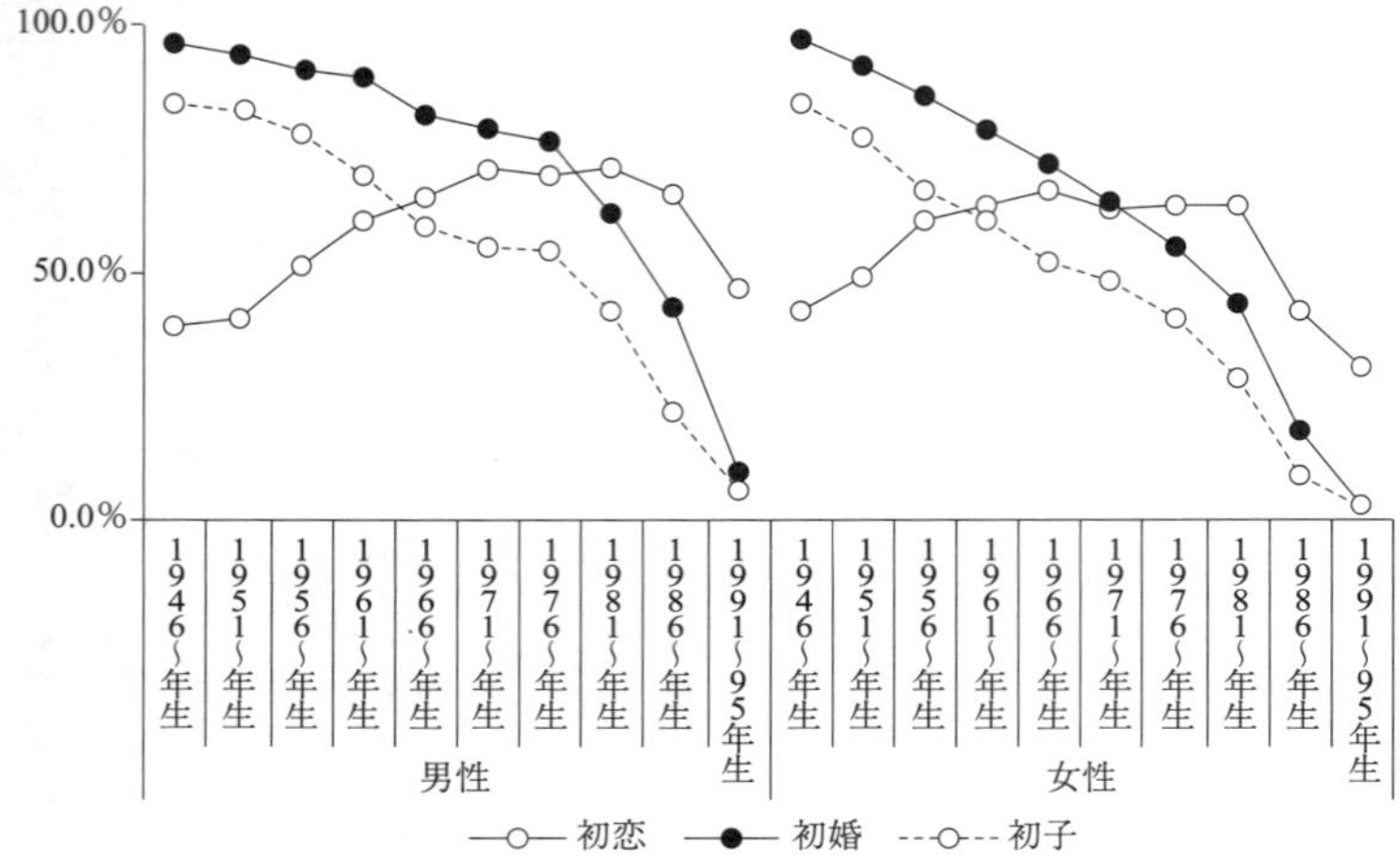

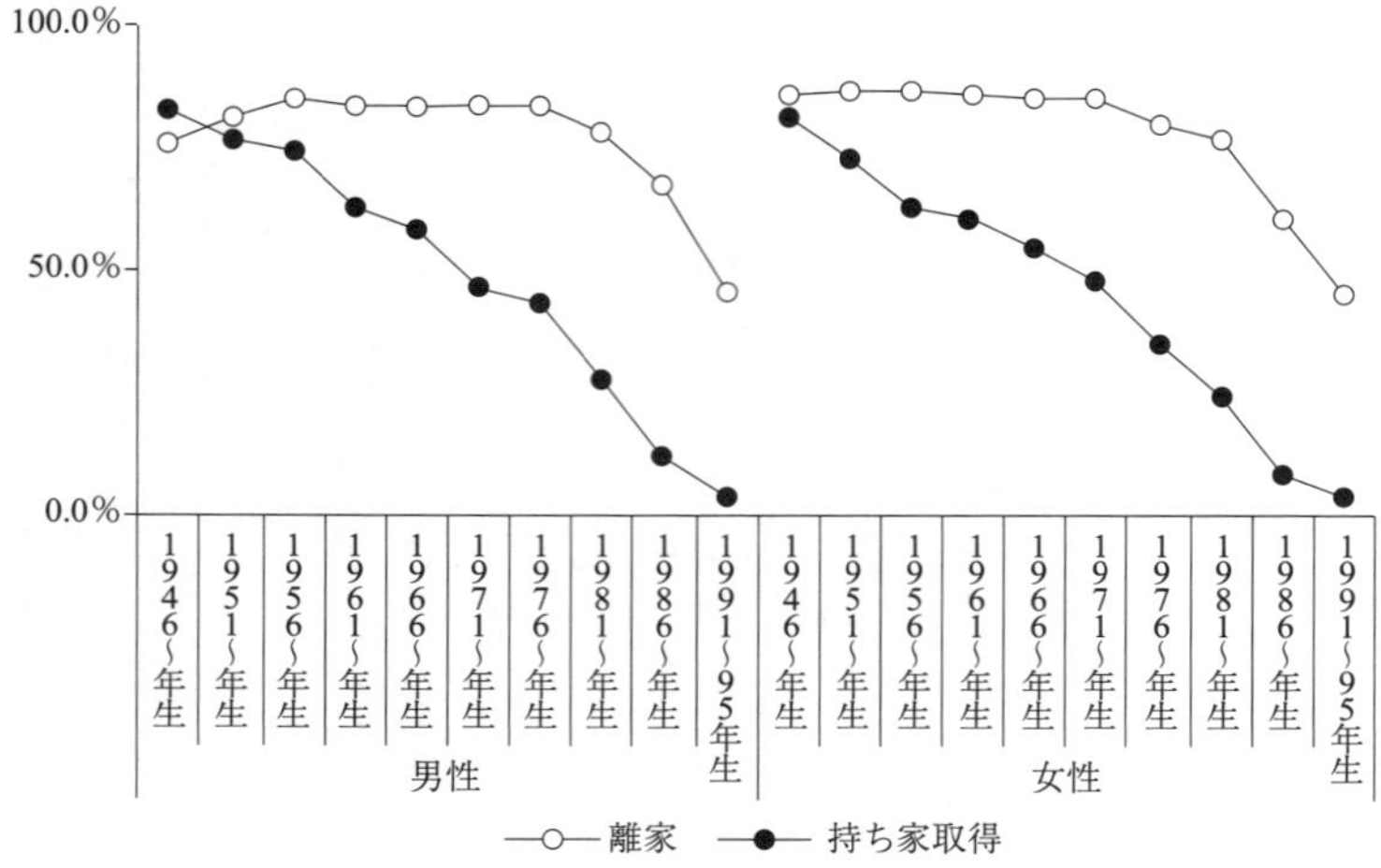

（注）N = 1万2007。

性はほぼ安定し、女性はやや若年化していることがわかる。これらの知見から、若い世代の草食化という現象は少なくともこのデータからは見られないことがわかる。実際には経験率は上昇し、経験年齢もほぼ同じか若干下がっている。この草食化言説は実態ではなく印象やつきあい方のイメージによるものと考えられるだろう。

3・2 初婚、初子

次に初婚と、初めての子どもの誕生となる初子についてみてみよう。図1から一貫して双方の経験率が下がっていることがわかる。男女とも46～50年出生コーホートでは初婚経験が95％を超え、85％弱に少なくとも1人は子どもを持った経験がある。しかし、この値は一貫して減少し、データでは女性の初婚率、初子率いずれもかなり低い値となっている。これはウェブ調査という特性によるかもしれないが、コーホート間の傾向として一貫した経験率の減少が起きている。

また紙幅の都合から図は省略するが、経験年齢について、男女ともに高度経済成長期以降一貫して初婚年齢が上昇している。初子年齢も初婚年齢とまったく同様の傾向である。

以上からは、結婚や子どもをもつというイベントが万人にとって「当たり前」であった皆婚社会から、そうではない社会に移行していることがわかる。また、経験者についても初婚、初子の経験年齢が上昇し、近年では男女差も減少している。とくに

66〜70年出生コーホート以降、女性の初婚年齢、初子年齢が男性に一気に近づきジェンダー差が減っている。

3・3　離家、持ち家の取得

最後に生活の自立を意味する離家経験と、これまでは人生の集大成的に位置づけられてきた持ち家の取得について考察したい。図1によれば、離家は一貫して女性のほうが経験率が高く、またその経験率はコーホート間であまり違いがなかった。ここから、女性は結婚等によって家を離れる傾向が強いことをみてとることができ、この傾向は戦後一貫して変わっていない。また男性については、46〜50年出生コーホートは74・4%とやや低いものの、ほとんどのコーホートが8割を超えており、男性もまた、最終的には離家を経験する人が多いことがわかる。またその年齢も若干の上昇がみられるものの22〜23歳であり、学校卒業後しばらくして家を離れるというパターンが多いことがわかる（図2）。

しかしその後にどのような家に住むかはコーホート間の違いが大きい。持ち家の取得率は戦後一貫して低減しており、8割近かった取得率は半数以下にまで落ち込んでいる。調査時点で若い層は今後取得する可能性は十分あるが、それでも半数程度となる可能性が高い。実際、持ち家の取得年齢を見ると、35歳前後で安定している（図2）。これは子育て期に取得することが示唆されている。しかし前に見たようにそも

図２　初恋年齢、離家年齢、持ち家取得年齢の、男女別・出生コーホート別比較

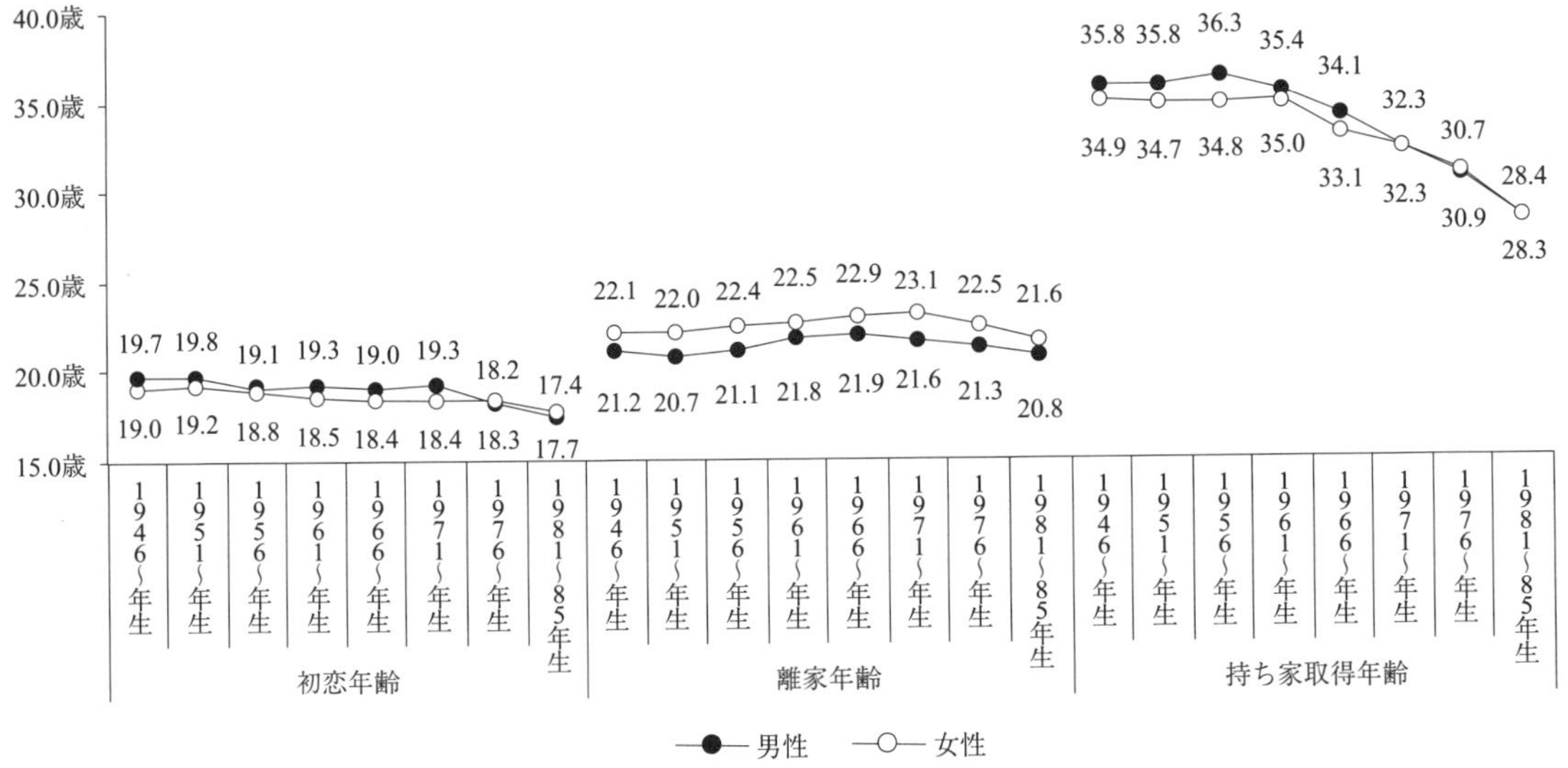

（注）初恋年齢男性 $N = 2974$、女性 $N = 2954$、離家年齢男性 $N = 4118$、女性 $N = 4037$、持ち家取得年齢男性 $N = 2704$、女性 $N = 2900$。

そも結婚や子どもを持つ可能性自体が減少しており、持ち家を持つ人は平均で持ち家の取得平均年数は変わらないが、そもそも持たない人が増えたという形で、経験の有無による格差が広がっていることがわかる。

以上を見ると、現在のように恋愛結婚が全盛の時代において、そのベースと考えられる恋愛自体は出生コーホートが若くなるごとに経験率を増し、年齢も低減しているが、経済状況の悪化やライフスタイルの多様化によって、結婚や子どもにつながっていないこと、さらに持ち家の取得という人生ゲームのゴールにあたるような状況につながっていないことが示された。この意味で現在のライフイベント経験とそのタイミングの変化は、経験率の変容とタイミングにおけるジェンダー格差減少という形で表れていることが示唆された。

3・4 人生のパターンを抽出する——男性

次に、人生の経験として卒業から職業の経験のコース＝連なりのパターンを分析したい。当たり前の人生を考えると、男性であれば、学校に行き、卒業後正社員としていったん働くが、その後入社し働き続ける、女性であれば、学校に行き、卒業後正社員として結婚や出産を契機に離職、しばらくしてからパート労働など非正規労働に従事する、という形が考えられるかもしれない。このようなパターンのイメージは、これらの順番によって規定されると同時に、そのタイミングも想定しているものだろう。ここでは最適マッチング法(8)をもちいた系列分析をおこなうことで、その全体像を描き出してみよう。

図3、4は男女それぞれについて、出生コーホート別に従業上の地位がどのように変化したかを累積的に示した図である。横軸は年齢であり、年齢を経るごとにどのような状態が多いか少ないかがわかる。

まず男性を見てみよう（図3）。15歳時点では全員が就学しているが、どのコーホートでも16歳からごくわずかだが働く人がいる。その後、18歳ないし22歳で一気に正社員の割合が増えるがこれは、高校や大学を卒業して就職したことを示す。その後、正社員として働く人がどのコーホートでも過半数を占めるが、その割合は、年齢を経るごとに減少する。代わりに自営や非正規が増加しているが、その様相はコーホートによって異なる。とくに70年出生コーホートまでは比較的自営業が多くなっていたが、71年以降の出生コーホートでは非正規労働者が増加し、76〜80年出生コーホートでは年齢によってはその割合が逆転していることがわかる。また、最下段にみられるように無職の割合も次第に増えている。

3・5　人生のパターンを抽出する――女性

次に女性について分析したい（図4）。男性と比べて女性については、正社員の構成比がまったく異なることがまず見てとれる。就学に関しては、男性と異なり18歳、

（8）　最適マッチング法とは、連なりについて、挿入、削除、および、置換をすることで似た連なりを一致させていくためのコストを計算し、ケース間の距離行列を計算するためのアルゴリズムの一つである。詳しくは、Haplin, B., 2010, "Optimal Matching Analysis and Life-Course Data: The Importance of Duration," *Sociological Methods & Research*.

図 3　従業上の地位の変化パターンの出生コーホート別比較（男性）

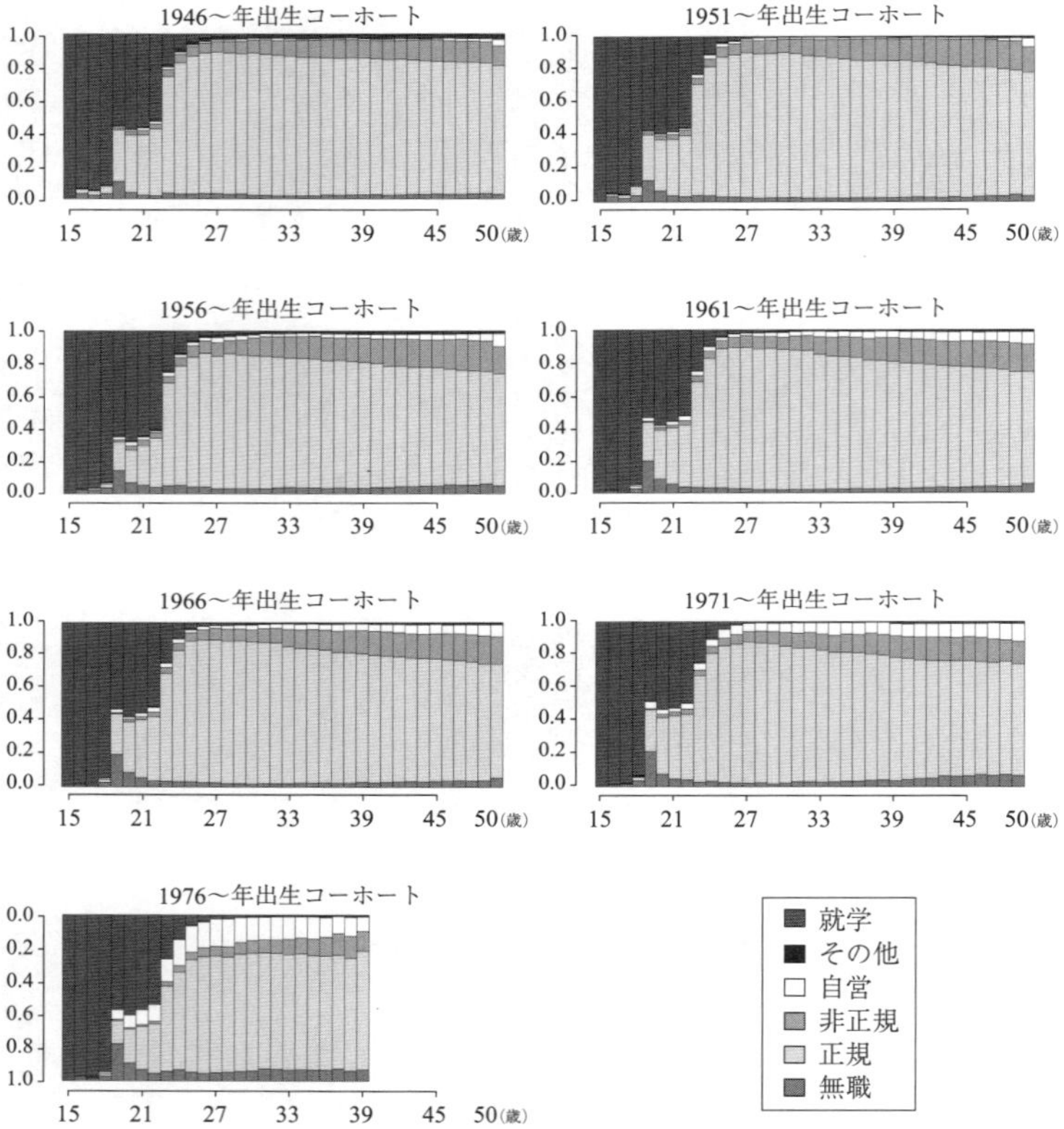

（注）対象は 35 歳以上の男性、$N = 4534$。図 3、4 のカラーのものが、口絵に掲載されている。

図 4　従業上の地位の変化パターンの出生コーホート別比較（女性）

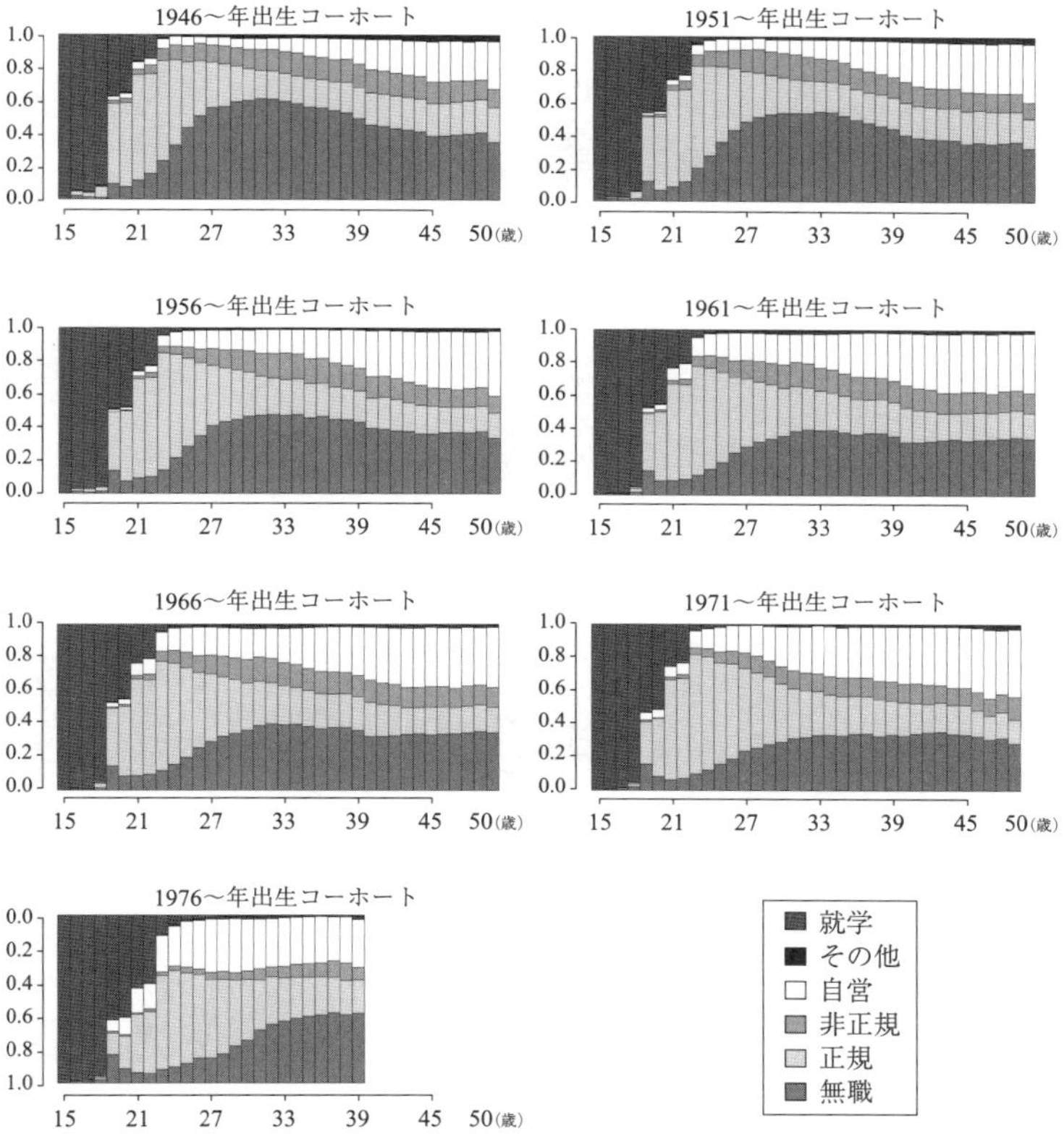

（注）対象は 35 歳以上の女性、$N = 4435$。

20歳、22歳の3つの山があるが、これは短期大学への就学が一定割合存在していることを示している。また無職の割合が20代に急増する。とくに46〜60年の3つの出生コーホートに顕著であり、結婚や出産を契機に仕事を辞めて専業主婦となったことがわかる。その後これらのコーホートは非正規の割合が増えてゆくが、これは子育て中や後にパート労働を始めていることを示している。

そのような女性の人生のパターンは、71年以降の出生コーホートになると大きく変化する。高学歴化によって在学期間が延長される傾向があり、それ以上に無職となる時期が遅くなっている。これは晩婚化、晩産化の影響によって、仕事を辞めるタイミングが遅くなったためである。また、非正規労働の数が急増し、とくに76〜80年コーホートでは卒業後すぐに非正規である者の割合が半数近くにまでなっていることがわかる。

男女で比べると、男性が卒業のタイミングはコーホートごとでやや異なれども、ほとんどの人が正社員となり、それ以外の人が多様性を形作っていくというパターンであるのに対して、女性の人生ははるかに多様なパターンによって構成されていることが、この累積的な図を見るだけでも理解できる。

3・6 パターンの構成比

さらに一人一人の連なり方のパターンを、クラスター分析をもちいて分類した場合

図 5　人生パターンの構成割合の出生コーホート別比較（上が男性、下が女性）

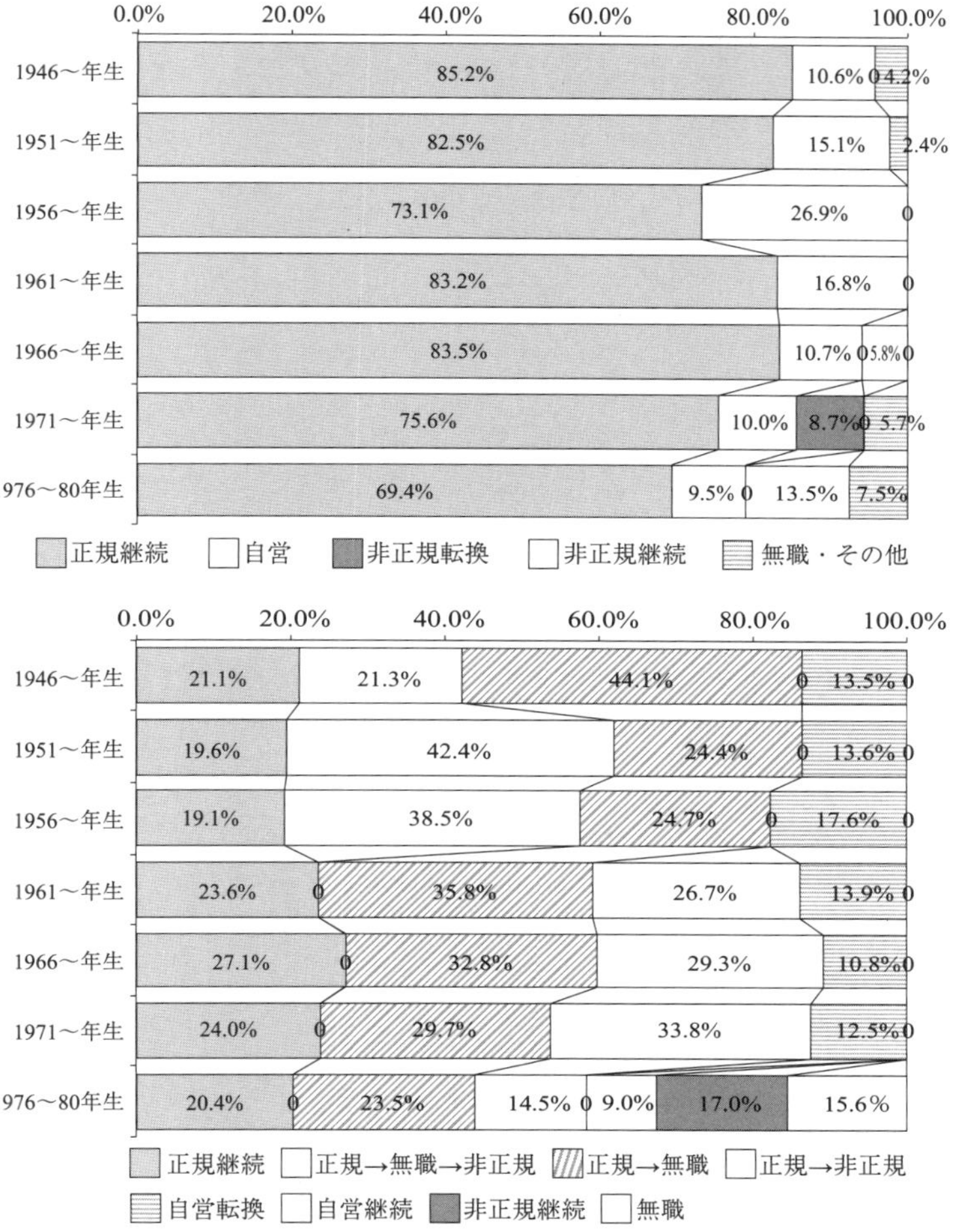

（注）対象は 35 歳以上、男性 N = 4534、女性 N = 4435。

の、各パターンの構成比を示したものが図5である。詳細は割愛するが、連なり方が類似したもの同士をまとめて分類したものである。なおコーホートによって各カテゴリがなくなっているものもあるが、これはカテゴリの構成割合が小さすぎたため、他のカテゴリに吸収されていることを意味する。

男性の場合、卒業後に正社員を続ける「正規継続」が過半数を占めるがその割合は次第に低くなっている。増加しているものとしては、60年生までは自営が増加傾向にあり、その後、66年出生コーホート以降は非正規にかかわるパターンが増えている。これは、正社員から非正規化するものや、卒業当初から非正規労働となるものが増えているためである。また、無職の割合が次第に増えている点も特徴的である。

女性の場合は、男性に比べて多様なパターンが存在している。正社員を継続するものはどのコーホートでも20％から多くても27・1％であり、正規から無職に転換した「正規→無職」のいわゆる専業主婦型も3割前後となっている。また特徴的な点として、46～60年出生コーホートまでは「正規→無職→非正規」という形で専業主婦後にパート労働者として働くパターンが大きなパターンとなっているが、61年出生コーホート以降はそのパターンが消え、「正規→無職」パターンにその残滓が吸収される形でやや増加するとともに「正規→非正規」と結婚等を経ても無職期間が短く、すぐに再就職するパターンが増加している。無職となって育児をする期間が短くなって共働き化傾向が強まっていることが、こうした働き方の連なり方のパターンの変化からも確認できる。

さらに、76年出生コーホートでは女性の連なり方のパターンが非常に多様化しており、主流なパターンがなくなっている点も特徴的である。もはや女性にとって、これが当たり前の働き方のパターンであるというものがなくなっているといえるだろう。

3・7 人生は多様化したのだろうか？

最後の分析として、ここまで分析してきたコーホート別のライフコースのパターンが複雑となったといえるかについて分析したい。そこで、物理学などでしばしば扱われる指標である指標であるシャノンの複雑性指標（エントロピー）という値をもちいて分析する[9]。この値は、すべてが均質で次の変数のあり様が予測可能な状態であれば0、すべてが複雑で予測困難である状態では1となる指標であり、値が大きいほど構成要素が複雑であることを示す。この値を男女別出生コーホート別に、各歳ごとに計算した。15歳時点では全員が中学校に在学しているため複雑性は0となる。だがすぐに、それぞれの回答者が在学したり働いたりするため多様性が増えるので値が大きくなる。

数値は直接示さないが各年齢の多様さの全体の傾向を見ると、男性は19歳でまずその多様さが最大に達する。これは、進学するものとしないものの差が表れるためである。その後、ほとんどのコーホートで複雑性指標が低くなるが、これは多くの人が正

（9） Gabadinho, A., et al., 2011, "Analyzing and Visualizing State Sequences in R with TraMineR," *Journal of Statistical Software.*

社員となるからである。これはコーホートごとで若干異なるが30歳前後で底を打ち、その後に緩やかにまた多様性が増大している。同時に、このような傾向が新しいコーホートになると次第に30歳前後の底が高くなるように変化している。とくに71年以降の出生コーホートでは、卒業する20歳前後からあまり低減しなくなり、複雑性を加齢しても保ち続けている。いいかえると、誰もが正社員となるという時代がまさに終焉しているが、それは、一時的に正社員でなくなる人がいるというだけでなくコーホート単位での各年齢ごとの多様性が増大していることまでも意味しているのである。

女性については、男性とは明確に異なる。前節でも示したように、男性に比べて女性は正社員として働く人、非正規として働く人、自営として働く人、無職の人と大きく4パターンに分かれており、それが複雑に絡み合っている。そのため、各年齢ごとの複雑性は卒業する20歳前後から大きな値であり続けている。コーホート間で比較すると、46～50年出生コーホートが一番低い傾向にあり、次第に61～65年出生コーホートまで増加していくことが読みとれるが、男性ほどコーホート間で複雑さに違いがあるわけではない。またこの複雑さは44歳までの全年齢において同様である。このことは、女性の場合、それぞれのコーホートにおいて同じ年齢であるからといって、その年齢ごとで同じような働き方をしているとは限らないことを意味する。すなわち女性は、各年齢ごとの多様性はどのコーホートでも大きく、それは19歳前後から50歳まで一貫して高い状態にあるが、その多様さの内実はコーホート間で変化しているのである。

最後に、コーホート全体の人生パターンの多様さを1つの複雑性指標にまとめて比較したものが図6である。男性は複雑性が顕著に増し続けているのに対して、女性は、すでに61~65年出生コーホート、すなわち女性の社会進出がはじまるとともにバブル景気を迎える1980年代に20代となり、バブル崩壊以降に30代となって経済不況期に子育てをすることになる世代のころから、その多様性は最大となったまま現在に至っている。複雑性指標から考えると、女性ほどではないが男性もその複雑性が非常に増しており、男女間の人生の複雑さの違いはやや小さくなっている傾向にある。ただしその複雑さの中身は、前述したように男女で質的にはまったく異なるものであるといえるだろう。

図6　ライフコースの複雑性指標の男女別・出生コーホート別比較

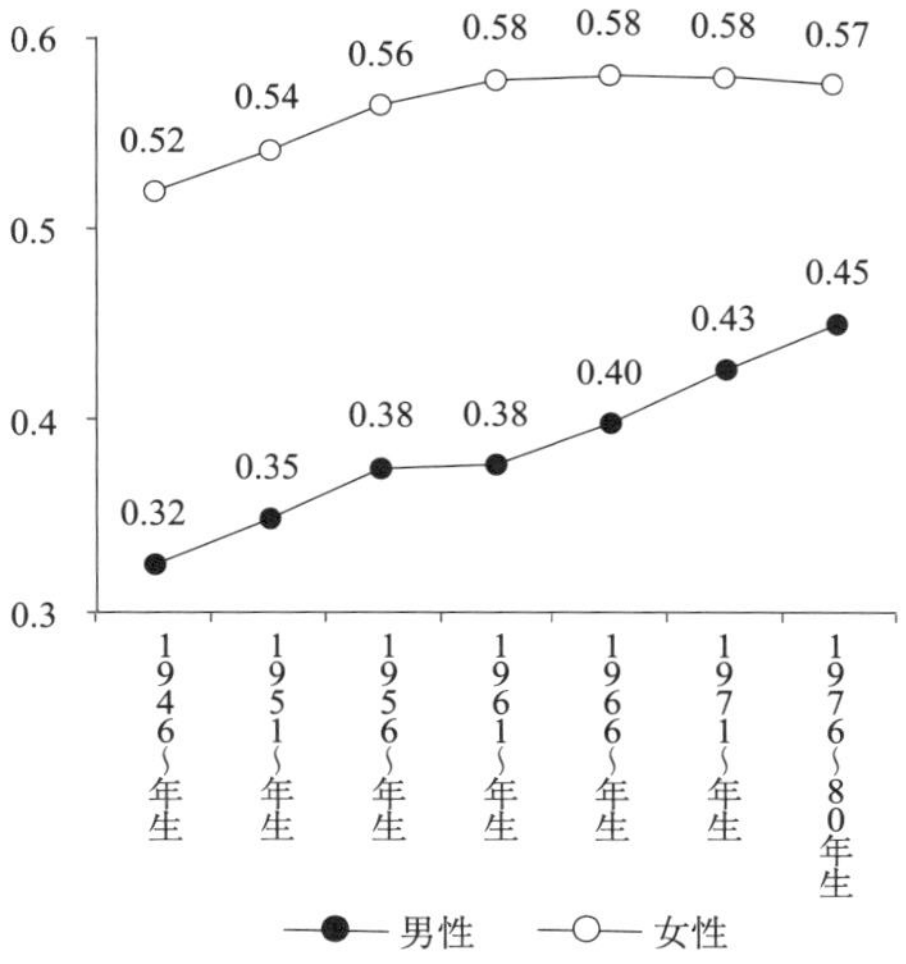

（注）対象は35歳以上、N = 8969。

4 まとめ

4・1 ライフコースは多様化した

本章では、SSL－2015データをもちいて、やや応用的な手法をもちいながらも記述的に高度経済成長期以降、日本社会におけるライフコースのあり方について、ライフイベントの経験率の有無と、就学および従業上の地位の連なり方という点から分析してきた。その結果は以下のようにまとめることができる。

第一に、ライフイベントの経験率がコーホート間で大きく異なっていたということである。この変化は一律に経験が減ったというようなものではなく、恋愛などでは増加傾向にあった。しかし、家族形成につながる結婚や出産といった経験率は、これまでの知見と同様に本データでも低下しており、また、持ち家の取得も、この家族形成の有無に大きく比例する形で低下していた。すなわち、家族のあり方という質的な問題以上に、家族をもつことが難しくなっているという問題が、若いコーホートになるほど増していることが示された。

第二に、高度経済成長期に形成された均質なライフコースは、男性にとっては一定期間維持されてきたものの、とくに66年出生コーホート以降には大きく多様化していったこと、また、女性にとっては均質的なパターンは実際には存在しておらず、複数のパターンがつねに競合し複雑さを保っていたが、そのパターンの中身自体は時代を経るごとに変容していったということがわかった。

人生の連なりのパターンという意味では、高度経済成長後期に20代となる団塊の世代とほぼ重なる46～50年出生コーホートでは一定の均質的なパターンをもっていたが、女性は急速に、また、男性は女性ほどではないが次第に多様化していったことが明らかとなった。このことは、画一的なライフコースが確立されたとされる高度経済成長期から、わずか10年程度で女性のライフコースは多様化し、男性も20年程度で多様化したことを意味する。このことは「当たり前の人生」という観念自体は現在まで残っているものの、実態としての均質性は非常に短い期間しか成立し得なかったといえるだろう。

冒頭で設定した、「日本社会において、高度経済成長期から現代に至るまでに、人生のパターンは多様化したのか、それとも均質化したのか」という問いへの答えは、人生のパターンは多様化した、というものとなる。実際、そのパターンの変化は3・1で分析したようにイベントの経験の有無という形でも影響を受けているだろう。ただし、恋愛経験が一般化するなど、一部の経験で均質化していったものもある点も見逃せない。すべての経験を若い世代ほどしなくなったわけではない点は注意するべきだろう。

以上が本研究の知見となるが、本分析には限界も多い。まず本調査データはウェブ調査であり、記述的な分析をより一般化していくためには、既存の大規模社会調査データとの比較などが必要となるだろう。また、系列分析における項目として就学、正規職など6項目をもちいたが、この項目設定次第で結果は大きく変わるだろう。本分析の知見は、先行研究とも比較的一致をみるが、より妥当性を確保する追加分析が必要となるだろう。また恋愛を含めた親密圏の形成と職業形成の関連についての課題も残っている。これらの課題は今後の分析によって乗り越えてゆきたい。

4・2　多様性の意味

現代における私たちの人生は多様性のなかにある。それは、画一的なライフコースを強いられないという意味では解放であるとともに、そのように複雑性に富むライフコースが経済的な不況や格差の増大によってもたらされている点も見逃すことはできない。この意味において、現代のライフコースは予測不可能性が増しており、多様化が選択肢の増大というよりは、選択肢の喪失の一つの帰結となっている可能性があるという点は忘れてはならない。

ある人がどのような人生のパターンを経るかは、人生ゲームよりもはるかにギャンブルじみた部分がある。ただしそのギャンブルがただの自由ではなく、経済と格差によって強いられたものだとしたら、さらにそれをギャンブルとみなして自己責任の文脈で語ってしまうとしたら、それはなぜ多様さが起きたのかを分析できていないといえるだろう。[10] 人生の多様化にどのように向かっていくのか、画一化への揺り戻しではない形で社会としてどのように対応していくかを真剣に考えてゆく時代となっているのである。

付記

本研究はＪＳＰＳ科研費ＪＰ２４３３０１６０、成蹊大学アジア太平洋研究センターの助成を受けたものです（科研は基盤研究Ｂ「少子化社会における家族形成格差の調査研究――ソーシャル・キャピタル論アプローチ」２０１２～４年度、成蹊大学は共同プロジェクト「ライフコースの国際比較研究――多様性と不平等への社会学的アプローチ」２０１４～６年度、どちらも研究代表小林盾）。

（10） 世代（本章でいうコーホート）と責任や社会との関連については、仁平典宏、２００９、「世代論を編み直すために――社会・承認・自由」湯浅誠ほか編『若者と貧困』明石書店。

編者対談――恋の魔法が解けたあとに

2019年2月、成蹊大学社会調査士課程室にて実施

出席者　小林 盾、川端 健嗣

司　会　森田 厚

恋愛、結婚がどう変貌したのか

――（司会森田）この本の編者である小林先生と川端先生にお話を伺います。ちょうど平成が終わろうとしていますね。川端先生は30年前の平成元年ごろ、なにをしてましたか。

川端：えーと、小学校の校庭を走りまわってました。

小林：私は大学に入ったころです。大学入学、就職、結婚、子どもを持つ、家を買う。私にとってライフコースが大きく進展した時期が、ちょうど平成の30年間と重なります。

図1　対談の様子（左、うち左が小林、右が川端）、司会の森田（右）

――では、この本の狙いはなんだったのでしょうか。

小林：昭和から平成を通して、社会が大きく変貌し多様化しました。非正規雇用で働く人が増え、恋愛しない、結婚しない、子を持たない人も当たり前になった。社会が多様化したら、いろんな生き方ができてバラ色に思える。でも、もしかしたらかえって恋愛や結婚で格差が拡がったのかもしれない。それを、家族を切り口にして、いわば平成のスナップショットを集めてみました。

――少子化が続く現代社会で、恋愛事情や結婚事情に変化が起きているのか、ということですね。

川端：恋愛や結婚はプライベートな話題ですが、各自が抱いている感覚が実際に合っているのかいないのか、データで確認しました。

小林：そう、日本初の大規模恋愛レポートで、いわば「日本版キンゼイレポート」を目指した。ライフコースの章 **(13章)** では、人生のパターンが多様化しているように見えて、実はそうせざるをえない人がいる。だとしたら、むしろ格差が拡がってる可能性がある。若者の恋愛の章 **(1章)** によると、恋愛する人としない人に分かれて、「恋愛格差」が生じている。

格差とはなにか

――今、格差という言葉がでてきました。

小林：格差という時には2つの意味があります。一つは「恋愛格差」とか「結婚格差」といった時、恋愛できる人とできない人がいる。結婚できる人とできない人がいる。出産の章 **(10章)** にあるように、子どもを持つ人がいる一方、持てない人がいる。そういう格差。

川端：そうですね。

小林：もう一つはそういう違いの結果、また別の違いが生まれてしまう場合。たとえば恋愛経験がある人とない人との間では、結婚できるチャンスが違ってくる **(5章)**。結婚した人としない人では、幸福度が違ってきたり **(7章)**、人への信頼が違う（8章）。そういう副作用的な格差があります。今回はどちらも分析をしています。

川端：結婚と再婚の章（9章）では、再婚した人が、結果としてどのような人間関係や意識を持っているのかを調べています。

どのようにこの本が生まれたか

――この本が出版された経緯を、教えてください。

小林：2015年に『ライフスタイルとライフコース』という本が、出版されました。この時のメンバーが中心となってさらにデータを収集して、今回一つにまとめることになりました。今回はテーマを絞って、とくに少子高齢化にかかわる問題として、恋愛と結婚の変貌を考えました。

川端：私はこの本から参加しました。ライフスタイルやライフコースは、もともと人生が多様化していくことを研究するべく登場した分野なので、自然な展開だと思います。

図2　『ライフスタイルとライフコース』（2015年、新曜社）

小林：この本ではデータとして、主に「2015年社会階層とライフコース全国調査」をみなさん使っています。これはインターネットを使ったウェブ調査で、1万2千人からデータ収集しました。ビッグデータといっていいでしょう。

川端：恋愛、結婚、出産について、一歳ごとのパネルデータも含まれ、とても貴重なものですね。記録をみると、2012年度から年に数回プロジェクトミーティングを重ねてきました。さらに、

２０１８年に調査の第2弾として「２０１８年社会階層とライフコース全国調査」が実施されました。

小林：はい、こちらはランダムサンプリングした訪問面接調査となっています。これは親子関係の章**（11章）**で川端先生も分析されていますよね。

川端：そうですね。私もちょうど1年前に、この調査の調査員として地域を巡回していました。

小林：森田さんも私もそうでした。大変でしたね。

川端：2月の寒さの中、幾度となくインターホンを押す。

小林：そして、なんかいも断られる。

データ収集でどのような苦労があったか

——他には、どのような苦労がありましたか。

川端：膨大なデータを、全員が使えるように整理しなくてはならない。そうやってみんなで力を合わせ、息を合わせてやっていくことが実証研究の面白さでもあると感じました。

小林：私はインタビュー調査ですね。非常に面白い話を聞けた。森田さんと一緒に行って。その後、諸事情があって本には使えなかったので、ちょっと残念でした。

川端：他には質問を作る段階です。色んな人がいるなかで、なるべく誤解がないように考えて質問を作る。

小林：そうなんですよね。量的調査と質的調査はしばしば対立するようにいわれます。でも、実際にはそんなに違うものではない。アンケート調査でなにか質問するにしても、結局は人と人なんですよ。調査票を介してですが。なので、われわれはデータの数字の奥に、その人の顔や生きざまやライフスタイルを想像し、読めるといいのだろうなぁと思います。

なぜ子どもを持ちにくいのか

——今日本社会では子どもを持つのが難しくなっています。なぜでしょうか。

小林：日本社会ではまず恋愛をするのが大変だし、恋愛しても結婚できるとは限らない。結婚しても子どもを持てるとは限らない。これを私は3つの壁と呼んでいる。恋愛の壁、結婚の壁、出産の壁。その3つの壁を障害物競走のように全部飛び越えてはじめて、子どもを持てる。

川端：ただ、少女雑誌の章（**3章**）やロマンチック・ラブの章（**2章**）を読むと、これは全然当たり前のことではないということですよね。

小林：なにかがちょっと変わればまたこの3つの壁が大きく変わってくるような気がする。じゃあその出口は、どの辺に見出せるのでしょうかね。

川端：壁というと乗り越える前提で考えると思いますが、はたして、そもそも乗り越えるべきなのかどうか。もしかしたら乗り越える必要のない壁かもしれない。

小林：そこは私はちょっと違う考え方をしてます。それはこの本のメッセージではなく、もう前提かなと思います。家族と自由の章（**12章**）で扱われたように、問題は「恋愛したいけどできない」「結婚したいけどできない」「子どもを持ちたいけど持てない」場合。そういう人にたいして、どういう救いがあるのか。別に「希望しない人はご自由に」、でいいんです。現実はもう1周まわって、重要なのはその先なんです。

川端：その先というと。

小林：希望するけどかなわなかった、そういう人にも幸せになって欲しい、豊かな人生を送って欲しいなと思うんですよ。そのためにはいったいどうすればいいのか。これは、たとえば失業しちゃった人には、失業手当や生活保護が用意されている。お金で解決できるんです。しかし、恋愛や結婚はどうすればいいのでしょう。

川端：きわめてプライベートなことなので、それをお金で解決できるかということですね。

小林：はい。「君は今年チョコもらえなかったから、政府がチョコあげるよ」では解決にならない、たぶん。他のものでカバーできないことが、恋愛や結婚にはたくさんある。

恋愛の魔法が解けたのか

――多様化と格差が同時に進む中で、私たちは未来にどういう希望や可能性を持てるのでしょうか。

小林：貧しくても満足すればいいんじゃないか、という精神論が、すぐ思いつきますね。私は、しかし、これはよくないと思います。そういう心理的な満足、幸せというのは、あくまでマテリアルなものが整った上でのことだと思うのです。「結婚なんかしなくても、幸せになれるよ」といわれても、それで済むような話では決してない。この点、私は唯物論的ですね。しかし、ではどうすればいいのでしょうか。

川端：難しいですね。婚活の章（6章）でありましたが、たとえば子どもを持つことに対して今すごくお金がかかるとか、老後のことを含めて大変だというリスクの意識をみんな持っている。このプロジェクトのミーティングで、「恋愛の突破力がなくなってきたんじゃないか」という議題がありました。どういうことかというと、恋に「落ちる」といわれるように、不可抗力のともかく爆発的なエネルギーが生まれて、結婚に走っていくというイメージがあります。そういう恋愛の力が薄れているんじゃないか。

小林：疾風怒濤、火山のような恋ですね。もとより恋愛や結婚がいいものだ、子どもを持つほうがいいんだ、というのはイデオロギーなんですね。それ自体には根拠がない。社会にとっていい、悪いはあっても。しかしながらく、われわれは恋の魅力を信じていたわけです。いわばその魔法が解けかかっている。

川端：社会学では「脱魔術化」と呼ばれる。

小林：そう。で、今は恋愛が脱魔術化して、魔法が解けてしまった感がある。じゃ、そこで現れたのはどんな世界かというと、新しい豊かな地平が開けたというより、無味乾燥な殺伐とした世界なのかもしれない。むしろわれわれは騙されてたほうが、よかったかもしれない。そういう気もちょっとする。ただ、ゼミで学生と話していると、結婚と出産に関しては「ぜったい結婚しなきゃ」「子どもは欲しい」という思いが、まだまだ共有されているみたいですね。

レースから降りるべきか

小林：格差の問題って難しくて、格差があることを明らかにした後に、じゃどうすればいいかとなると一筋縄ではいかない。1つの考え方は、「機会は平等にしましょう」というもの。結果の平等までは保証できないとしても、せめてスタートラインは一緒にする。じゃあ、恋愛や結婚のスタートラインってなんでしょうね。

川端：スタートラインの平等化は難しい気がしますね。

――それは収入もだけど、学歴、センス、顔とか気遣い、コミュニケーション能力、そういう全部が必要でしょう。

小林：もう小学校の段階でチョコもらえる男子ともらえない男子と、いるわけです。中学で付き合っている人、付き合っていない人がいる。その違いはずーっと続くわけです。

――小学校でもらえないと、中学でももらえないんですよ。

小林：そういうことですね。「チョコ格差」。

川端：そういえば、今年のバレンタインデー（2月14日）には、この3人でがっつり編集作業していましたね（笑）。

――チョコもらわなかったほうにすりゃ、なんとしてでも挽回する方法を考えなくてはいけない。勉強頑張るとかお金稼ぐとか、それはそれは涙ぐましい努力をする。

小林：武器を増やすということですね。今回のデータで、結婚している人のほうが信頼できるし、幸せである。これははっきりしている。じゃあ、そうした価値観のレールから「降りる」といいじゃないかと思うかもしれない。でも、私はそれは個人への過度の介入だと思う。そもそも降りる降りないを含めて、個人の自由ではないか。

——そうかもしれません。

小林：筒井康隆の小説で、知能を倍にする薬が発売された、というのがある。我先に人びとは買いに行くんですよね。すると、懐疑的な人が「そんなことするとこれまでの差が倍になるだけだから、使うべきじゃない」と提案する。ところが子どもを持っている親は「飲まないともっと差が開くでしょ」といって、当然子に与えるわけですよ。ここでいうと、恋愛経験があると結婚しやすく、幸せになって、差はどんどん広がっていくようにみえる。じゃあ、恋愛も結婚も、レースから降りちゃったほうがいいのかといえば、そう単純な話ではない。

ヒントはキャバクラ嬢に？

小林：キャバクラ嬢の恋愛が、ヒントをくれる気がします（4章）。彼女たちは恋愛を、信じてはいないんですよ。でも、あたかも客を好きになっているように演じなければならない。で、実際にお客さんと付き合ってもいる。「疑いつつ信じる」あるいは「酔いつつ醒める」というか。そういう恋愛のとらえ方も意外とありなのかな、という気がする。

川端：確かに、恋愛が脱魔術化して、魔法がとけた中でも、恋愛を楽しむ一つのやり方を示しているのかもしれない。いわば恋愛の「再魔術化」。時には、はまってしまうこともある。

小林：それでいいんじゃないかと思いますよ。社会学は社会の成り立ちの危うさ、根拠のなさを、徹底的に暴露してきました。それはそれで大切だと思います。その結果、でも、意図せざる結果として、殺伐とした人生になっちゃうんだったらどうなのか。むしろそこは「なかったこと」にして、あえて信じてみる。手品のタネを知っているけど、あえて楽しむ。そういう大人な態度が、もしかしたら豊かな人生への鍵なのかもしれませんね。

本書のすゝめ

——この本をまとめると、どのような感じでしょうか。

小林：全体を通して、人生の多様化が進んでいる、とはいえそうです。では格差はどうかといえば、格差が減っているとはいえなさそうでした。とりわけ格差の原因として、教育の役割があぶりだされたという印象を持っています。

——最後にお二人から読者の皆さんに、メッセージをお願いします。

川端：恋愛や結婚は、ある程度親しい人とでないと話題にしないことなので、データ自体が面白いです。「自分の感覚ってどうなんだろう」「ずれていないのかな」とかを、この本のデータでいわば「答え合わせ」ができることでしょう。

小林：恋愛も結婚も変貌しつつあるけど、とりあえず「悪いものじゃない」と思って、経験してみる。そこから始まるんじゃないでしょうか。

——ありがとうございました。

内藤 準（ないとう じゅん）［第 12 章］
成蹊大学文学部専任講師
東京大学大学院人文社会系研究科単位取得退学
専門：社会階層，社会的ネットワーク，自由と責任
主な著書・論文：『社会学入門――社会をモデルでよむ』（共編著，朝倉書店，2014 年），「社会階層研究における機会の平等と完全移動――概念の分析に基づく方法論的検討」（社会学評論，2014 年）

森 いづみ（もり いづみ）［第 7 章］
東京大学社会科学研究所附属社会調査・データアーカイブ研究センター准教授
ペンシルバニア州立大学教育学研究科博士課程修了
専門：教育社会学，比較教育学
主な論文："Who Wants to Work for Japanese Companies? A Case in Malaysia"（共著，*International Journal of Japanese Sociology,* 2019 年），「国・私立中学への進学が進学期待と自己効力感に及ぼす影響――傾向スコアを用いた分析」（教育社会学研究，2017 年）

森田 厚（もりた あつし）［コラム　国際結婚（共著）］
成蹊大学社会調査研究所学術研究員
成蹊大学大学院文学研究科後期博士課程在学中
専門：仕事の社会学，若者，外国人
主な論文：「理美容師の志望者はどのような動機をもつのか」（共著，成蹊大学文学部紀要，2019 年），「職業における男女共同参画はどのように推移するのか」（共著，成蹊大学文学部紀要，2018 年）

山田 昌弘（やまだ まさひろ）［第 6 章］
中央大学文学部教授
東京大学大学院社会学研究科博士課程単位取得退学
専門：家族社会学，感情社会学，ジェンダー論
主な著書：『底辺への競争――格差放置社会ニッポンの末路』（朝日新書，2017 年），『悩める日本人――「人生案内」に見る現代社会の姿』（ディスカヴァー・トゥエンティワン，2017 年）

渡邉 大輔（わたなべ だいすけ）［第 3 章（共著）］［第 13 章（共著）］
成蹊大学文学部准教授，社会調査研究所所員，地域共生社会研究所所員
慶應義塾大学大学院政策・メディア研究科単位取得退学
専門：老いの社会学，ライフコース論
主な著書：『人文学の沃野』（分担執筆，風間書房，2017 年），『計量社会学入門――社会をデータでよむ』（編著，世界思想社，2015 年）

Hommerich Carola（ホメリヒ カローラ）［コラム　家族と幸福］
北海道大学大学院文学研究科准教授
ケルン大学経営・経済学部社会科学研究科博士後期課程修了
専門：リスク社会論，社会的不平等，主観的ウェルビーイング
主な論文・著書："Movement Behind the Scenes: The Quiet Transformation of Status Identification in Japan"（共著，*Social Science Japan Journal,* 2019年），*Social Inequality in Post-Growth Japan: Transformation during Economic and Demographic Stagnation*（共編著，Routledge, 2017年）

佐藤 嘉倫（さとう よしみち）［コラム　家族と移動レジーム］
東北大学大学院文学研究科教授
東京大学大学院社会学研究科単位取得退学
専門：ソーシャル・キャピタル論，社会階層論，社会変動論
主な著書：『ソーシャル・キャピタルと社会――社会学における研究のフロンティア』（編著，ミネルヴァ書房，2018年），『社会理論の再興――社会システム論と再帰的自己組織性を超えて』（共編著，ミネルヴァ書房，2016年）

数土 直紀（すど なおき）［コラム　家族と階層意識］
学習院大学法学部教授
東京大学大学院社会研究科博士課程修了
専門：数理社会学，理論社会学，社会意識論
主な著書：『信頼にいたらない世界――権威主義から公正へ』（勁草書房，2013年），『日本人の階層意識』（講談社，2010年）

谷本 奈穂（たにもと なほ）［第3章（共著）］
関西大学総合情報学部教授
大阪大学人間科学研究科修了
専門：文化社会学
主な著書：『美容整形というコミュニケーション――社会規範と自己満足を超えて』（花伝社，2018年），『美容整形と化粧の社会――プラスティックな身体』（新曜社，2008年）

筒井 淳也（つつい じゅんや）［第10章］
立命館大学産業社会学部教授
一橋大学大学院社会学研究科満期退学
専門：家族社会学，計量社会学
主な著書：『社会学入門――社会とのかかわり方』（共著，有斐閣，2017年），『仕事と家族――日本はなぜ働きづらく，産みにくいのか』（中公新書，2015年）

執筆者紹介（五十音順，2019 年 3 月現在）

今田 絵里香（いまだ えりか）［第 2 章］
成蹊大学文学部准教授
京都大学大学院人間・環境学研究科研究指導認定退学，京都大学博士（人間・環境学）
専門：メディア史，教育社会学，ジェンダー論
主な著書：『セクシュアリティの戦後史』（共編著，京都大学学術出版会，2014 年），『「少女」の社会史』（勁草書房，2007 年）

今田 高俊（いまだ たかとし）［コラム　家族の重要性］
東京工業大学名誉教授，統計数理研究所客員教授
東京大学大学院社会学研究科中途退学
専門：社会システム論，文明学，社会階層論
主な著書：『社会理論の再興――社会システム論と再帰的自己組織性を超えて』（共編著，ミネルヴァ書房，2016 年），『シナジー社会論――他者とともに生きる』（共編著，東京大学出版会，2014 年）

大﨑 裕子（おおさき ひろこ）［第 5 章（共著）］［第 8 章］
東京大学社会科学研究所特任助教
東京工業大学大学院社会理工学研究科博士後期課程修了
専門：信頼，社会意識，計量社会学
主な論文・著書：「一般的信頼のマルチレベル規定構造の変化――社会の工業化，ポスト工業化による価値変化の影響」（共著，理論と方法，2016 年），『ソーシャル・キャピタルと格差社会――幸福の計量社会学』（分担執筆，東京大学出版会，2014 年）

香川 めい（かがわ めい）［第 13 章（共著）］
大東文化大学社会学部専任講師
東京大学大学院教育学研究科単位取得退学
専門：教育社会学
主な著書：*High School for All in East Asia: Comparing Experiences*（共編著，Routledge，2018 年），『文系大学教育は仕事の役に立つのか――職業的レリバンスの検討』（分担執筆，ナカニシヤ出版，2018 年）

金井 雅之（かない まさゆき）［第 9 章］
専修大学人間科学部教授
東京大学大学院総合文化研究科修了
専門：社会階層論，ライフコース，ウェルビーイング
主な著書：『ライフスタイルとライフコース――データで読む現代社会』（分担執筆，新曜社，2015 年），『ソーシャル・キャピタルと格差社会――幸福の計量社会学』（分担執筆，東京大学出版会，2014 年）

編者紹介（2019年3月現在）

小林 盾（こばやし じゅん）［第1章］［第4章］［第5章（共著）］
［コラム　2015年社会階層とライフコース全国調査，2018年社会階層とライフコース全国調査］［コラム　国際結婚（共著）］
成蹊大学文学部教授，成蹊大学社会調査研究所所長
東京大学大学院人文社会系研究科単位取得退学
専門：社会階層論，家族，文化
主な著書：『嗜好品の謎，嗜好品の魅力——高校生からの歴史学・日本語学・社会学入門』（編著，風間書房，2018年），『ライフスタイルの社会学——データからみる日本社会の多様な格差』（東京大学出版会，2017年），*Contemporary Japanese Sociology*（共編，Sage，2017年）

川端 健嗣（かわばた けんじ）
［第11章］［コラム　家族とリスク］
成蹊大学調査・実習指導助手
東京大学大学院人文社会系研究科単位取得退学
専門：社会階層論，家族社会学，理論社会学
主な論文・著書：「相対的リスク回避仮説における『リスク』の測定と効果——出身階級とリスク認識はいかなる関係性にあるのか」（成蹊大学文学部紀要，2018年），「『リスクの分配』の分析視座の導出——ドイツ社会的不平等研究における個人化研究と階級研究の対立の統合」（現代社会学理論研究，2016年），『世界内政のニュース』（共訳，ウルリッヒ・ベック著，法政大学出版局，2014年）

成蹊大学アジア太平洋研究センター叢書
新曜社
変貌する恋愛と結婚
データで読む平成

初版第1刷発行　2019年4月8日

編　者　小林　盾・川端健嗣
発行者　塩浦　暲
発行所　株式会社 新曜社
〒101-0051 東京都千代田区神田神保町3-9
電話 (03)3264-4973・Fax (03)3239-2958
E-mail：info@shin-yo-sha.co.jp
URL：http://www.shin-yo-sha.co.jp/
印　刷　メデューム
製　本　難波製本

©Seikei University Center for Asian and Pacific Studies, 2019　Printed in Japan
ISBN978-4-7885-1630-4　C1036

好評関連書

ライフスタイルとライフコース
――データで読む現代社会
山田昌弘・小林　盾　編
四六判232頁
本体2500円

養子縁組の社会学
――〈日本人〉にとって〈血縁〉とはなにか
野辺陽子　著
A5判384頁
本体4500円

男女平等は進化したか
――男女共同参画基本計画の策定、施策の監視から
鹿嶋　敬　著
四六判368頁
本体3600円

〈高卒当然社会〉の戦後史
――誰でも高校に通える社会は維持できるのか
香川めい・児玉英靖
相澤真一　著
四六判240頁
本体2300円

家族のリストラクチュアリング
――21世紀の夫婦・親子はどう生き残るか
山田昌弘　著
四六判248頁
本体2000円

美容整形と化粧の社会学
――プラスティックな身体
谷本奈穂　著
四六判320頁
本体2900円

（表示価格は税を含みません）

新曜社